Encore DVD

DISEÑO Y CREATIVIDAD

TÍTULO DE LA OBRA ORIGINAL:
Adobe® Encore™ DVD Classroom in a Book®

RESPONSABLE EDITORIAL:
Eugenio Tuya Feijoó

TRADUCTOR:
Norwich & Barstom, SL

AUTOEDICIÓN:
Tomás Eisman Cano

ILUSTRACIÓN DE CUBIERTA:
Mario Durrieu - Walter Tiepelmann

REALIZACIÓN DE CUBIERTA:
Gracia Fernández-Pacheco

Encore DVD

Adobe Press

ANAYA MULTIMEDIA

Edición española:

© EDICIONES ANAYA MULTIMEDIA (Grupo Anaya, S.A.), 2004
Juan Ignacio Luca de Tena, 15. 28027 Madrid
Depósito legal: M. 19.883-2004
ISBN: 84-415-1706-1
Printed in Spain
Impreso por Closas-Orcoyen, S.L.
Polígono Igarsa. Paracuellos de Jarama (Madrid)

Índice de contenidos

Introducción

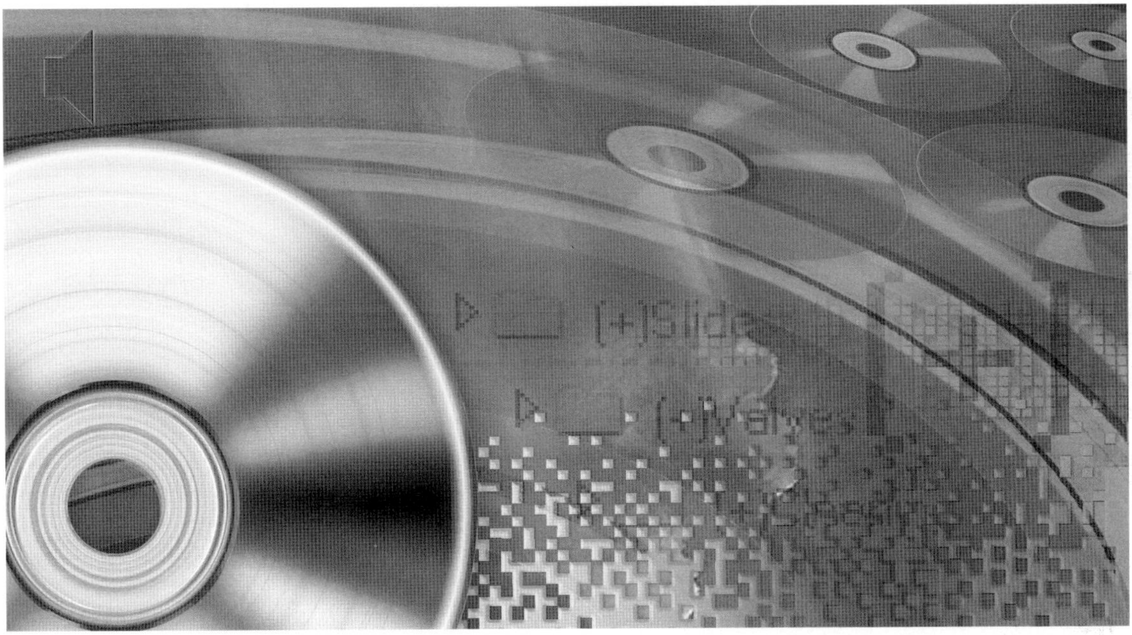

Adobe Encore DVD le ofrece las herramientas que necesita para permitirle crear y estampar sin esfuerzo cualquier DVD personalizado. Podrá diseñar menús y botones en Adobe Encore DVD, o usar los que quiera crear en Adobe Photoshop. Las herramientas de navegación de Adobe Encore DVD le dan un control total sobre la experiencia que tendrán los usuarios con su DVD.

Tanto si es un profesional de la comunicación corporativa, como si es un aspirante a realizador de vídeo, disfrutará de la versatilidad, facilidad de uso y potencia del programa Adobe Encore DVD.

Prerrequisitos

Antes de empezar a leer y a practicar con este libro, debería tener un conocimiento básico de cómo trabaja su ordenador y del sistema operativo Windows. Asegúrese que conoce cómo utilizar el ratón y los menús estándar y comandos, así como abrir, guardar y cerrar ficheros.

Si necesita repasar estas técnicas, vea la documentación impresa o en línea incluida en su sistema operativo Windows. También sería de mucha utilidad, aunque no es necesario, que tuviera una cierta experiencia con Adobe Photoshop, Adobe Premiere y Adobe After Effects.

Para completar algunos de los proyectos necesitará tener instalado en su sistema el programa Adobe Photoshop, Adobe Premiere Pro o Adobe After Effects.

Nota: Puede utilizar indistintamente los programas Adobe Photoshop 7.0 o bien Adobe Photoshop CS junto con Adobe Encore DVD. Donde sea necesario, se explicarán por separado las instrucciones de cada versión del programa Photoshop.

Instalación del programa Adobe Encore DVD

Antes de empezar, debería asegurarse de que su sistema está configurado correctamente y de que tiene instalado todo el *software* y *hardware* necesario. El programa Adobe Encore DVD se adquiere por separado. Para los requerimientos y las instrucciones completas de la instalación del *software*, vea la documentación incluida en el DVD de la aplicación Adobe Encore DVD.

Tiene que instalar la aplicación del DVD de Adobe Encore DVD en el disco duro; no se puede ejecutar el programa directamente desde el DVD-ROM. Siga las instrucciones de la pantalla y asegúrese que el número de serie para su *software* Adobe Encore DVD está accesible antes de instalar la aplicación. Este número de serie lo puede encontrar en la parte de atrás de la funda del DVD.

Iniciando Adobe Encore DVD

Ejecute Adobe Encore DVD como cualquier otra aplicación. En Windows, debe ir al Menú de inicio>Programas>Adobe Encore DVD 1.0.

Instalar las fuentes que usará en los proyectos

Las fuentes utilizadas en los capítulos de este libro se incluyen en el mismo DVD de la aplicación. Compruebe que estas fuentes están disponibles antes de empezar a trabajar con los capítulos. Si las fuentes no se han instalado en su sistema, hágalo desde el DVD-ROM de Adobe Encore DVD, siguiendo las instrucciones de la pantalla.

Recursos adicionales

Este libro no pretende remplazar la documentación que ya viene con el programa Adobe Encore DVD, pues sólo se explican los comandos y opciones que se utilizan en los capítulos.

Para una información más detallada acerca de las características del programa, diríjase a estos recursos:

- *The Adobe Encore DVD User Guide*, la guía que se incluye con el programa, que contiene una completa descripción acerca de todas las características del mismo.
- La ayuda en línea, una versión *online* de la guía de usuario, accesible desde la opción de menú Help>Contents del programa.
- La Web de Adobe (www.adobe.com), accesible directamente desde el programa en la opción de menú Help>Adobe Online, siempre y cuando disponga de una conexión a Internet.

Capítulo 1

Crear un DVD

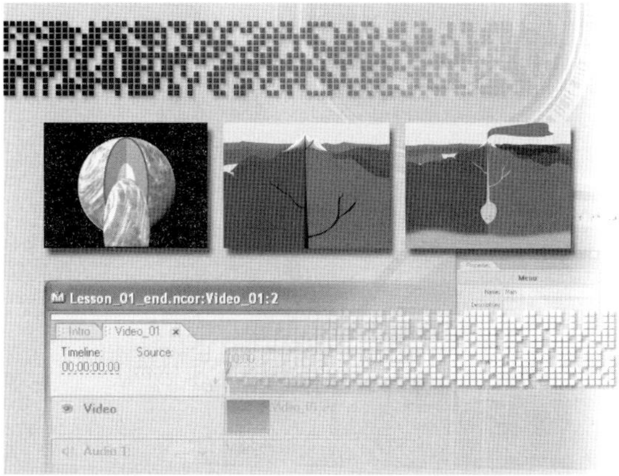

Un proyecto DVD incluye ficheros de vídeo, ficheros de audio y menús. Con Adobe Encore DVD podrá unir estos elementos fácilmente para crear un sencillo DVD. En este capítulo conocerá las herramientas fundamentales de Adobe Encore DVD para así poder crear un proyecto de principio a fin.

Este capítulo le llevará a conocer el espacio de trabajo de Adobe Encore DVD y sus conceptos básicos. Aprenderá a:

- Crear un nuevo proyecto.
- Importar ficheros como contenido principal.
- Importar un fichero multicapas de Adobe PhotoShop como un menú.
- Crear saltos de capítulos.
- Enlazar los botones del menú con esos capítulos.
- Establecer el inicio y los diferentes comportamientos.
- Establecer el menú y los títulos de los comportamientos.
- Ver la vista previa de un proyecto DVD.
- Crear un DVD.

Empecemos

En este capítulo va a crear un proyecto de Adobe Encore DVD desde el principio hasta el final. Lo conseguirá importando los contenidos y el menú, creando los vínculos y los diferentes comportamientos, observando una vista previa del DVD y creando físicamente (quemando, tostando) el DVD. Debe estar seguro de que conoce la localización del fichero que necesita para este primer capítulo. Para más ayuda, vea la sección Copia de ficheros.

Vista del proyecto Adobe Encore DVD acabado

Para ver lo que está a punto de crear, veremos el proyecto finalizado. Siga estos pasos:

1. Ejecute Adobe Encore DVD.
2. Seleccione File>Open Project.
3. En el cuadro de diálogo Open abra la carpeta Lesson 01. Seleccione entonces Lesson_01_end.ncor, y haga clic en el botón **Abrir**. De esta manera se abrirá el espacio de trabajo de Adobe Encore DVD, como se ve en la figura 1.1.
4. Seleccione File>Preview. Así se abrirá la ventana de vista previa del proyecto, como se puede ver en la figura 1.2, y se mostrará un vídeo durante algunos segundos. Poco después aparecerá el

menú del DVD. Con la ventana de vista previa del proyecto podemos hacernos una idea de lo que será la experiencia de ver nuestro DVD con la navegación, vínculos y otras funcionalidades, antes de crear un disco.

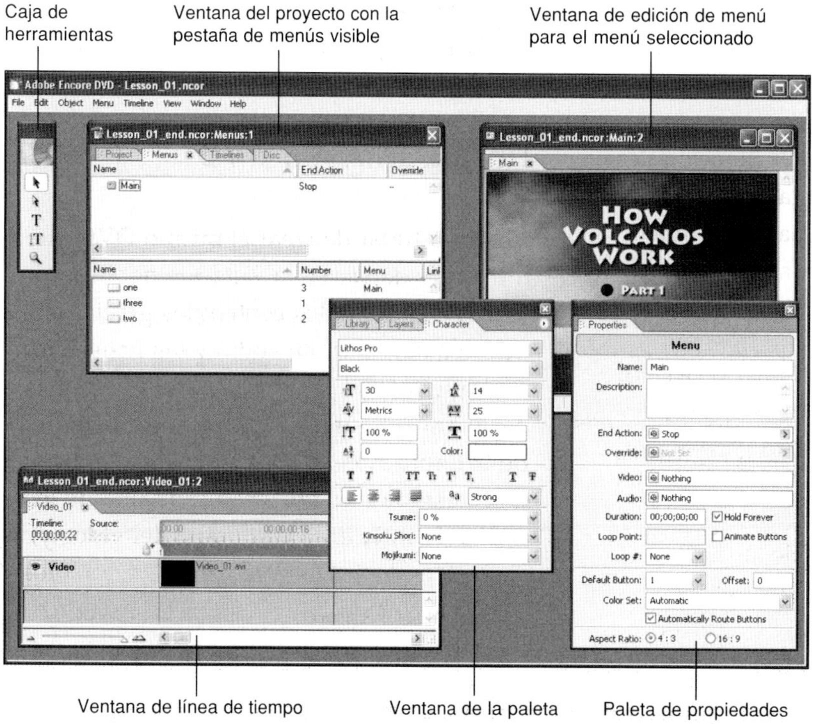

Figura 1.1. *Entorno de trabajo de Adobe Encore DVD (no tienen por qué aparecer a la vez todas las ventanas y paletas).*

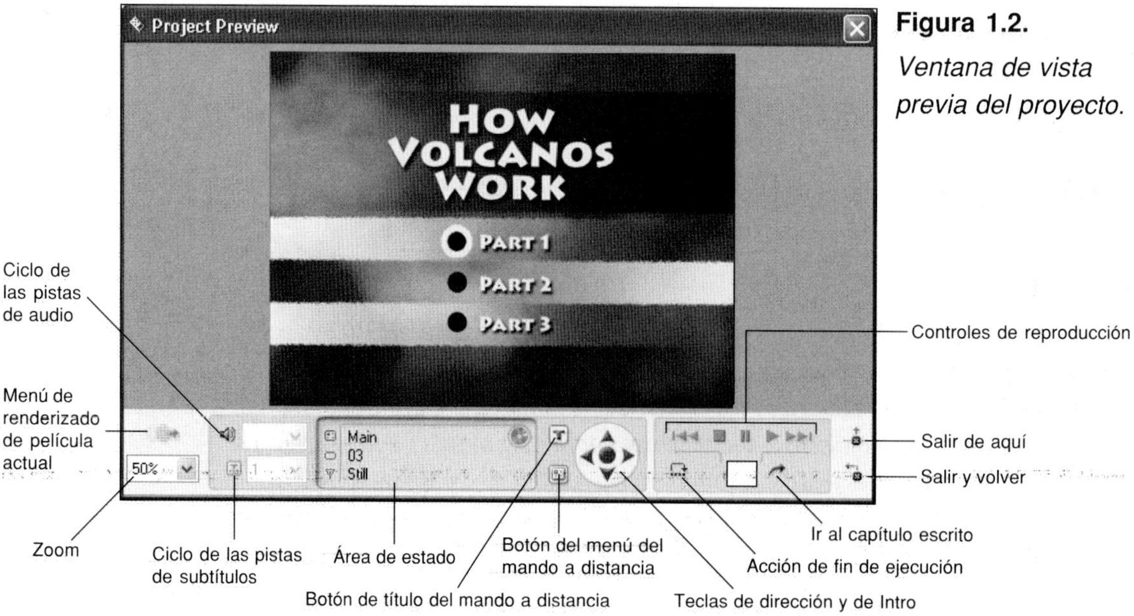

Figura 1.2. *Ventana de vista previa del proyecto.*

5. Mueva el puntero del ratón sobre los botones de los capítulos y verá cómo aparece un borde blanco alrededor de cada uno.

6. Haga clic en el botón **Part 1**. Se verá un vídeo durante un minuto aproximadamente. En el vídeo existen tres partes diferenciadas, o capítulos. Cada uno de los vínculos del menú enlazan con cada uno de esos capítulos. Cuando el vídeo termine de reproducirse, aparecerá de nuevo el menú.

   La ventana de vista previa del proyecto tiene todos los controles necesarios para imitar el mando a distancia de un reproductor DVD.

7. Haga clic en los botones de las flechas arriba y abajo, hasta que se ilumine el botón **Part 3**. Se reproducirá la tercera sección del vídeo y, cuando acabe, reaparecerá el menú.

8. Cierre la ventana de vista preliminar del proyecto y la ventana del proyecto Lesson_01_end.

Preparando su DVD

Vamos a tratar de crear el mismo DVD que acabamos de ver en la vista previa. El programa importará los contenidos gracias a los ficheros de vídeo, de audio y los ficheros de múltiples capas de Photoshop. Siguiendo la organización que se muestra en el diagrama de la figura 1.3, creará una serie de botones que estarán vinculados con cada uno de los capítulos en la línea de tiempo del vídeo y, al final, le dará diferentes comportamientos a dichos vínculos.

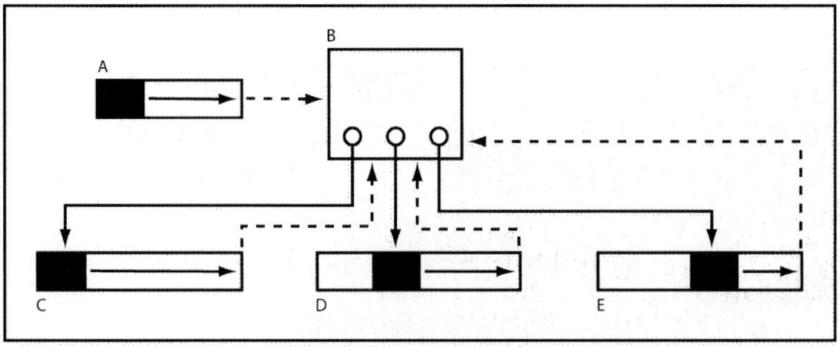

Figura 1.3.

La línea de tiempo Introduction (A) se verá cuando se inserte el DVD y, acto seguido, aparecerá el menú principal (B). Al seleccionar el primer botón se reproducirá la línea de tiempo Video_1 (C) de principio a fin, para que al final reaparezca el menú principal. Si se pulsa el segundo botón, lo que se verá es la línea de tiempo Video_1 desde la marca del Capítulo 2 (D) hasta el final, volviendo de nuevo al menú. Al activarse el tercer botón se verá nuevamente la línea de tiempo Video_1, pero desde la marca del Capítulo 3 (E) hasta el final, y de vuelta al menú principal.

Truco: Puede que encuentre útil organizar su proyecto mediante sencillos diagramas de flujo.

ACERCA DE LOS DIAGRAMAS DE FLUJO

A pesar de la complejidad del proyecto, la utilidad de un diagrama de flujo reside en que se puede determinar cómo interactúan entre sí los diferentes elementos antes de empezar a crearlos. Algunos autores de DVD utilizan diagramas de flujo y la mayoría utiliza hojas de cálculo. Sea cual sea el tipo de planificación que elija para su proyecto, resultará muy valioso dibujar los posibles escenarios de navegación y, así, anticiparse a los problemas que surjan antes de empezar. Hacer un esquema de cada uno de los elementos y dibujar los vínculos entre ellos le ayudará a aclarar cómo se verá su proyecto.

Insertar los contenidos importando ficheros

Puede utilizar gran variedad de ficheros de vídeo, audio e, incluso, de imagen dentro de Adobe Encore DVD, para que formen parte de los contenidos o del menú del proyecto. Los contenidos son los ficheros que compondrán el cuerpo del DVD. Los menús mostrarán las opciones para poder ver esos contenidos. Por lo tanto, lo primero que hará será crear un proyecto de Adobe Encore DVD de esta manera:

1. Vaya a File>New Project y haga clic en **OK** para elegir por defecto el formato de televisión NTSC. De esta forma aparecerá una nueva ventana del proyecto para poder importar los contenidos del DVD.

2. Seleccione File>Import as assets.

3. En el cuadro de diálogo que aparecerá, Import as Asset, navegue por su disco duro hasta encontrar la carpeta Lesson 01. En dicha carpeta, pulse la tecla **Control** mientras hace clic en los ficheros Intro.m2v, Intro.wav y Video_01.avi (la tecla **Control** sirve para elegir múltiples archivos con cada clic).

4. Haga clic en el botón **Abrir** y, de esta manera, se verán los archivos en la ventana del proyecto.

5. Cambie el tamaño de la ventana del proyecto o mueva la barra de desplazamiento hacia la parte inferior, para así poder ver la información de los archivos que acaba de importar. Por defecto, la ventana del proyecto muestra el nombre, tipo, tamaño, camino (*path*) y codificación de cada fichero, véase la figura 1.4.

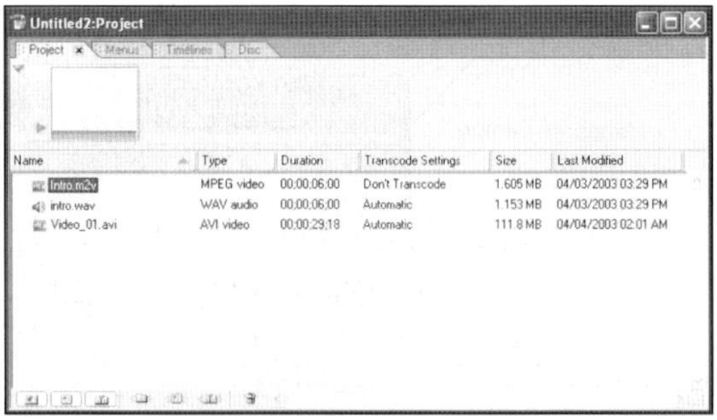

Figura 1.4.

Ventana del proyecto con las características de los archivos importados.

6. Seleccione File>Save As para guardar el proyecto en el disco duro. Le daremos el nombre Lesson_01.ncor.

Creación de una línea de tiempo

En el programa Adobe Encore DVD el vídeo, el audio y los subtítulos se juntan en líneas de tiempo donde podrá identificar las diferentes secciones del vídeo gracias a los capítulos. Cada línea de tiempo contiene una única pista de audio.

Empiece el proyecto creando una línea de tiempo para el vídeo de introducción:

1. Seleccione Timeline>New Timeline. De esta forma aparecerá la ventana de línea de tiempo, como muestra la figura 1.5 y la ventana Monitor. Observe cómo también aparece la línea de tiempo sin nombre en la lista de la ventana de proyecto. Necesitará, por tanto, darle un nombre a dicha línea de tiempo. Para ello tenemos la paleta Properties (propiedades), donde se muestran los atributos para el elemento que esté seleccionado en ese momento. Si no puede ver esta paleta, seleccione Window>Properties.

2. En el campo Name (nombre) de la paleta Properties, como se ve en la figura 1.6 escriba Introduction. Si no es capaz de ver los atributos de la línea de tiempo, haga clic en la ventana de línea de tiempo para activarla y así ver sus propiedades.

Figura 1.6.

Ficha Properties con las propiedades de la línea de tiempo activadas.

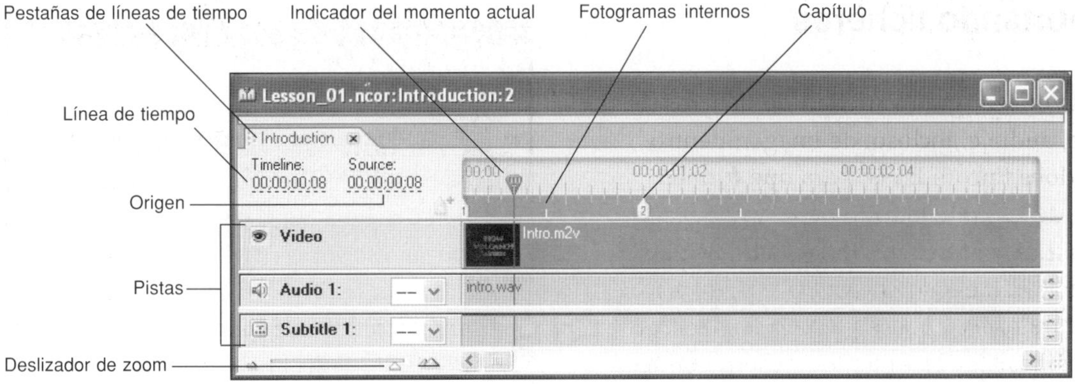

Figura 1.5.

Ventana de línea de tiempo.

3. Seleccione el fichero Intro.m2v de la ventana del proyecto y arrástrelo dentro de la pista de vídeo, en la ventana de la línea de tiempo, véase la figura 1.7.

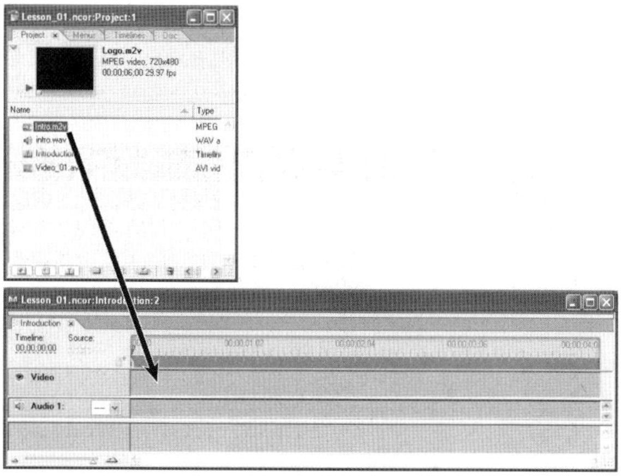

Figura 1.7.

Cómo arrastrar un fichero a la pista de vídeo de una línea de tiempo.

4. Seleccione el fichero Intro.wav en la ventana del proyecto y arrástrelo hacia la pista de audio Audio 1, en la ventana de la línea de tiempo. De esta forma, podrá ver la línea de tiempo actual en la ventana Monitor, como muestra la figura 1.8. A diferencia de la ventana de vista previa, la ventana Monitor reproduce sólo las pistas de vídeo y audio en la línea de tiempo, y no se verá, por lo tanto, el comportamiento general del DVD. Dicha ventana se abrirá automáticamente cuando se cree una línea de tiempo.

5. Haga clic en el botón **Play** ( ) en la ventana Monitor. De esta forma se verá el vídeo de introducción durante ocho segundos.

6. Guarde el proyecto.

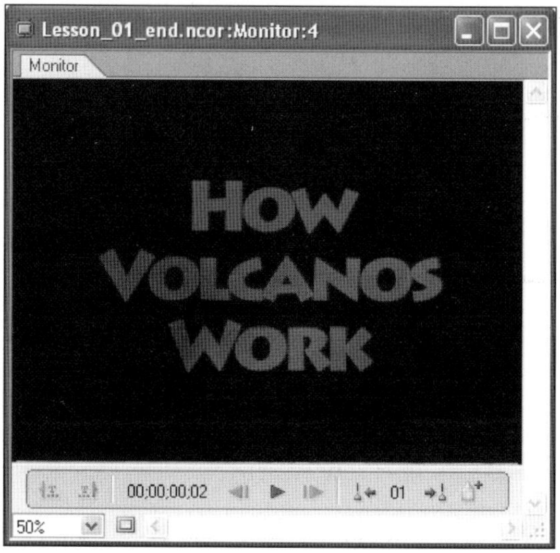

Figura 1.8.

Ventana Monitor.

Añadir capítulos

Los capítulos identifican diferentes localizaciones en la pista de vídeo que se vincularán con los botones del menú y con otras funcionalidades de navegación. Veremos cómo puede añadir más capítulos en la ventana de la línea de tiempo.

En este proyecto vamos a crear tres capítulos diferentes, por lo que los incluiremos en el vídeo Video_01:

1. En la ventana del proyecto seleccione el fichero Video_01.avi y haga clic en el botón **Create a New Timeline** ( ), en la parte inferior de dicha ventana. De esta forma, Adobe Encore DVD creará una nueva línea de tiempo llamada Video_01, y colocará el fichero Video_01.avi en las pistas de vídeo y audio. También aparecerá una nueva

ficha en la parte superior izquierda de la ventana de la línea de tiempo. Haciendo clic sobre su pestaña veremos la correspondiente línea, por lo que si, por ejemplo, hacemos clic en la pestaña Introduction, aparecerá la línea de tiempo con su mismo nombre.

2. Haga clic en la ficha Video_01 para asegurarnos de que nuestra línea de tiempo está activada. Después haga clic en el botón **Play** de la ventana Monitor para poder reproducir el vídeo.

3. Una vez haya acabado, dejaremos esta ventana y pasaremos a la de la línea de tiempo. Mueva el indicador de tiempo hacia el borde izquierdo de la misma línea de tiempo, con lo que se verá un tiempo 00:00:00:00. Al crear una línea de tiempo se crea igualmente, de una forma automática, un capítulo al principio, en la posición 00:00:00:00. (Véase la figura 1.9.)

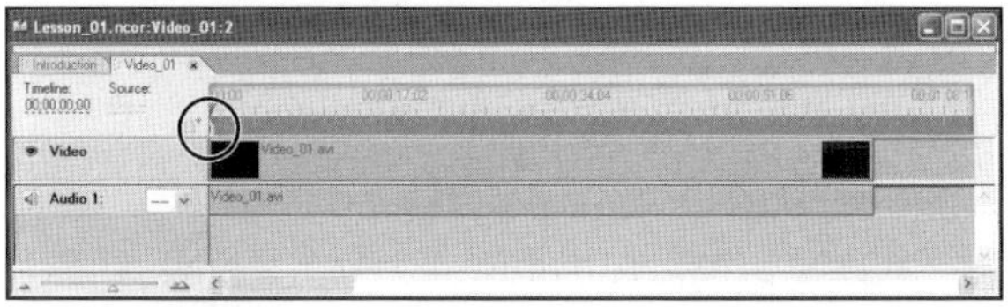

Figura 1.9.

Posición 00:00:00:00 de la línea de tiempo.

4. Mueva el indicador de tiempo hasta que muestre 00:00:26:00. Para situar dicho indicador rápidamente, mueva la barra de desplazamiento de la parte inferior hasta que sea visible la marca de tiempo deseada y haga clic en la gráfica del tiempo. (Véase la figura 1.10.)

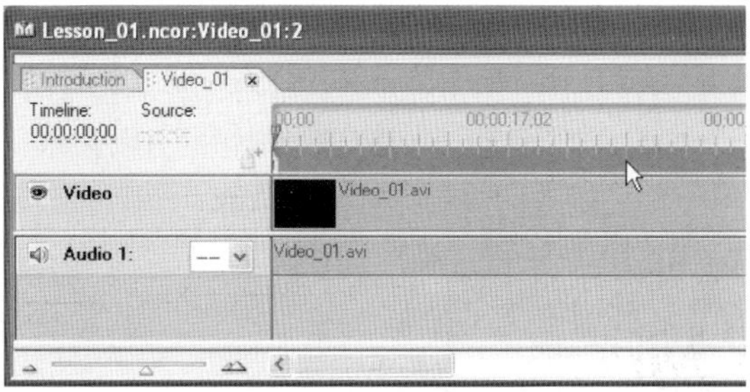

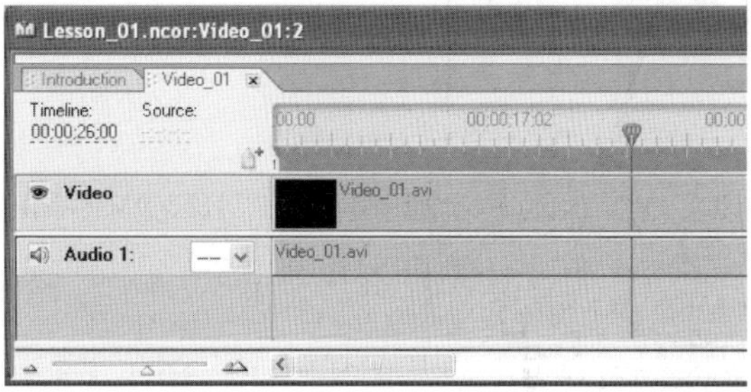

Figura 1.10.

Cómo situar el indicador de tiempo en la posición 00:00:26:00.

5. Seleccione Timeline>Add Chapter Point y se creará una marca de capítulo con el número 2, como se puede ver en la figura 1.11, justo en la marca de tiempo 00:00:26:00, que es donde tenemos situado el indicador. La numeración es automática.

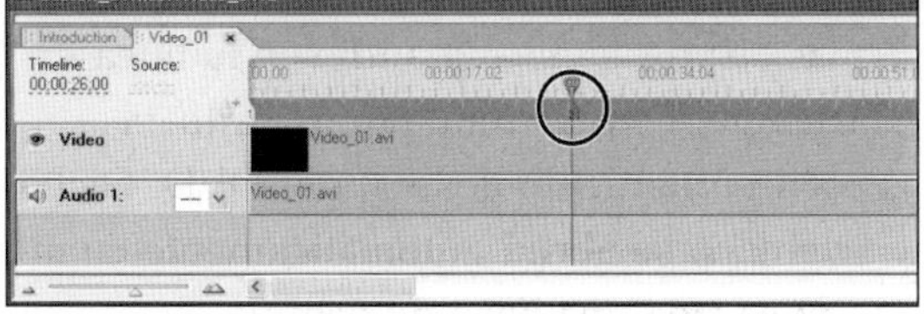

Figura 1.11.

Marca de capítulo en la posición 00:00:26:00 de la línea de tiempo.

6. Dentro de la ventana de línea de tiempo, mueva el indicador de tiempo hacia la

derecha, hasta que se muestre la marca de tiempo 00:00:48:00 y, después, haga clic de nuevo en Timeline>Add Chapter Point. Lo que se verá es una nueva marca con el número 3 en la línea de tiempo, justo en la posición 00:00:48:00.

Truco: También puede añadir un capítulo pulsando la tecla de asterisco *. Es una interesante manera de añadir capítulos que corresponden con entradas de audio.

7. Cierre la ventana de la línea de tiempo y guarde el proyecto. La ventana Monitor se cerrará automáticamente junto con la de la línea de tiempo.

Importación de un fichero de Photoshop para el menú

Una de las características más importantes de Adobe Encore DVD es la posibilidad de importar menús que se han creado en Photoshop. Si utiliza las convenciones de nomenclatura de Adobe Encore DVD para las capas de una imagen de Photoshop, dichas capas seguirán intactas cuando importemos el fichero como menú. Aun así puede realizar diversos cambios y añadidos al fichero directamente en Adobe Encore DVD.

En esta sección aprenderá a importar una imagen de Photoshop, que se habrá creado con capas que siguen la nomenclatura del programa Adobe Encore DVD. Los pasos a seguir son:

1. Seleccione File>Import as Menu.
2. En el cuadro de diálogo (con el mismo nombre que la opción del menú), seleccione Main.psd y haga clic en **Open**. De esta manera aparecerá la ventana del editor de menús, mostrando el menú principal que acabamos de importar, como muestra la figura 1.12. Las capas de Photoshop siguen intactas y, para verlas en la paleta Layers (capas), seleccione Windows>Layers.

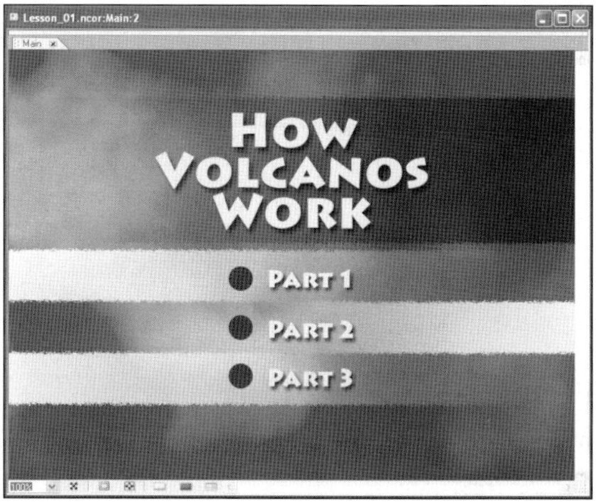

Figura 1.12.

Ventana del editor de menús.

3. Haga clic en la herramienta de selección ( ) del cuadro de herramientas y, con ella, seleccione el menú Part 1 de la ventana del editor de menús. Así se verá un rectángulo que rodea al botón y al texto Part 1.
4. Si no está abierta la paleta Properties, seleccione Window>Properties para

lograr que se vea. El campo Button Name muestra el nombre del botón: **One**.

5. Elija Video_01>Chapter 1 del menú contextual que aparece en el cuadro Link, como muestra la figura 1.13. Cuando el usuario haga clic en el botón **Part 1**, en el DVD se reproducirá el vídeo Video_01, empezando por el primer capítulo, que se creó automáticamente en el inicio de la línea de tiempo.

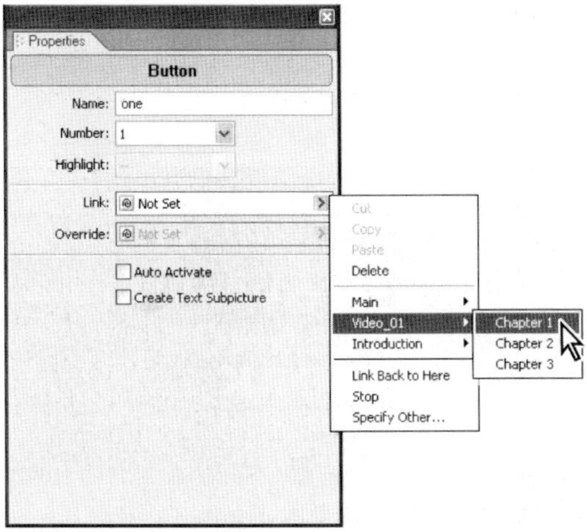

Figura 1.13.

Menú contextual del cuadro Link en la ficha Properties.

6. Utilizando la herramienta de selección, elija el menú Part 2 en la ventana del editor de menús y, dentro de la paleta Properties, seleccione Video_01>Chapter 2 del menú contextual del cuadro Link.

7. Mediante el mismo procedimiento, vincule ahora el botón **Part 3** del menú con el Capítulo 3 (*Chapter 3*) del vídeo Video_01.

8. Guarde el proyecto.

Establacer los comportamientos del inicio y final del DVD

Acabamos de establecer los vínculos que los usuarios podrán utilizar para poder reproducir el vídeo en algunos de los capítulos especificados en el DVD. Ahora necesitará definir las secuencias que el usuario del DVD no va a controlar. Por ejemplo, necesitará determinar qué línea de tiempo o menú se ejecutará cuando se inserte por primera vez el DVD en el lector, así como la línea de tiempo o el menú que le sigue. Para este proyecto queremos que se ejecute la línea de tiempo Introduction cuando el usuario inserte el DVD en el lector. Una vez acabada su reproducción, lo que se verá a continuación es el menú principal. Los pasos a seguir son:

1. Seleccione la línea de tiempo Introduction, dentro de la ventana del proyecto. Sobre el icono que hay después de la línea de tiempo Introduction hay un pequeño círculo con una flecha dentro de él (). Este símbolo indica que ese elemento es el que se ejecutará cuando se inserte el DVD en el lector, y se puede ver con detalle en la figura 1.14.

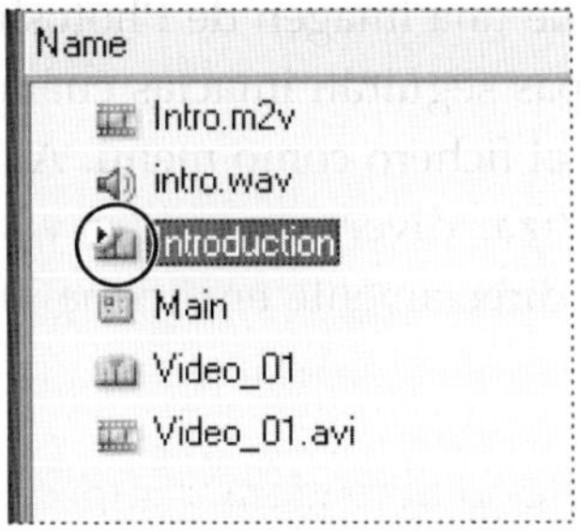

Figura 1.14.

Icono con el símbolo mencionado.

> **Nota:** Si no aparece dicho símbolo sobre el siguiente icono a la línea de tiempo Introduction, haga clic con el botón derecho del ratón en dicha línea de tiempo (en la ventana del proyecto) y seleccione la opción Set as First Play.

2. En la paleta de propiedades elija Main>One en el menú contextual del cuadro End Action, tal y como se muestra en la figura 1.15.

   Cuando acabe la reproducción de la línea de tiempo Introduction será cuando aparezca el menú Main (principal). Por defecto se seleccionará el botón **Part 1**.

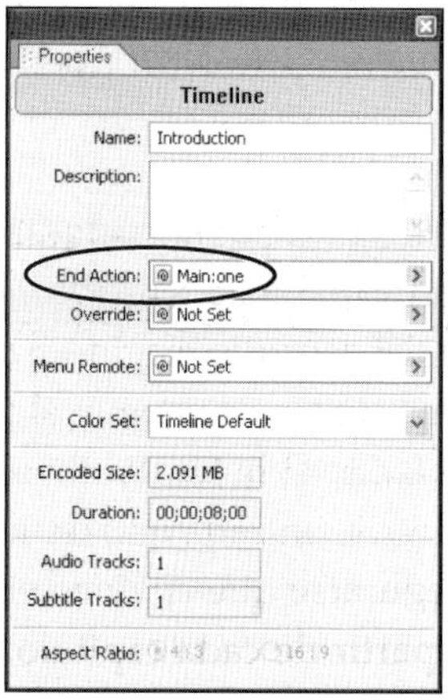

Figura 1.15.

Cuadro End Action de la ficha Properties con el valor Main:One (principal:uno).

3. Seleccione la línea de tiempo Video_01 de la ventana de proyecto.

> **Nota:** Asegúrese de que ha seleccionado la línea de tiempo Video_01 y no el vídeo Video_01.avi.

4. En la paleta de propiedades, seleccione Main>One en el menú contextual del cuadro End Action. Cuando el Video_01 haya finalizado se verá de nuevo el menú principal y se seleccionará por defecto el botón **Part 1**.

5. Guarde el proyecto.

Establecer las funciones de los botones del mando a distancia

Lo siguiente que haremos será definir los comportamientos para los botones de **Título** y **Menú** de un mando a distancia estándar de DVD. Los pasos a seguir son los siguientes:

1. En la ventana de proyecto haga clic en un espacio vacío, para así desactivar todos los contenidos, las líneas de tiempo o los menús. De esta forma se verán los atributos del disco en la paleta de propiedades.

2. En dicha paleta deberá seleccionar la opción Introduction>Chapter 1 del menú contextual del cuadro Title Button, como muestra la figura 1.16. Si el usuario pulsa el botón **Título** (*Title*) del mando a distancia, logrará que se reproduzca la línea de tiempo Introduction. Esta configuración se aplica para el disco DVD al com-

pleto, sin importar lo que se está viendo en ese momento.

Figura 1.16.

Cuadro Title Button de la ficha Properties con el valor Introduction:Chapter 1.

3. Seleccione la línea de tiempo Introduction de la ventana del proyecto y, en la paleta de propiedades, elija Main>One en el menú contextual del cuadro Menu Remote. Si el usuario pulsa el botón **Menu** (Menú) del mando a distancia, mientras se está viendo la línea de tiempo Introduction, aparecerá el menú principal con el botón **Part 1** seleccionado por defecto.

4. Seleccione la línea de tiempo Video_01 en la ventana del proyecto. Haga clic en el control Menú Remote de la paleta Properties y luego seleccione la opción Main>One. Cuando el usuario pulse en el botón de menú, mientras se está reproduciendo la línea de tiempo Video_01, se verá de nuevo el menú principal, así como el botón **Part 1** seleccionado.

5. Guarde el proyecto.

Vista preliminar del proyecto

Antes de crear su proyecto de DVD en disco, sería una buena idea asegurarse de que el trabajo que ha realizado es justo lo que esperaba. En la previsualización del DVD puede probar la secuenciación y la navegación, interactuando de la misma manera en la que lo harían los usuarios finales. La ventana de vista preliminar del proyecto se comporta del mismo modo que si se hubiese introducido un disco en un reproductor de DVD.

Siga estos sencillos pasos:

1. Seleccione File>Preview. Si el proyecto está configurado adecuadamente, se reproducirá la línea de tiempo Introduction en la ventana de vista preliminar. Cuando acabe de exponerse, se verá de nuevo el menú principal con el botón **Part 1** seleccionado.

2. Haga clic en un botón cualquiera del menú principal y se reproducirá el vídeo a partir del capítulo elegido para, posteriormente, volver de nuevo al menú principal, con el botón **Part 1** seleccionado. Haga clic en cada uno de los botones para asegurarse que el vídeo empieza a verse a partir de cada capítulo definido.

3. Mientras esté viendo el vídeo, haga clic en el botón **Menu** (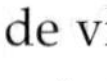) de la parte inferior de la ventana de vista previa del proyecto, y aparecerá el menú principal.

4. Igualmente, mientras el vídeo está reproduciéndose, haga clic en el botón **Title** (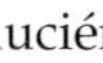). De esta manera se verá la

introducción del DVD definida en la línea de tiempo Introduction.

5. Haga ahora clic en el botón **Exit and Return** ( ) para cerrar la ventana de vista previa y regresar al proyecto.

> **Truco:** Si quiere ir directamente a la línea de tiempo o menú que se está viendo en un momento determinado desde la misma ventana de vista preliminar del proyecto, haga clic en el botón **Exit Here** ( ).

Si el proyecto DVD no funciona como acabamos de describir corrija la funcionalidad. Antes de continuar tendrá que ir de nuevo a la vista preliminar del DVD para asegurarse de que el comportamiento es, finalmente, el correcto.

Crear el DVD

Ya está preparado para grabar el DVD en el disco:

1. Haga clic en la pestaña Disc de la ventana del proyecto. La ficha Disc, como se muestra en la figura 1.17, contiene información sobre el nombre del disco, su espacio libre disponible, el tipo de almacenamiento y otras características.

2. En la lista desplegable que aparece debajo del nombre del disco, elija el tamaño del disco que quiere crear.

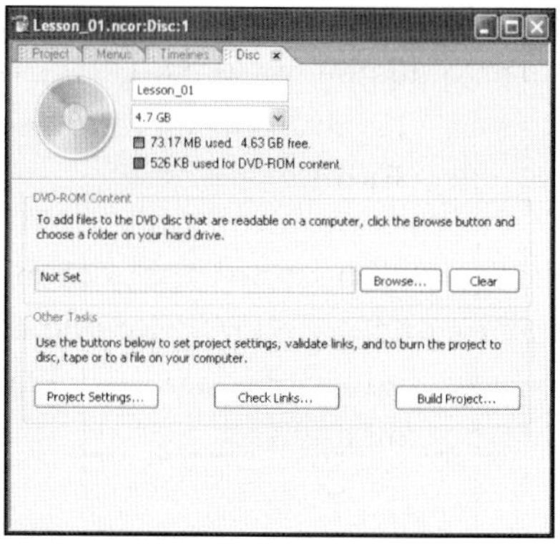

Figura 1.17.

Pestaña Disc con las propiedades del disco DVD.

3. Haga clic en el botón **Build Project** (quemar el proyecto).

4. En el cuadro de diálogo que aparecerá, Make DVD Disc, elija la opción Current Project de la lista desplegable Create Using. Elija su grabadora de DVD en la lista desplegable Recorder. Si dicha grabadora no está en la lista puede que se deba a que no está conectada o instalada adecuadamente. Para intentar solucionarlo, recurra a la documentación de su grabadora de DVD.

5. Introduzca un disco DVD virgen en la grabadora y haga clic en **Next**.

> **Nota:** Si hace clic antes de tiempo debería ver un pequeño cuadro de diálogo con el texto Device Not Ready (el dispositivo no está preparado). Deberá hacer clic en **OK** para dejar que el sistema operativo reconozca de nuevo si hay un disco metido en la grabadora.

6. Revise la información que aparece en el cuadro de diálogo Make DVD Disc Summary y, si todo es correcto, haga clic en el botón **Build**.

La grabación del disco tardará unos minutos, dependiendo de la grabadora de DVD que esté utilizando, del equipo y del tamaño de la información a grabar.

Preguntas de repaso

1. ¿Qué muestra la ventana de proyecto?
2. ¿Cuál es la diferencia entre importar un contenido e importar un menú?
3. ¿Por qué debería crear un capítulo?
4. ¿En qué difiere la ventana Monitor de la ventana de vista previa del proyecto?

Respuestas del repaso

1. La ventana del proyecto muestra información acerca de los contenidos, menús, líneas de tiempo y otros objetos que se incluyen en el proyecto.
2. Un contenido importado se utiliza para conseguir la información de base del DVD, mientras que un menú importado se usará para crear el menú principal a través del que los usuarios podrán navegar por dicho contenido.
3. La creación de un capítulo permite definir una localización dentro de la pista de vídeo, con la que se podrá crear un vínculo desde un botón del menú, o asociarla a una funcionalidad.
4. La ventana Monitor muestra sólo la pista de vídeo seleccionada. La ventana de vista preliminar del proyecto reproduce el DVD por completo, como si lo estuviésemos viendo en una televisión, con un reproductor de DVD normal.

Capítulo 2

Creación de menús

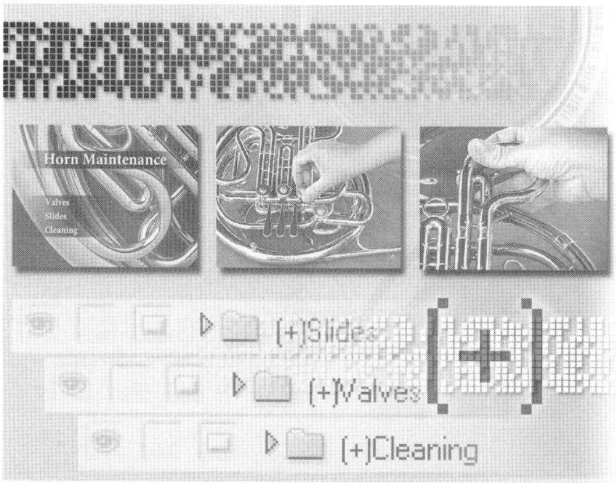

Los menús son la clave de la mayoría de los proyectos DVD. Adobe Encore DVD proporciona todas las herramientas que necesita para crear menús sin tener que conocer a fondo la aplicación. En este capítulo, escribirá directamente en los menús, importará fondos, añadirá botones y mucho más.

En este capítulo creará un menú en Adobe Encore DVD, utilizando para ello contenidos provenientes de ficheros de fondos de pantalla y botones. Aprenderá a hacer lo siguiente:

- Crear un nuevo menú en Adobe Encore DVD.
- Importar ficheros de fondos de pantalla.
- Escribir texto directamente en el menú.
- Dar formato al texto, mediante las fuentes, el tamaño, la separación entre caracteres y el color.
- Mover objetos en el menú.
- Ver el área de seguridad del título para un menú.
- Trabajar con la paleta de capas.
- Cambiar el orden de aparición de las capas.
- Añadir subimágenes a nuestro menú.

Empecemos

Vamos a crear un nuevo proyecto de Adobe Encore DVD utilizando los gráficos y los ficheros de vídeo que se incluyen en el DVD del libro. Debe estar seguro de que conoce la localización de los ficheros que necesita para el capítulo 2 (*Lesson* 2). Para más ayuda, diríjase a la sección Copia de ficheros, al principio del libro.

Visualización del proyecto acabado

Con el fin de comprobar de antemano lo que va a crear, eche un vistazo al proyecto ya acabado:

1. Ejecute Adobe Encore DVD.
2. Seleccione File>Open Project.
3. En el cuadro de diálogo que verá, vaya hasta la carpeta Lesson 02 y seleccione el fichero Lesson_02_end.ncor. A continuación, haga clic en el botón **Abrir**.
4. Elija File>Preview. De esta forma se abrirá la ventana de vista preliminar y aparecerá un menú de DVD, tal y como muestra la figura 2.1, con tan sólo tres botones.

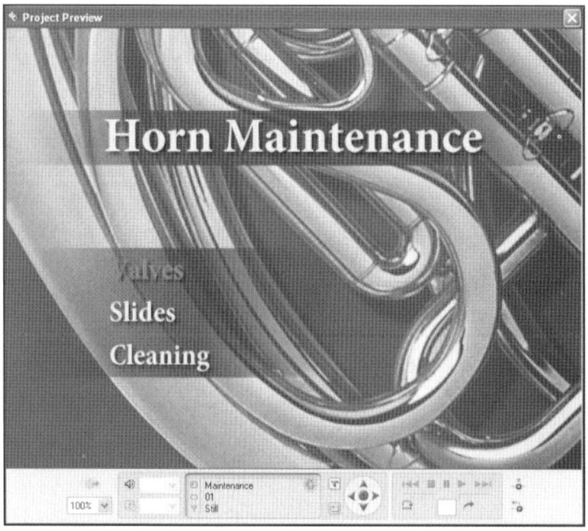

Figura 2.1.

Ventana de vista preliminar con el proyecto DVD del capítulo 2 finalizado.

5. Haga clic en el botón **Valves** (válvulas). De esta forma verá un pequeño vídeo y, cuando acabe, volverá de nuevo a aparecer el menú.

6. Haga clic en cada uno los botones que faltan para poder ver los otros vídeos.

7. Cierre entonces la ventana de vista preliminar, así como la ventana del proyecto Lesson_02_end.

Acerca de los menús

Los menús hacen que sea posible navegar a través de los contenidos del DVD: los vídeos, los sonidos y las imágenes. Un menú sencillo puede servir como el mapa de contenidos del disco completo, aunque también puede haber múltiples menús en un DVD. Por ejemplo, el menú principal puede vincular a otros menús que nos permitirán elegir el lenguaje de los subtítulos, o los diferentes capítulos dentro de un vídeo.

Un menú consiste en un fondo y unos botones que enlazarán con los contenidos. También pueden contener subimágenes para cambiar la apariencia de un botón cuando el usuario mueve el ratón sobre él o cuando lo selecciona.

Los menús pueden ser tan sencillos o complejos como queramos que sean. Puede crear un menú completo sólo con Adobe Encore DVD, como veremos en este capítulo, o puede diseñar el menú en Adobe Photoshop y, después, importarlo en nuestro proyecto DVD, algo que veremos en el capítulo siguiente.

Creación de un menú

Vamos con la creación de un nuevo menú sólo con Adobe Encore DVD. Lo primero que necesitamos es abrir un nuevo proyecto y, después, añadiremos el menú:

1. Seleccione File>New Project y haga clic en **OK** para aceptar el estándar de televisión NTSC. Así aparecerá una nueva ventana del proyecto donde podremos crear un nuevo menú.

2. Seleccione Menu>New Menu, con lo que aparecerá la ventana del editor de menús, mostrando el menú por defecto, llamado NTSC 4x3 Blanck Menu, como se ve en la figura 2.2. Advierta que el menú también aparece en la lista de la ventana del proyecto.

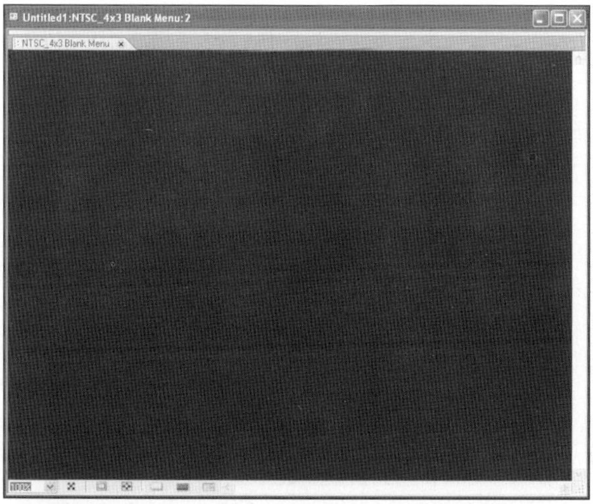

Figura 2.2.

Ventana del editor de menús con el menú por defecto.

La ventana del editor de menús es el área de trabajo para la creación y edición de los menús en Adobe Encore DVD. Puede poner, mover, cambiar el tamaño o borrar botones y subimágenes en esta ventana al igual que puede añadir y dar formato a texto. Utilice los botones de la parte inferior de la ventana, para cambiar el modo en el que queremos que se vea el menú.

Truco: Puede especificar el menú por defecto mediante la paleta Library (biblioteca). Tendrá la oportunidad de especificar el menú por defecto en el capítulo 4. Para este proyecto en particular, utilizaremos el menú por defecto que viene en la instalación de Adobe Encore DVD.

3. Haga clic en la ventana del editor de menús para asegurarse que está activa y escriba Maintenance (mantenimiento) en el cuadro de texto Name de la ficha de propiedades. (Véase la figura 2.3.)

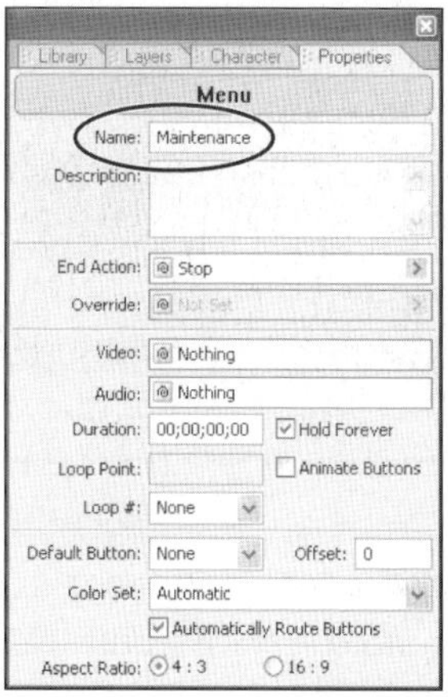

Figura 2.3.

Ficha Properties con las propiedades del menú activo.

4. Haga clic en la ventana del proyecto y se actualizará automáticamente el nombre del menú, tanto en la ventana del proyecto como en la del editor de menús.

Nota: Debería haber un círculo con una flecha dentro ( ) sobre el icono del menú Maintenance de la ventana del proyecto. Dicho símbolo indica que ese menú se verá el primero, al insertar el disco en el reproductor de DVD. Si el símbolo no se encuentra ahí, haga clic con el botón derecho del ratón en el menú Maintenance, y elija la opción Set as First Play del menú contextual.

5. Seleccione File>Save As para guardar el proyecto con el nombre Lesson_02.ncor.

Añadir texto al menú

Adobe Encore DVD nos provee de un control avanzado de tipografía. Utilizando la ficha Character (carácter) puede cambiar el *kernel* y el *tracking*, escalar el texto, así como mover la *baseline* (línea base) del tipo de letra. Puede establecer los atributos antes de escribir los caracteres o bien puede aplicar el estilo y el formato al texto ya existente. Este programa ofrece dos herramientas de texto: una crea texto horizontal y la otra lo crea vertical. En este proyecto, escribirá el texto horizontal directamente en el menú y, después, lo colocará a la posición adecuada:

1. Seleccione la herramienta de texto (T) en el cuadro de herramientas y haga clic en la ventana del editor de menús. Así verá cómo empezará a parpadear un cursor de escritura.

2. Escriba ahora Horn Maintenance (mantenimiento de la trompa), como muestra la figura 2.4.

3. Seleccione Edit>Select All para seleccionar todo el texto que acaba de escribir.

> **Nota:** Si no se ha seleccionado el texto, haga clic sobre él y elija de nuevo Edit>Select All.

4. Active luego la ficha Character haciendo clic en su pestaña, o bien, si no está abierta la ventana con dicha ficha, vaya a Window>Character.

5. Elija la fuente Minino Pro, el estilo Bold (negrita) y el tamaño de texto 60. También haga clic en el botón **Align left** (alineación a la izquierda), como se destaca en la figura 2.5. Según se van especificando las opciones en la ficha Character se irá viendo cómo cambia el texto seleccionado.

Figura 2.4.

Ventana del editor de menús con un texto escrito dentro del menú.

Figura 2.5.

Ficha Character con la opción de alineación a la izquierda resaltada.

6. Haga clic en el cuadro Color y elija el color blanco en la esquina superior izquierda, tal y como se ve en la figura 2.6. Active la casilla de verificación NTSC Colors Only y haga clic en el botón **OK** para cerrar el cuadro de diálogo de elección de color.

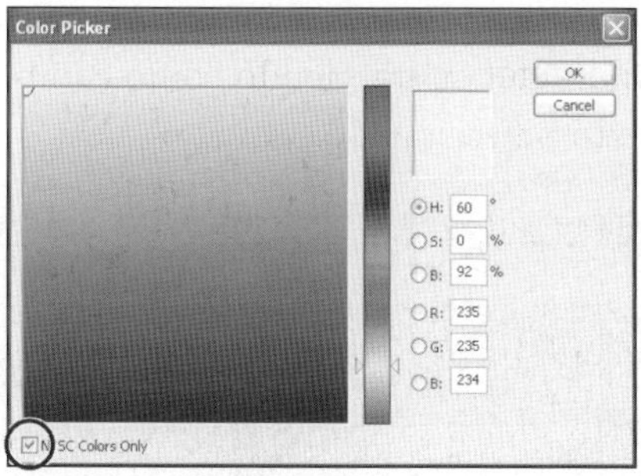

Figura 2.6.

Cuadro de diálogo de elección de color con el color blanco seleccionado y con la casilla de verificación NTSC Color Only *destacada.*

De esta forma habrá creado un bloque de texto mediante la herramienta de texto, escribiéndolo y dándole formato. Ahora vamos a recolocar dicho bloque, utilizando la herramienta de selección.

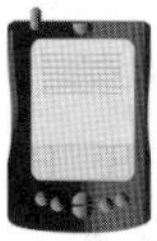

Nota: Los colores NTSC son un subconjunto de colores optimizados para la visualización por televisión.

7. Seleccione la herramienta de selección ( ) del cuadro de herramientas.

8. Arrastre el bloque de texto hacia el centro del menú, en la parte superior, más o menos como en la figura 2.7.

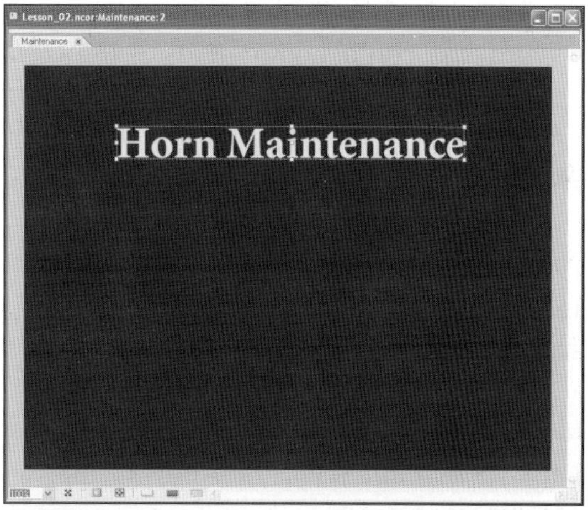

Figura 2.7.

Bloque de texto seleccionado y trasladado al centro y a la parte superior del menú.

9. Haga clic en el la ventana del editor de menús para deseleccionar el bloque de texto. Los cambios que haga en la ficha Character afectan solamente al texto seleccionado. Si no hay texto seleccionado cuando realizamos estos cambios, la configuración será la que hay por defecto para el nuevo texto. Veamos cómo establecer los valores por defecto para el texto de los botones.

10. Elija la fuente Minion Pro, el estilo Bold Condensed y el tamaño de texto 36, dentro de la ficha Character. (Véase la figura 2.8.)

11. Seleccione la herramienta de texto y haga clic en la ventana del editor de menús.

12. Escriba Valves (válvulas) y elija la herramienta de selección para deseleccionar el texto. Los atributos de los caracteres que hemos establecido por defecto se aplicarán automáticamente a este nuevo texto.

Figura 2.8.

Ficha Character con la configuración del texto de los botones.

13. Seleccione de nuevo la herramienta de texto y haga clic en otro punto del menú. Escriba Slides (varas correderas) y elija otra vez la herramienta de selección.

14. De nuevo, elija la herramienta de texto, haga clic en el menú y escriba Cleaning (limpieza). De esta forma tendremos tres bloques de texto por separado.

15. Seleccione View>Show Safe Area o haga clic en el botón con su mismo nombre ( ) que hay en la parte inferior de la ventana del editor de menús.

    De esta forma, aparecerá un borde dentro del menú que representa el área de seguridad del título (aquella parte del menú que será visible en una pantalla de televisión). Haga que todo el texto esté situado dentro de dicho borde para asegurarse que todos los espectadores podrán acceder a los botones y leer el texto.

16. Arrastre los bloques de texto que acaba de crear hacia el rincón inferior izquierdo del menú, dentro siempre del área de seguridad del título, con la herramienta de selección. Se verá algo similar a la figura 2.9.

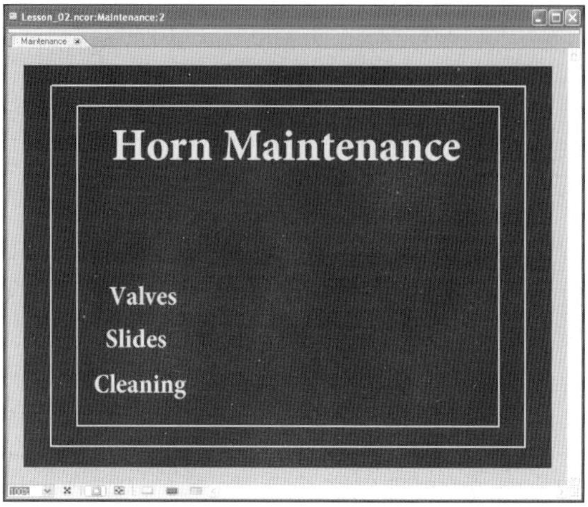

Figura 2.9.

Menú con el texto de los botones dentro del área de seguridad del título.

17. Guarde el proyecto.

Añadir contenidos a los menús

Los fondos de menú pueden contener una única capa (como el menú que vimos en el primer capítulo) o múltiples capas. Cuando queremos incluir objetos en nuestro menú, los importaremos como contenidos:

1. Haga clic con el botón derecho sobre la ventana del proyecto y seleccione la opción Import as Asset del menú contextual.

2. Vaya a la carpeta Lesson 02 y, con la tecla **Control** pulsada, haga clic en los ficheros Gradients.psd, Valves.avi, Slides.avi y Cleaning.avi.

Truco: Puede usar la tecla **Mayús** para seleccionar ficheros continuos. Si hace clic en el fichero Cleaning.avi y después hace clic en Valves.avi, con la tecla **Mayús** pulsada, sólo se seleccionarán los ficheros que hay entre ambos.

3. Haga clic en el botón **Abrir** y se abrirán los ficheros que ha seleccionado.

4. Agrande la ventana del editor de menús hasta que pueda ver los bordes del menú (aparecerá entonces un fondo gris detrás del menú en negro).

5. Arrastre el fichero Gradients.psd de la ventana del proyecto dentro de la ventana del editor de menús. Coloque la nueva capa para que rellene el menú, con la herramienta de selección.

   El fichero Gradients.psd es un fichero de Photoshop de una sola capa. Como acaba de mover dicho fichero sobre el menú, podrá ver cómo se conserva su transparencia, ya que puede ver el menú por defecto y el texto que acaba de crear detrás de él, como se ve en la figura 2.10. Adobe Encore DVD respeta la transparencia de los ficheros de Photoshop debido a que los dos programas utilizan el mismo motor gráfico.

6. Abra la ficha Layers (capas) yendo a Windows>Layers o haciendo clic en la pestaña Layers de la paleta con el conjunto de fichas. Esta ficha contiene unas cuantas capas, pues cada bloque de texto que ha creado tiene su propia capa, al igual que el fichero Gradients.psd. Además, esta ficha, que se muestra en la figura 2.11, es muy similar a la que hay en Photoshop y la utilizaremos para organizar y editar en cualquier momento nuestro menú en Adobe Encore DVD, antes de crear el DVD.

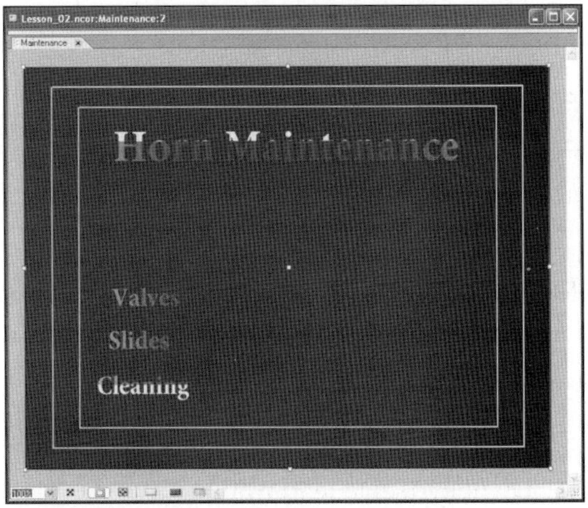

Figura 2.10.

Menú por defecto con el fichero de gradientes de Photoshop sobre él.

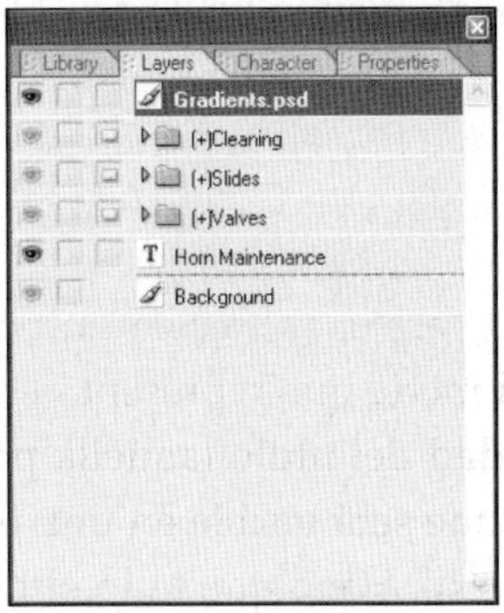

Figura 2.11.

Ficha Layers con unas cuantas capas del menú.

7. Seleccione la capa Gradients.psd de la ficha Layers y a continuación haga clic en

Object>Arrange>Send to Back. La capa de los gradientes se moverá debajo de la del texto, y su orden cambia en la ficha Layers. Utilice el comando `Arrange` (organizar) para cambiar el orden de aparición de los objetos apilados de nuestro menú.

8. Abra el Explorador de Windows (por ejemplo, haciendo clic con el botón derecho en el Menú Inicio y eligiendo la opción Explorar del menú contextual).

9. Organice la pantalla del escritorio de Windows para poder ver a la vez, tanto Adobe Encore DVD, como el Explorador de Windows.

10. Arrastre el fichero Background.psd de la carpeta Lesson 02 desde la ventana del Explorador de Windows hasta la ventana del editor de menús, en Adobe Encore DVD, tal y como se representa en la figura 2.12. Utilice la herramienta de selección para situar la nueva capa hasta que rellene el menú.

11. Con la capa Background.psd seleccionada, vaya a Object>Arrange>Send to Back.

Truco: Para proteger las capas de movimientos, una vez que las haya colocado, sólo tiene que hacer clic en el pequeño cuadro del medio a la izquierda del nombre de la capa, con lo que aparecerá el dibujo de un candado. Cuando se bloquea una capa ya no se puede modificar.

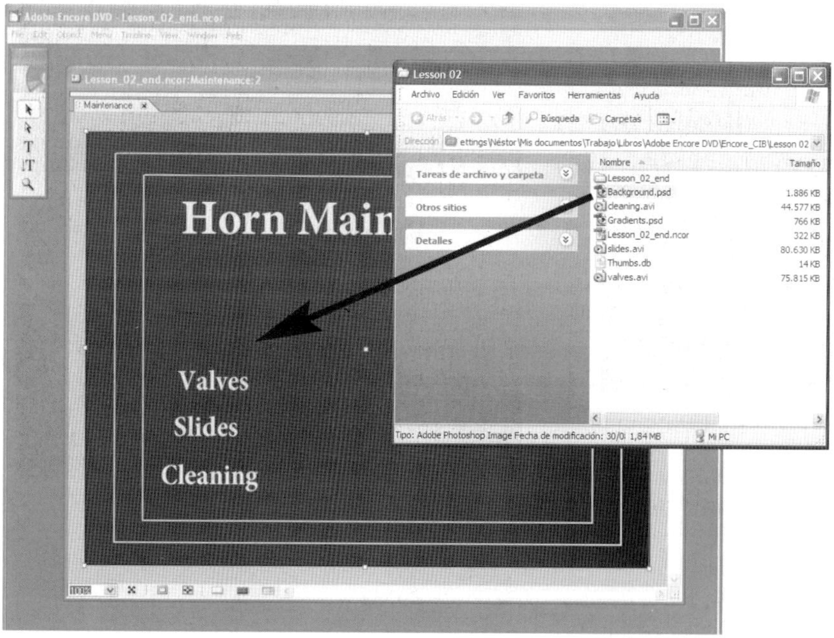

Figura 2.12.

Cómo arrastrar el fichero Background.psd dentro del menú.

Añadir sombra al texto

Vamos ahora a añadir un efecto de sombra al título y a cada uno de los textos de los botones. Lo primero será situarlos sin sus fondos granates:

1. Utilizando la herramienta de selección, mueva el título al primer fondo granate.
2. Seleccione los tres bloques de texto que quiere utilizar como botones, pulsando la tecla **Control** para una selección de elementos múltiple.
3. Coloque los bloques de texto sobre el fondo granate más grande. Se verá entonces algo parecido a lo que aparece en la figura 2.13.

Figura 2.13.

Menú con sus bloques de texto encima de los fondos de degradado granate.

4. Seleccione una de las capas de texto en la ficha Layers y pulse la tecla **Control** mientras selecciona el resto.

> **Nota:** Asegúrese de que existen cuatro capas de texto seleccionadas.

5. Seleccione ahora la opción Object>Drop Shadow y haga clic en el botón **OK** para aceptar la configuración por defecto. Así podrá ver cómo aparecen las sombras por debajo de todo el texto del menú, como se ve en la figura 2.14.

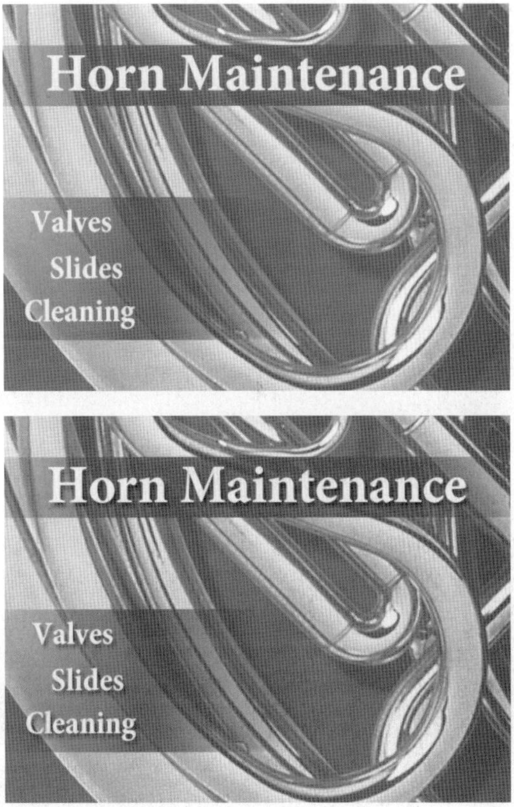

Figura 2.14.

El menú con el texto sin sombra y con ella, respectivamente.

6. Guarde el proyecto.

Convertir los bloques de texto en botones

Se puede decir que ya está preparado para crear botones para el menú. Con Adobe Encore DVD puede crear botones importando o moviendo imágenes y, también, con texto que haya escrito dentro del menú o, incluso, puede utilizar los botones predefinidos de la biblioteca.

Para este proyecto en particular convertiremos en botones los bloques de texto que ha creado antes:

1. Utilizando la herramienta de selección directa, seleccione los tres bloques de texto (pulse la tecla **Control** para la selección múltiple).

2. Elija la opción Object>Align>Left, con lo que verá cómo se alinean los bloques de texto en el lado izquierdo, coincidiendo con el borde izquierdo del primer bloque de texto que ha seleccionado.

3. Después seleccione la opción Object> Distribute>Vertically. Así se distribuirán los bloques de texto para que el espacio vertical entre ellos ocupen lo mismo. El resultado será como el que se ve en la figura 2.15.

4. Con los bloques de texto aún seleccionados, elija la opción Object>Convert to Button.

   Veremos que la apariencia de los bloques de texto no ha cambiado en la ventana del editor de menús, aunque los nombres de las capas en la ficha Layers sí que lo han hecho, como muestra la figura 2.16. Adobe Encore DVD utiliza una nomenclatura especial para los botones, los cuales pueden vincularse con líneas de tiempo o con otros menús.

Figura 2.15.

Los bloques de texto de los futuros botones del menú se han alineado tanto horizontal como verticalmente.

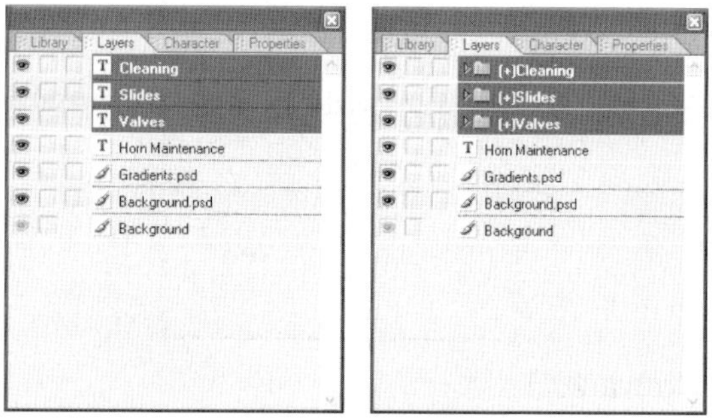

Figura 2.16.

Los nombres de las capas de texto han cambiado cuando se han convertido en botones.

5. Guarde el proyecto.

Añadir subimágenes a los botones

Una subimagen es un recubrimiento gráfico que podemos utilizar para cambiar la apariencia de un botón cuando el usuario mueve el ratón sobre él o cuando lo selecciona sin más. Para crear subimágenes para los botones en Adobe Encore DVD:

1. Seleccione un botón de la ventana del editor de menús con la herramienta de selección.

2. Elija la opción Object>Create Subpicture, con lo que el programa creará una nueva capa con la misma forma que el botón. Su nombre empezará con =, lo que indica que se trata de la capa de una subimagen. (Véase la figura 2.17.)

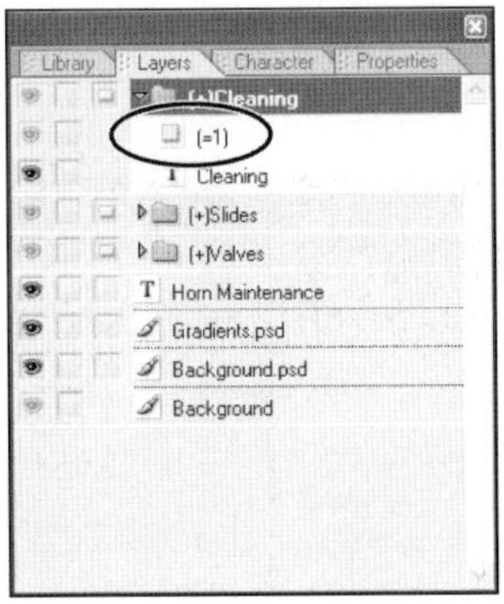

Figura 2.17.

Detalle del nombre de la capa de una subimagen.

3. Ahora seleccione la opción View>Show Selected Subpicture para ver cómo se verá el botón cuando éste se active. También puede hacer clic en el botón con el mismo nombre ( ) que hay en la ventana del editor de menús. (Véase la figura 2.18.)

4. Repita los pasos 1 y 2 para crear subimágenes para los otros dos botones.

Figura 2.18.

Detalle de la localización del botón Show Selected Subpicture en la ventana del editor de menús.

Asignación de grupos de colores a las subimágenes

Cuando añade las subimágenes a los botones, se aplican unos colores por defecto. Para que se apliquen otros colores, lo primero que necesitamos es crear un nuevo grupo de colores y, después, asignar dicho grupo al menú. Para la creación de un nuevo grupo de colores a este menú:

1. Elija la opción Edit>Color Sets>Menú.

2. En el cuadro de diálogo que aparecerá, Menu Color Set, haga clic en el botón **New Color Set**. (Véase la figura 2.19.)

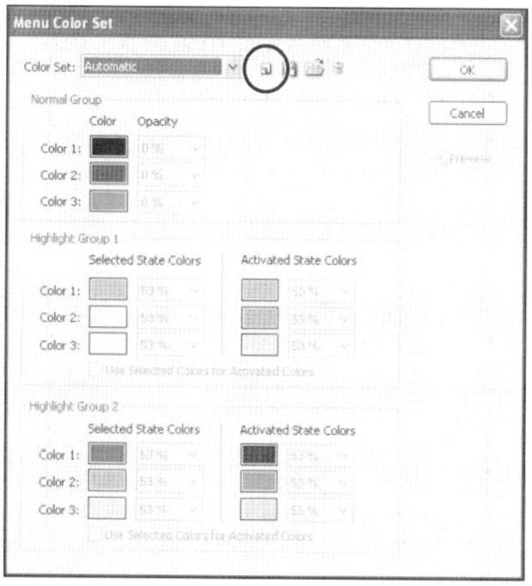

Figura 2.19.

*Detalle del botón **New Color Set** del cuadro de diálogo* Menu Color Set.

3. En el cuadro de diálogo New Color Set, como muestra la figura 2.20, escriba Horn Color Set (grupo de color de la trompa), y haga clic en el botón **OK** para volver al anterior cuadro de diálogo.

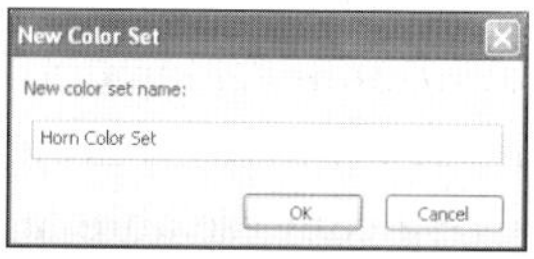

Figura 2.20.

Cuadro de diálogo New Color Set.

4. En la sección Highlight Group 1, haga clic en el cuadro de color Color 1, con lo que aparecerá el cuadro de diálogo de elección de color.

5. Elija un color rojo, o escriba 215, 35 y 56 en los cuadros de texto R, G y B, respectivamente, como se puede ver en la figura 2.21. Active la casilla de verificación NTSC Colors Only y haga clic en el botón **OK**.

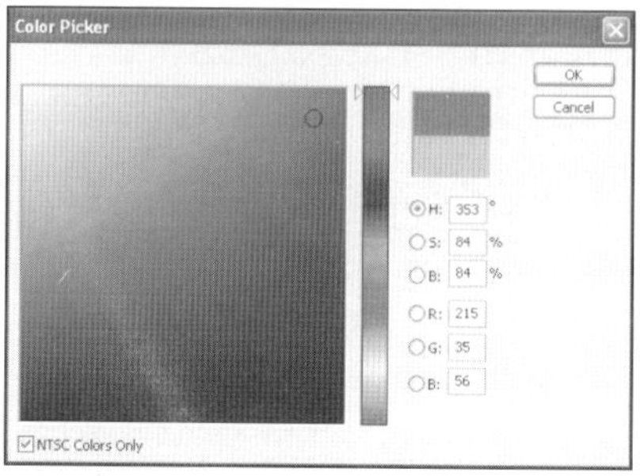

Figura 2.21.

Cuadro de elección de color con un tono de rojo seleccionado.

6. Dentro de la sección Highlight Group 1, elija el valor 80% de la lista desplegable Opacity (opacidad) del cuadro Color 1, como muestra la figura 2.22, y haga clic en **OK**.

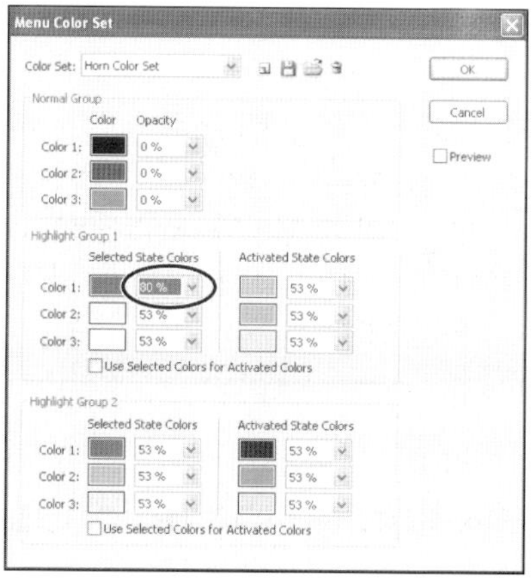

Figura 2.22.

Opacidad del 80% para el color 1 de la sección Highlight Group 1.

7. En la ventana del proyecto, seleccione el menú Maintenance para hacerlo activo.

8. En la ficha Properties elija la opción Horn Color Set de la lista desplegable Color Set. (Véase la figura 2.23.) Así mismo,

aparecerá el nuevo color de la subimagen en la ventana del editor de menús.

Figura 2.23.

Detalle de la elección del grupo de colores Horn Color Set en las propiedades del menú.

> **Nota:** Si no es capaz de ver el color de la subimagen, haga clic sobre el botón **Show Selected Subpicture** de la ventana del editor de menús.

Vinculación de los botones con las líneas de tiempo

Ahora podemos definir los vínculos entre los botones que acaba de crear y los clips de vídeo. Lo primero será crear líneas de tiempo para el fichero de vídeo que ha importado antes:

1. Pulse la tecla **Control** mientras selecciona los tres ficheros AVI en la ventana de proyecto. (Véase la figura 2.24.)

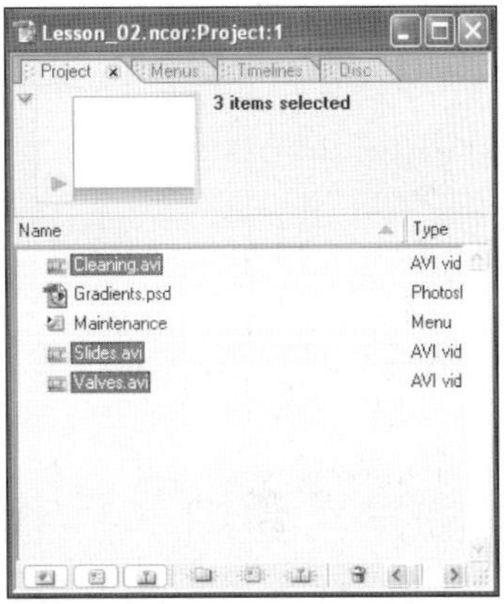

Figura 2.24.

Selección múltiple de los tres ficheros de vídeo del proyecto.

2. Haga clic en el botón **New Timeline** ( ) de la parte inferior de la ventana. Así se abrirá la ventana de línea de tiempo con una pestaña para cada una de las tres líneas de tiempo. Cada fichero de vídeo AVI se sitúa automáticamente en su propia línea de tiempo, y éstas ya se han añadido en la ventana de proyecto, tal y como se muestra en la figura 2.25. También verá cómo se abre la ventana Monitor.

3. En la ventana de proyecto seleccione las tres líneas de tiempo y después abra la ficha de propiedades haciendo clic en la pestaña Properties o bien en la opción Window>Properties.

> **Nota:** Debe asegurarse de que ha seleccionado las tres líneas de tiempo dentro de la ventana del proyecto y no los ficheros de vídeo AVI.

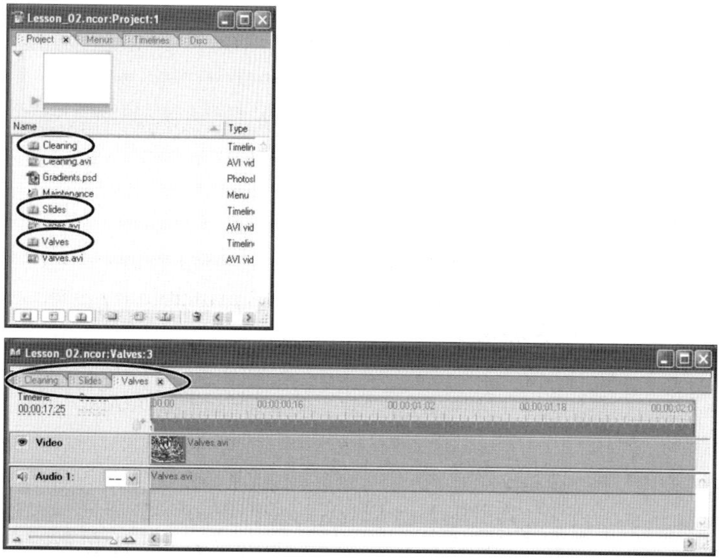

Figura 2.25.

Detalle de la aparición de tres nuevas líneas de tiempo en el proyecto, tanto en la ventana de proyecto como en la de la línea de tiempo.

4. En la ficha de propiedades elija ahora Maintenance>Default desde el menú contextual del cuadro End Action, como muestra la figura 2.26. La acción final (*end action*) determina qué ocurrirá cuando finalice la reproducción de la línea de tiempo. En este caso, el DVD volverá al menú Maintenance después de la finalización de cada vídeo.

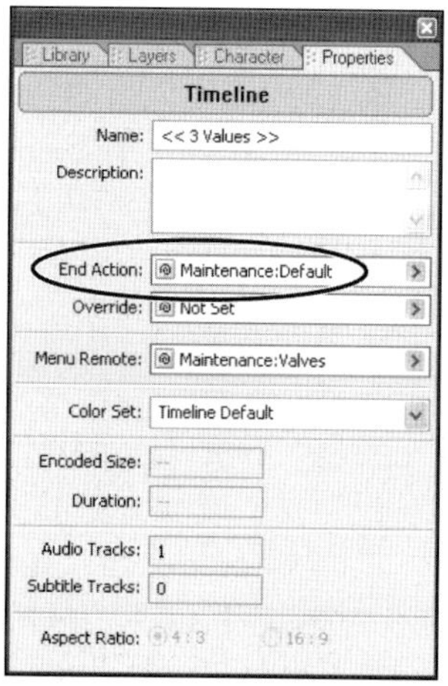

Figura 2.26.

Cuadro End Action con el valor Maintenance:Default.

> **Truco:** Si quiere que cada línea de tiempo vuelva al menú principal después de que termine su reproducción, puede ahorrar tiempo seleccionando todas las líneas de tiempo y establecer la acción final una sola vez. Es decir, la acción final se aplicará a todas las líneas de tiempo que haya seleccionado.

5. Utilice la herramienta de selección para seleccionar el botón **Valves** en la ventana del editor de menús.

6. Dentro de la ficha Properties, elija luego Valves>Chapter 1 del menú contextual del cuadro Link, tal y como muestra la figura 2.27. El botón seleccionado ahora está vinculado a la línea de tiempo Valves, después, cuando el usuario haga clic en el botón **Valves**, se reproducirá la línea de tiempo con su mismo nombre.

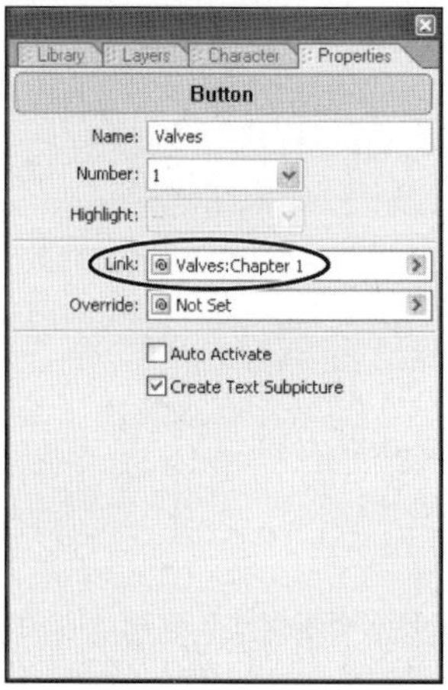

Figura 2.27.

Propiedades del botón seleccionado, destacando el valor Valves:Chapter 1 del cuadro Link.

> **Nota:** El vínculo se asigna al Capítulo 1, aunque no crease ningún capítulo en la línea de tiempo Valves. Cada línea de tiempo tiene en su inicio un capítulo, llamado Chapter 1.

7. Repita los pasos 5 y 6 para los otros dos botones, enlazando cada uno de ellos con su correspondiente línea de tiempo.

8. Guarde el proyecto.

Vista preliminar del proyecto

Antes de grabar un DVD debe estar seguro de que el proyecto está configurado adecuadamente.

Debería verse y funcionar justo como se vió en la vista preliminar del principio de este capítulo:

1. Seleccione la opción File>Preview.

   Si el proyecto se ha configurado correctamente lo primero que aparecerá entonces será el menú Maintenance. Por defecto, estará seleccionado el botón **Valves**, por lo que debería verse también su subimagen.

2. Haga ahora clic en uno de los botones. De esta forma debería ver el vídeo correspondiente y, cuando acabe su reproducción, volverá a ver el menú Maintenance.

3. Haga clic en los otros dos botones, para comprobar que se reproducen los respectivos vídeos y que se vuelve de nuevo al menú Maintenance.

4. Cierre la ventana de vista preliminar del proyecto.

Si el proyecto de DVD no funciona como acabamos de describir, vuelva al proyecto y corrija su funcionalidad.

Compruebe de nuevo la vista previa para asegurarse de que las correcciones consiguen el funcionamiento esperado.

> **ACERCA DE LA ESTRUCTURA DE CARPETAS DE ADOBE ENCORE DVD**
>
> Al crear un proyecto, Adobe Encore DVD almacena los menús y los contenidos del mismo en una carpeta del proyecto. Dentro de ella se encuentran dos subcarpetas: Cache y Sources. El programa utiliza la primera subcarpeta para guardar el trabajo actual en el proyecto, y la segunda para almacenar los menús y contenidos originales. Adicionalmente, las preferencias de nuestro proyecto se guardan en el fichero ProjectPrefs.xml, dentro de la carpeta de proyecto.
>
> Si necesita mover un proyecto de DVD a otro ordenador, debe asegurarse de que traspasa la carpeta y las subcarpetas del proyecto al completo, con todos sus contenidos. Si no es así, Adobe Encore DVD no será capaz de encontrar los ficheros necesarios para abrir el proyecto.

Grabar el DVD

Los pasos para crear el DVD son:

1. Seleccione la pestaña Disc de la ventana de proyecto.

   En dicha ficha aparecerá el nombre del disco, el espacio libre disponible, el tipo de almacenamiento y algo más de información.

2. Elija el tamaño de los datos en el disco que va a grabar en la lista desplegable que se encuentra debajo del nombre.

   Advierta que tanto la cantidad de espacio usado en disco por el proyecto como el espacio en disco disponible resultante aparecen debajo del tamaño de los datos del disco. Adicionalmente, Adove Encore DVD muestra la cantidad de espacio utilizado para el contenido, a diferencia del formato del disco.

3. Haga clic en el botón **Check Links** y seleccione los problemas sobre los vínculos que quiere buscar. Haga clic en el botón **Start** para comenzar la búsqueda y haga lo propio con el botón **Done** (hecho) después de examinar los resultados.

   Si se encuentra problemas de vínculos que hacen que no se reproduzca el DVD correctamente, vuelva al proyecto y arréglelos antes de grabar el disco.

   Adobe Encore DVD puede identificar vínculos rotos (enlaces perdidos), vínculos sin establecer y líneas de tiempo o menús a los que no se puede acceder mediante ningún vínculo de navegación. Para obtener más información acerca de la comprobación de vínculos, vea *Finding missing links and unassigned assets* de la ayuda del programa.

4. Haga clic en el botón **Build Proyect** y, después, haga clic en el botón **Save and Continue** si se le pregunta si quiere guardar el fichero.

5. En el cuadro de diálogo Make DVD Disc, seleccione la opción Current Project de la lista desplegable Create Using, y también elija su grabador de DVD de la lista desplegable Recorder.

Si su grabadora no está en la lista, deberá verificar que está correctamente conectada e instalada. Vea la documentación de su grabadora de DVD si necesita asistencia técnica.

6. Inserte un disco virgen en la grabadora y haga clic en el botón **Next**.

7. Revise la información que aparece en el cuadro de diálogo Make DVD Disc Summary y, cuando esté preparado para seguir, haga clic en el botón **Build**.

La grabación del disco llevará algunos minutos, dependiendo de la grabadora de DVD que tengamos, del tipo de ordenador y del tamaño de la información a guardar.

Preguntas de repaso

1. ¿Qué herramienta utilizará para crear texto?

2. ¿Qué herramienta utilizará para mover un bloque de texto?

3. ¿Qué es el área de seguridad del título de un menú?

4. ¿Cómo cambiará el orden de aparición de la pila de capas?

5. ¿Cómo añadirá una sombra al texto?

6. ¿Cuándo debería utilizar una subimagen?

7. ¿Qué dos caminos hay para mostrar la ficha de capas (*Layers*)?

La administración de bits

La administración de bits (*Bit Budgeting*) o la estimación de la cantidad de espacio que ocupará nuestro proyecto DVD, es una parte importante de la planificación. Dicha administración le ayudará a encontrar un equilibrio entre la cantidad y la calidad del contenido, y determina el ratio óptimo de vídeo. Si su DVD incluye pequeñas cantidades de contenido, puede codificar dicho contenido a un mayor ratio de datos (lo cual se traduce en mayor calidad) para aprovechar mejor todo el espacio disponible en el DVD.

Al contrario, si su proyecto contiene una gran cantidad de contenido, necesitará utilizar un menor ratio de datos (lo que significa una menor calidad) para exprimir todo el contenido y que quepa en el DVD.

Adobe Encore DVD vigila la administración de bits durante el proceso de creación. Para los pequeños proyectos con un contenido limitado, solamente es suficiente comprobar la cantidad de espacio disponible en la ficha Disc durante el proceso de creación para controlar el espacio utilizado. Para proyectos más grandes y complejos, la administración de bits llega a ser mucho más importante para el proceso de creación. Para más información acerca de la administración de bits, vea en la ayuda de Adobe Encore DVD el apartado *Understanding bit budgeting*.

Respuestas del repaso

1. Utilice la herramienta de texto o la de texto vertical para escribir o dar formato al texto.

2. Use la herramienta de selección para mover un bloque de texto, redimensionarlo o manipularlo como un objeto.

3. El área de seguridad del título es el área que aparecerá en una televisión o monitor de ordenador, por lo que deberá estar seguro de que el contenido esté visible dentro de esta área.

4. Seleccione una capa en la ficha Layers, seleccione la opción Object>Arrange y después elija la opción Bring to Front (traer al frente), Send to Back (enviar al fondo), Bring Forward (traer adelante) o Send Backward (enviar atrás).

5. Seleccione la capa de texto en la ficha Layers y elija la opción Object>Drop Shadow.

6. Puede utilizar una subimagen para cambiar la apariencia de un botón cuando el usuario mueva el ratón sobre él o cuando lo seleccione.

7. Elija la opción Window>Layers o, si aparece la pestaña pero no está activa, haga clic en la pestaña Layers en la paleta de fichas.

Capítulo 3

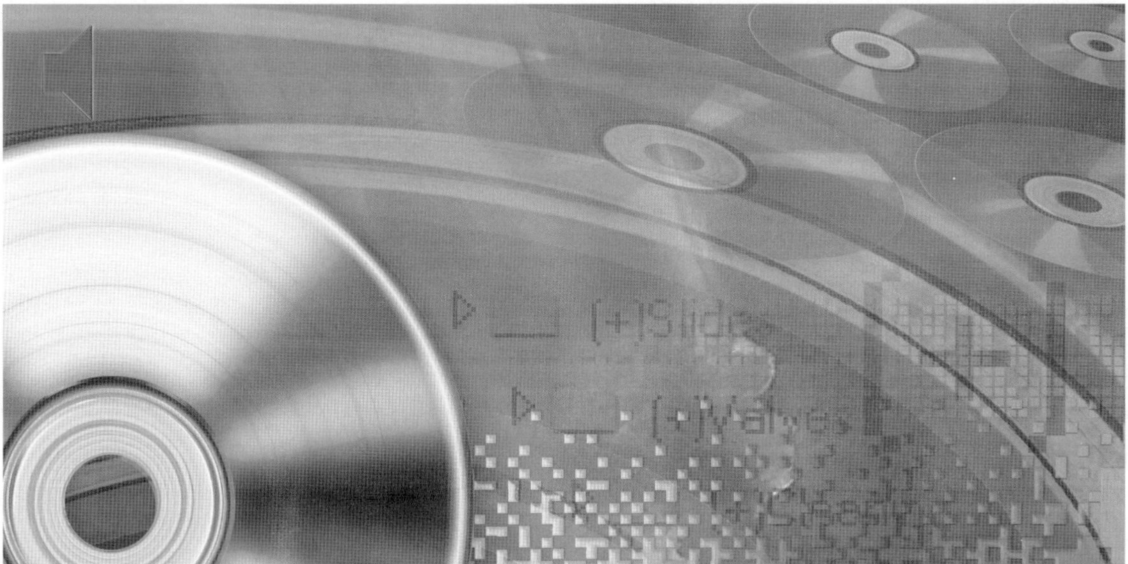

Diseño de menús en Adobe Photoshop

Adobe Encore DVD está diseñado para trabajar íntimamente con Adobe Photoshop. Así puede adquirir ventaja con los numerosos estilos de capa y otras características de diseño en Photoshop para crear exactamente el menú que quiere. Además, verá cómo se conserva la apariencia y el formato cuando lo importe dentro de Adobe Encore DVD.

En este capítulo aprenderá a crear un menú sencillo para Adobe Encore DVD utilizando las poderosas características de Adobe Photoshop. Verá cómo las dos aplicaciones trabajan estrechamente juntas para poder realizar las siguientes tareas:

- Crear un nuevo menú en Photoshop.
- Componer un fondo para el menú con varias imágenes.
- Crear texto en Photoshop.
- Dar formato y posicionar texto en Photoshop.
- Aplicar estilos de capa a las capas de texto e imagen.
- Crear y dar nombre a los botones.
- Crear y dar nombre a las subimágenes.
- Editar el fichero de Photoshop original dentro de Adobe Encore DVD.
- Crear un DVD mediante el comando `Make DVD Disc` (crear un disco DVD).

Antes de empezar

En este capítulo ensamblará imágenes y texto en un fichero de Photoshop con capas, creará botones utilizando grupos de capas e importará el fichero como un menú en Adobe Encore DVD. Después, usará las herramientas de Adobe Encore DVD para modificar el menú y vincular sus botones con las líneas de tiempo.

Todos los ficheros de gráfico y vídeo necesarios para este capítulo están incluidos en el DVD que se adjunta con el libro, por lo que deberá conocer la localización de dichos ficheros para poder seguir los ejemplos. En caso de duda, consulte la sección Copia de archivos del principio de este libro.

También necesitará tener instalado Adobe Photoshop 7.0 o superior para poder realizar este capítulo.

Vista previa del proyecto de Adobe Encore DVD finalizado

Para poder ver lo que está a punto de hacer en este capítulo, echemos un vistazo a cómo es el proyecto acabado:

1. Inicie Adobe Encore DVD.

2. Seleccione la opción File>Open Project del menú.

3. Dentro del cuadro de diálogo Open, vaya hasta la carpeta Lesson 03, seleccione el fichero Lesson_03_end.ncor y haga clic en el botón **Abrir**.

4. Vaya a la opción del menú File>Preview. De esta forma aparecerá la ventana de vista preliminar del proyecto con un menú de DVD dentro, como se muestra en la figura 3.1. Encontrará tres botones en forma de animales, siendo el de la jirafa (**Giraffe**) el que está seleccionado.

Figura 3.1.

Ventana de vista preliminar del proyecto, con un menú DVD.

5. Haga clic en el botón **Giraffe** y verá un pequeño vídeo. Cuando éste acabe, volverá de nuevo al menú.

6. Haga clic ahora en los botones **Gorilla** y **Jaguar**, para poder ver los otros vídeos.

7. Cierre la ventana de vista preliminar del proyecto y la ventana del proyecto Lesson_03_end.

Combinación de Adobe Encore DVD con Photoshop

Como ha visto en los dos primeros capítulos, Adobe Encore DVD comparte algunas características con Photoshop. Por ejemplo, incluye una paleta limitada de capas y puede crear y editar texto para los menús. Sin embargo, puede crear menús más sofisticados e integrados utilizando las robustas características de diseño gráfico que hay en Photoshop. Otras herramientas de creación de DVD aceptan ficheros de Photoshop, haciendo que la edición final sea algo pesada. Debido a que Adobe Encore DVD preserva la información de las capas del fichero de Photoshop, podrá editar su menú hasta el mismo momento de grabación del DVD.

La mayoría de los diseñadores de DVD crean los menús en Photoshop, gracias a las ventajas que da su amplio conjunto de herramientas. Puede aplicar los estilos de capas de Photoshop que no están disponibles en Adobe Encore DVD, ajustes de capas y dar formato al texto con herramientas avanzadas. Cuando se importa un menú en Adobe Encore DVD, él mismo reconoce y conserva los estilos de las capas, así como el ajuste entre ellas. Además, el texto al que ha dado formato con Photoshop aparecerá exactamente igual en Adobe Encore DVD.

Para un trabajo más sencillo y rápido, puede volver rápidamente a Photoshop mediante el comando `Edit` en Photoshop del programa Adobe Encore DVD.

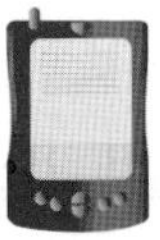

Nota: Para completar este capítulo, puede utilizar tanto Photoshop CS como Photoshop 7.0, indistintamente. Como Photoshop CS dispone de características adicionales para el tratamiento de imágenes específico para vídeo, algunos pasos serán ligeramente diferentes. Donde sea necesario, se separarán las instrucciones que corresponden a las dos versiones de Photoshop.

Creación de un fondo de menú en Photoshop

Para crear un menú en Photoshop, primero creará una nueva imagen y le aplicará un color de fondo:

1. Dentro de Photoshop, seleccione la opción Archivo>Nuevo.

2. Desde la lista desplegable Tamaños preestablecidos (o Presets), elija el valor NTSC DV/DVD est. 720 x 534 en Photoshop 7.0, o el valor NTSC DV 720 x 480 (whith guides) en Photoshop CS. En este último programa, asegúrese de que el ratio de aspecto del píxel se establezca con el valor D1/DV NTSC (0.9).

El sistema de vídeo NTSC (americano) tiene una dimensión de 720 x 480 píxeles, pero Photoshop 7.0 tiene más píxeles verticales (534). Esto es debido a que el sistema NTSC se compone de píxeles no cuadrados. Photoshop 7.0 sólo trabaja con píxeles cuadrados, pero puede importar una imagen de 720 x 534 píxeles (cuadrados) dentro de Adobe Encore DVD, el cual escalará automáticamente la imagen para que encaje con la relación de aspecto del píxel. Photoshop CS le permite crear una imagen con píxeles no cuadrados, por lo que Adobe Encore DVD no necesitará escalarla cuando la importe dentro de él.

No necesita memorizar las dimensiones de píxeles; simplemente recuerde qué tamaño preestablecido eligió cuando vaya a crear un nuevo menú.

Los píxeles cuadrados y rectangulares

Si crea menús o fondos usando los píxeles cuadrados, es mejor, para redimensionarlos, utilizar los tamaños de imagen preestablecidos. Cuando Adobe Encore DVD crea un DVD, automáticamente compensa el cambio de dimensiones de los píxeles. De esta forma, cuando el usuario reproduzca el DVD en el entorno de televisión de píxeles rectangulares, los menús no aparecerán aplastados.

3. Nombre la imagen con la palabra Main (principal), elija el modo de color Color RGB y haga clic en el botón **OK** para cerrar el cuadro de diálogo Nuevo.

Si está utilizando Photoshop CS, se abrirá la imagen con las guías para el área de seguridad de acción y de título. Para desactivar dichas guías, elija la opción del menú View>Clear Guides.

4. Elija la opción Fichero>Guardar como, seleccione la opción Photoshop (*.PSD, *.PDD) de la lista desplegable de formatos, indique la carpeta donde quiere guardar el fichero y haga clic en el botón **OK**. El fichero se llamará Main.psd y se guardará en la carpeta que hayamos especificado. Acuérdese de dónde dejó el fichero, pues así podrá localizarlo después, cuando necesite importarlo dentro de Adobe Encore DVD.

5. Seleccione la opción Fichero>Abrir y vaya a la carpeta Lesson 03 del cuadro de diálogo. Después, con la tecla **Control** pulsada, haga clic sobre los ficheros Small_giraffe.psd, Small_gorilla.psd y Small_jaguar.psd, para así seleccionarlos a la vez, y haga clic en el botón **Abrir**. Verá cómo se abren los tres ficheros de animales en Photoshop, aunque el fichero Main.psd sigue todavía abierto.

Nota: Es posible que vea un cuadro de diálogo sobre la gestión de color. Para este proyecto no necesita utilizar la gestión del color, pero, sin embargo, podría querer usarlo en sus proyectos de DVD para lograr los mejores resultados. Para aprender más acerca de la gestión del color, diríjase a la guía de usuario de Photoshop.

6. Mueva las ventanas para que los ficheros Main.psd y Small_giraffe.psd estén visibles al mismo tiempo.

7. Haga clic el fichero Small_giraffe.psd para activarlo y, con la herramienta Mover ( ), arrastre la imagen de la jirafa dentro del fichero Main.psd, como se indica en la figura 3.2. Así aparecerá una nueva capa en la ficha Capas, con el nombre Girrafe image.

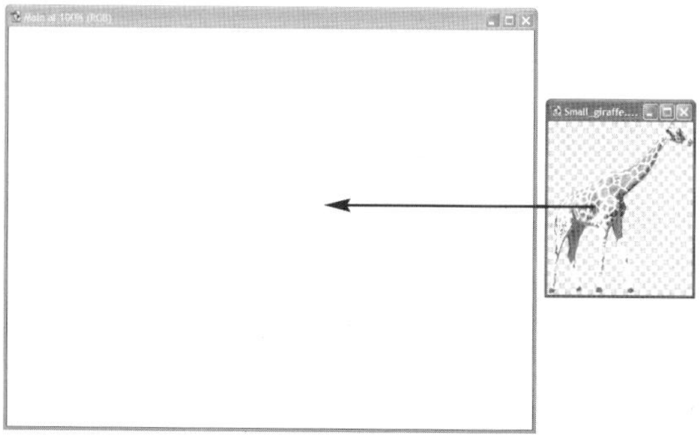

Figura 3.2.
Cómo arrastrar la imagen de la jirafa dentro de otra en blanco, para así incluirla en una nueva capa.

8. Utilice la herramienta Mover para situar la capa de la jirafa en la esquina inferior izquierda de la imagen.

9. Mueva las ventanas para hacer que sean visibles a la vez los ficheros Main.psd y Small_gorilla.psd.

10. Haga clic en el fichero Small_gorilla para activarlo y luego arrastre su imagen dentro del fichero Main.psd, utilizando la misma herramienta Mover. Sitúe la capa del gorila en la parte derecha de la imagen, puesto que se habrá creado

automáticamente una capa con la imagen que se ha arrastrado.

11. Haga clic en el fichero Small_Jaguar.psd y arrástrelo dentro de Main.psd, como en el resto de imágenes. Colóquelo en la parte inferior de la imagen. Al final, intente que quede algo parecido a lo que se ve en la figura 3.3.

Figura 3.3.

Composición de una imagen gracias a otras almacenadas en diversos ficheros.

12. Haga clic en el fichero Main.psd para activarlo y luego seleccione la opción Fichero>Guardar para guardarlo en disco. Después, cierre los ficheros Small_giraffe.psd, Small_gorilla.psd y Small_jaguar.psd sin necesidad de tener que guardarlos.

Creación de texto en Photoshop

Photoshop nos ofrece más herramientas de formato de texto que Adobe Encore DVD, por lo que podrá conseguir justamente el efecto que quiere. Adobe Encore DVD reconoce el formato del texto y lo muestra correctamente, lo que no quita que siempre pueda volver a Photoshop para editarlo o formatearlo de nuevo.

Puede escribir texto directamente en una imagen de Photoshop y después cambiar rápidamente su formato o su posición. Para lo primero dispone de las fichas Carácter y Párrafo, y para lo segundo, puede utilizar la herramienta Mover para desplazar los bloques de texto. Veamos un ejemplo:

1. Seleccione la herramienta Texto horizontal (T) de la barra de herramientas y elija la opción de menú Ventana>Carácter para abrir la ficha con ese mismo nombre. Por defecto, la ficha Párrafo está al lado de la ficha Carácter.

2. Elija la fuente Myriad Pro, el estilo Bold y un tamaño de fuente de 30 puntos, como se ve en la figura 3.4.

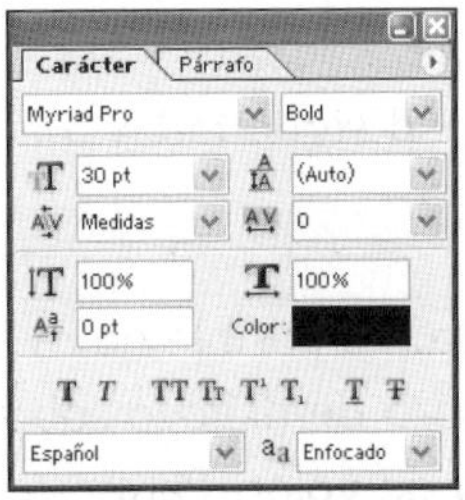

Figura 3.4.

Combinación de valores para una fuente de caracteres en la ficha Carácter.

3. Asegúrese de que el color de la letra es negro. Tanto el color de la letra (frontal), como el de su fondo aparecen en la barra de herramientas. Si el color frontal, el

primer rectángulo que se muestra, el de la figura 3.5 es blanco, haga clic en el icono de doble flecha que hay a su lado para intercambiar ambos colores.

> **Truco:** Si los colores de la barra de herramientas no fuesen el negro ni el blanco, pulse la tecla **D** del teclado para establecer rápidamente los colores por defecto; negro para el color frontal y blanco para el de fondo.

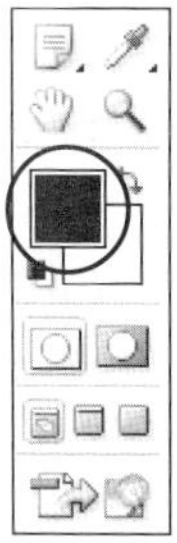

Figura 3.5.

Detalle del recuadro del color frontal actual en la barra de herramientas.

4. Haga clic en la capa Giraffe image dentro de la ficha Capas y haga clic en un lugar a la izquierda de la jirafa en la ventana Main.psd.

5. Escriba la palabra Giraffe y pulse la combinación de teclas **Control-Intro**. De esta forma aparecerá una nueva capa de texto en la ficha Capas, como se muestra en la figura 3.6. Pulsando la anterior combinación de teclas se libera la herramienta de texto horizontal del cuadro de texto, por lo que ya puede crear un nuevo bloque.

Figura 3.6.

Detalle de la nueva capa de texto creada, seleccionada en la ficha Capas.

6. Elija la herramienta Mover y haga clic y arrastre el bloque de texto a la posición que se ve en la figura 3.7.

Figura 3.7.

El texto Giraffe situado cerca de la imagen de la jirafa.

7. Seleccione la capa Gorilla image de la ficha Capas y, con la herramienta de texto horizontal, haga clic en un punto a la derecha de la cabeza del gorila.

8. Escriba la palabra Gorilla y pulse la combinación de teclas **Control-Enter**.

9. Seleccione la capa Jaguar image en la ficha Capas, escriba la palabra Jaguar justo encima de la imagen del jaguar y pulse las teclas **Control-Enter**.

10. Elija la herramienta Mover.

11. Seleccione la capa de texto Jaguar en la ficha de Capas y muévala a la posición que se ve en la figura 3.8.

12. Repita la misma acción con la capa de texto Gorilla.

Figura 3.8.

Detalle de cómo quedarían las capas de texto junto con las imágenes de los animales.

13. Elija, a continuación, la opción del menú Archivo>Guardar.

Cambiando el color del texto en Photoshop

Los nombres de los animales están en negro, pero ahora verá cómo crear un título para el menú, donde aplicaremos diferentes colores:

1. Utilice la herramienta de texto horizontal para hacer clic en un punto cualquiera de la parte superior izquierda de la imagen.

2. En la paleta Carácter, cambie el tamaño y el interlineado de la fuente; deje el resto de valores como están. Si está usando Photoshop 7.0, ponga un tamaño de 100 puntos para la fuente y 90 puntos para el interlineado, como se ve en la figura 3.9. Si el programa que está utilizando es Photoshop CS establezca un tamaño de 80 puntos para la fuente y 64 puntos para el interlineado.

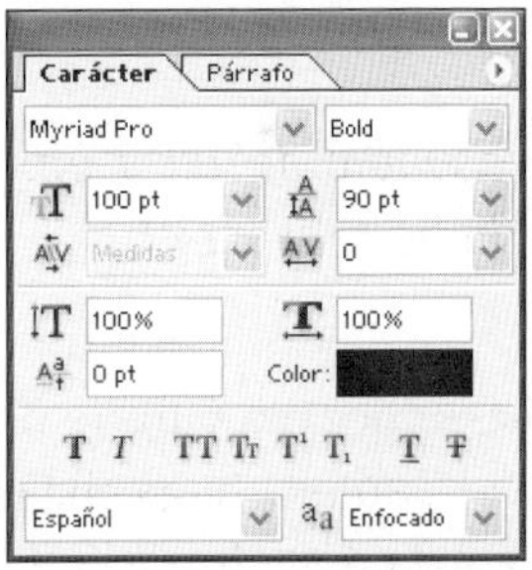

Figura 3.9.

Valores del tipo de letra que se va a utilizar.

Nota: Los ficheros que se adjuntan con el libro están diseñados para trabajar con Photoshop 7.0 o Photoshop CS. Los tamaños y proporciones de las imágenes en su monitor pueden aparecer ligeramente diferentes a los que aparecen el este libro, dependiendo de la versión de Photoshop que esté utilizando y dependiendo de si está activada o no la corrección del ratio de aspecto de los píxeles. Para este capítulo, estas diferencias no son muy importantes.

3. Haga clic en la pestaña Párrafo para activar la ficha con su mismo nombre y haga clic en el botón de alinear a la izquierda. (Véase la figura 3.10.)

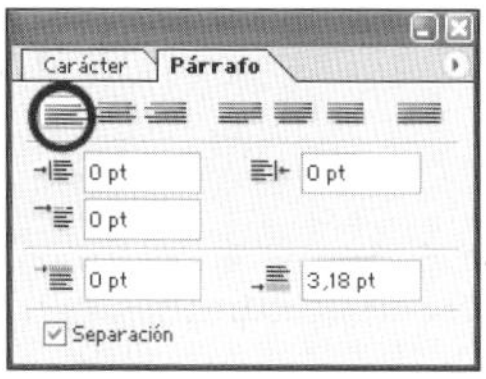

Figura 3.10.

Detalle de la localización del botón de alineación a la izquierda del texto.

4. Escriba la palabra Animal y pulse la tecla **Intro**. Después, escriba la palabra Facts, como se ve en la figura 3.11.

> **Nota:** En Photoshop CS, el texto puede que no aparezca suavizado si está activada la corrección del ratio de aspecto de los píxeles; quedará más bien como se espera que se vea en Adobe Encore DVD.

Figura 3.11.

Detalle de cómo quedará el título del menú.

5. Con la herramienta de texto horizontal haga doble clic en la palabra Facts para seleccionarla. (Véase la figura 3.12.)

Figura 3.12.

Selección de la palabra Facts del menú.

6. Haga clic en el color frontal en la barra de herramientas, con lo que se abrirá el Selector de color. (Véase la figura 3.13.)

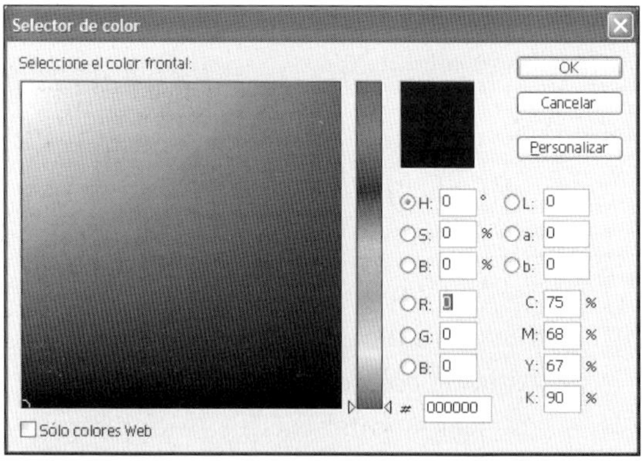

Figura 3.13.

Cuadro de diálogo del Selector de color.

7. Haga clic en la esquina superior derecha del cuadro de color para seleccionar un rojo brillante. Si prefiere, puede estable-

cer el color numéricamente, hemos elegido R=205, G=0, B=0, como se ve en la figura 3.14. Haga clic en el botón **OK**.

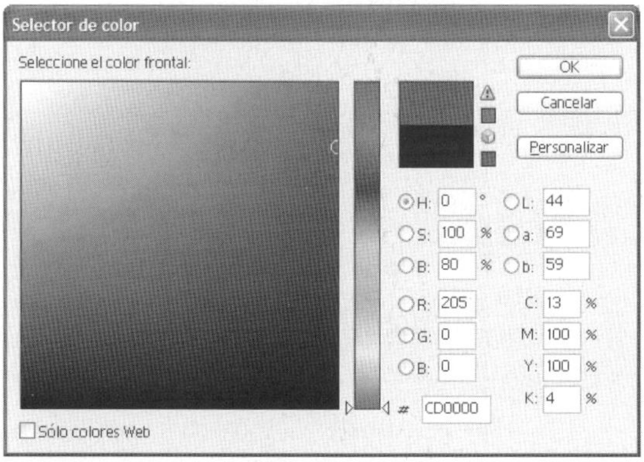

Figura 3.14.

Cuadro de diálogo del Selector de color con un color rojo seleccionado.

8. Pulse **Control-Intro** para deseleccionar el texto, con lo que verá que la palabra Fact es ahora roja.

9. Elija la opción Fichero>Guardar.

Aplicar estilos de capa en Photoshop

Ahora puede mejorar una capa añadiéndole una sombra, brillo, relieve u otro efecto especial de una colección de estilos de capa automatizados y editables. En Adobe Encore DVD puede aplicar un efecto de sombra, pero en Photoshop hay muchos más efectos de capa disponibles. Adobe Encore DVD reconoce los estilos de capa que ha aplicado en Photoshop, por lo que se mostrarán adecuadamente. Eso sí, siempre podrá volver a Photoshop para editar dichos estilos en cualquier momento.

Ahora va a aplicar un efecto de sombra al bloque de texto Animal Facts:

1. Seleccione la capa de texto Animal Facts en la ficha Capas y luego elija la opción Capa>Estilo de capa>Sombra paralela. Así aparecerá el cuadro de diálogo Estilo de capa, tal y como se muestra en la figura 3.15, donde se incluyen muchas más opciones del efecto de sombra que en el cuadro de diálogo de Adobe Encore DVD. El efecto que aplique en Photoshop aparecerá igual en Adobe Encore DVD.

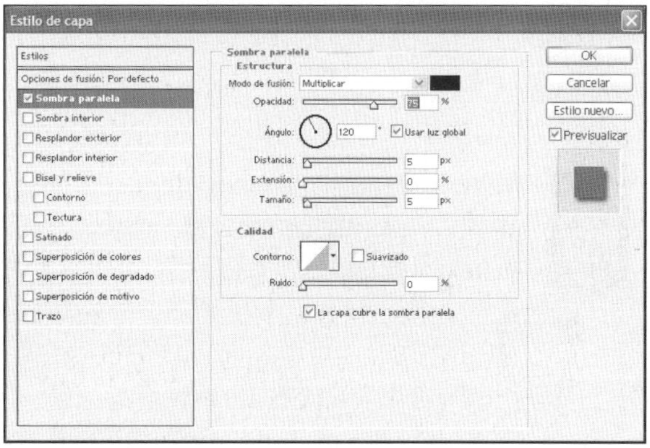

Figura 3.15.

Cuadro de diálogo Estilo de capa, con las opciones de capa del estilo Sombra paralela en Photoshop.

2. Deje los valores por defecto y haga clic en el botón **OK**. Así aparecerá el texto con una ligera sombra exterior negra, como se ve en la figura 3.16. Ahora va a aplicar un estilo de capa distinto para crear un brillo exterior para las imágenes de los animales.

Figura 3.16.

Título del menú con un estilo de sombra paralela.

3. Seleccione la capa Giraffe image en la ficha Capas.

> **Nota:** Asegúrese de seleccionar la capa Giraffe image y no la capa de texto Giraffe.

4. Haga clic en el botón **Añadir estilo de capa**, como puede ver en la figura 3.17, en la parte inferior de la misma ficha, y elija el valor Resplandor exterior. Aparecerá el cuadro de diálogo Estilo de capa, mostrando las opciones del estilo que acaba de seleccionar.

5. En el mismo cuadro de diálogo, elija el valor Normal de la lista desplegable Modo de fusión.

6. Sitúe el cuadro de diálogo en algún lugar donde puede ver la palabra Facts en su pantalla. Haga clic en el pequeño cuadro de color, tal y como se puede ver en la figura 3.18, en la sección Estructura para abrir de nuevo el Selector de color.

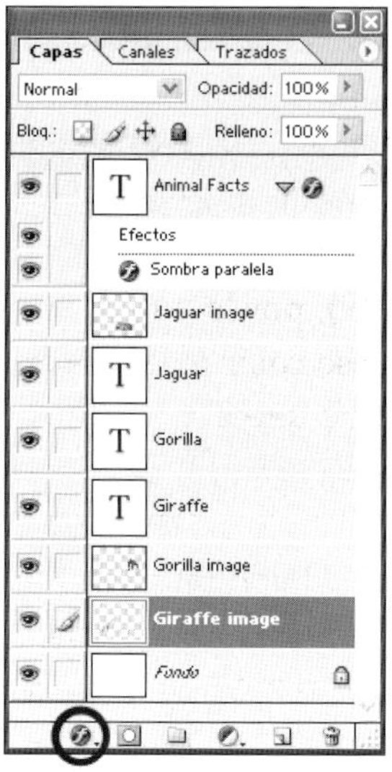

Figura 3.17.

Detalle de la localización del botón Añadir estilo de capa de la ficha Capas.

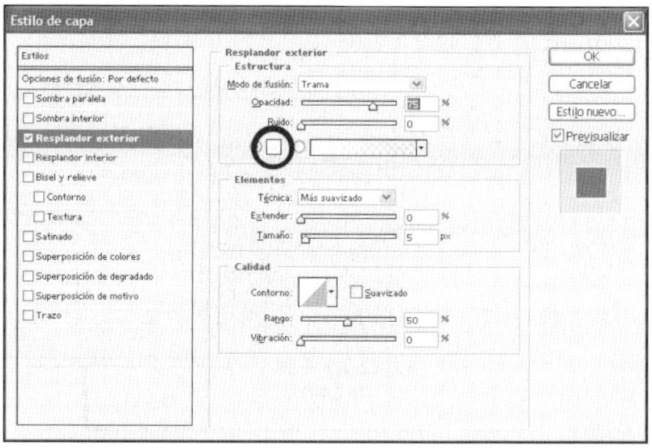

Figura 3.18.

Detalle de la posición del cuadro de color del brillo del efecto Resplandor exterior, en el cuadro de diálogo Estilo de capa.

7. Si es necesario, mueva el cuadro de diálogo del Selector de color para que

pueda ver la palabra Facts en su pantalla. Con este cuadro de diálogo abierto, mueva el cursor sobre la palabra Facts hasta que el puntero del ratón cambie a la herramienta Cuentagotas (). Haga clic en la palabra Facts y después en el botón **OK** del Selector de color. El Cuentagotas seleccionó el color que aplicó a la palabra Facts, como se muestra en la figura 3.19), por lo que ya puede utilizar también ese color en el cuadro de diálogo Estilo de capa.

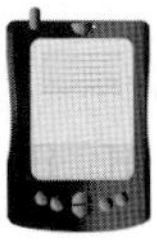

Nota: Para aprender más acerca del uso del Selector de color, vea el apartado *Using the Adobe Color Picker* (uso del Selector de color de Adobe) en la ayuda de Photoshop.

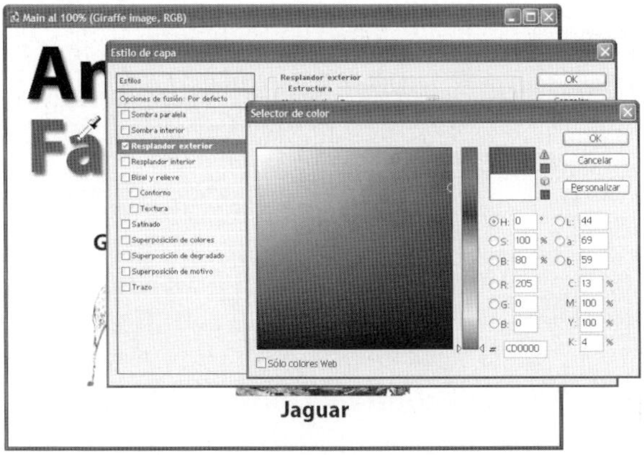

Figura 3.19.

El Cuentagotas captura el color de una letra para el Selector de color.

8. Haga clic en el botón **OK** para cerrar el cuadro de diálogo Estilo de capa. Así verá cómo aparece un pequeño brillo rojo alrededor de la jirafa, como se aprecia en la figura 3.20.

Figura 3.20.

La imagen de la jirafa tiene ahora un brillo alrededor suyo.

9. Repita los pasos del 3 al 8 para las capas Gorilla image y Jaguar image, para que también tengan ese brillo rojo alrededor de su silueta. La figura 3.21 lo muestra.

10. Elija la opción Fichero>Guardar.

Figura 3.21.

Todas las siluetas de los animales tienen un brillo de color rojo.

ACERCA DE LOS ESTILOS DE CAPA

Es posible aplicar sombras, relieves, brillos, biselados y más efectos con los estilos de capa de Photoshop. Dichos efectos están vinculados al contenido de una capa y, cuando mueve o edita los contenidos, los cambios afectan tan sólo a dicha capa. Por ejemplo, si aplica una sombra paralela a una capa de texto, la sombra cambia automáticamente cuando editamos dicho texto.

Cuando se aplica un estilo a una capa, aparece un icono () justo a la derecha del nombre de la misma, en la ficha Capas de Photoshop. Puede expandir el estilo en la ficha de capas para ver todos los efectos que lo forman y editar dichos efectos para cambiar el estilo.

Creación de botones en Photoshop

Ahora está preparado para crear los botones del menú. En el capítulo 2 llegó a convertir capas en botones en Adobe Encore DVD. Cuando crea un botón desde una capa, Adobe Encore DVD convierte la capa en un conjunto de capas, utilizando una nomenclatura específica. De la misma forma, Adobe Encore DVD reconoce los botones que crea en Photoshop, y nombra y organiza sus capas y grupos de capas correctamente:

1. Seleccione la capa de texto Giraffe en la ficha Layers y elija la opción de menú Capas>Nueva>Conjunto de capas.
2. Nombre el conjunto de capas (+) Giraffe Button y haga clic en el botón **OK**. Así aparecerá dicho conjunto de capas en la ficha Capas, encima de la capa de texto Giraffe, como se ve en la figura 3.22. Es importante que el nombre empiece con (+), pues Adobe Encore DVD reconoce los botones cuyos grupos de capas se nombran con los caracteres (+) al principio. Ahora moverá la capa Giraffe image y la capa de texto Giraffe dentro del nuevo conjunto de capas.

Figura 3.22.

Selección del conjunto de capas que se acaba de crear.

3. En la ficha Capas, haga clic y arrastre la capa de texto Giraffe dentro de la carpeta creada para el conjunto de capas (+) Giraffe Button. (Véase la figura 3.23.)
4. Arrastre la capa Giraffe image dentro del conjunto de capas anterior. Debido a que el nombre del conjunto empieza con (+), Adobe Encore DVD reconocerá cualquier capa dentro del mismo como parte de un botón.

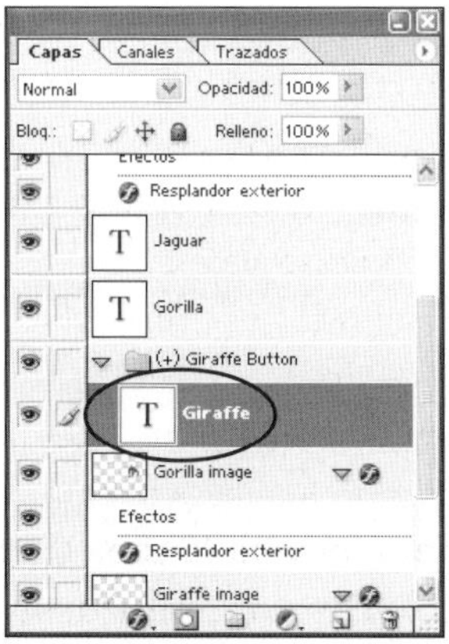

Figura 3.23.

Selección de la capa de texto Giraffe dentro del conjunto de capas creado antes.

5. Repita los pasos del 1 al 4 para crear el conjunto de capas (+) Gorilla Button, el cual tendrá las capas de texto Gorilla y Gorilla image.

6. Lo mismo para el conjunto de capas (+) Jaguar Button, con las capas Jaguar image y Jaguar (texto) dentro de él, como se puede apreciar en la figura 3.24.

Figura 3.24.

El conjunto de capas (+) Jaguar Button está seleccionado y desplegado, con sus capas interiores.

7. Elija la opción Fichero>Grabar.

En la tabla de la página siguiente, verá unos ejemplos de la nomenclatura que deben seguir diversos elementos de Photoshop para que sean reconocidos como otros elementos más complejos en Adobe Encore DVD.

Añadir subimágenes a los botones

En el capítulo 2 convirtió una capa en una subimagen y Adobe Encore DVD cambió el nombre de la capa para seguir una nomenclatura específica. Ahora puede crear subimágenes en Photoshop siguiendo la misma nomenclatura al nombrar a las capas. Entonces, cuando importe un fichero como un menú, Adobe Encore DVD reconocerá automáticamente las subimágenes.

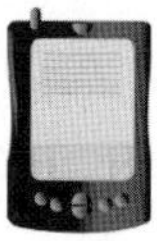

Nota: Una subimagen cambia la apariencia de un botón cuando los usuarios mueven el ratón sobre él, o cuando lo activan.

Los pasos para añadir las subimágenes son:

1. Seleccione la capa Giraffe image en la ficha Capas y elija la opción de menú Capa>Duplicar capa.

2. Dentro del cuadro de diálogo Duplicar capa, como puede ver en la figura 3.25, escriba (=1) como nombre de la capa, y haga clic en el botón **OK**. Photoshop añadirá una copia de la capa Giraffe image llamada (=1), vea la figura 3.26, al conjunto de capas (+) Giraffe Button.

Elemento de menú	*Elemento de Photoshop*	*Prefijo del nombre de la capa*	*Ejemplo*
Nombre de botón	Conjunto de capas que contienen componentes de un botón	(+)	(+) Botón Coyote
Texto de botón	Capas de texto dentro de un conjunto de capas	No requerido	Botón Coyote
Imagen de botón	Capas de imagen dentro de un conjunto de capas	No requerido	Imagen Coyote
Subimagen	Capas de imagen de un solo color	(=1) (=2) (=3)	(=1) Texto resaltado (=2) Contorno de Coyote (=3) Marca de verificación
Diapositiva de vídeo	Una capa de imagen dentro de un conjunto de capas que sirve como domicilio para el vídeo	(%)	(%) Diapositiva de Coyote
Otros elementos de diseño o texto (como un logo o un título de menú)	Capa individual	No requerido	Los personajes de la Warner

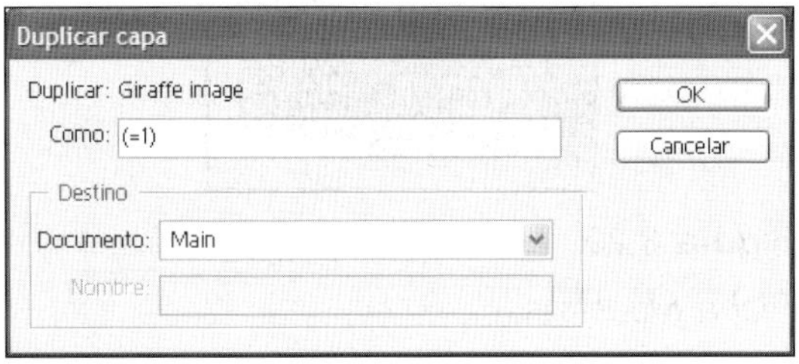

Figura 3.25.

Cuadro de diálogo Duplicar capa para la creación de una subimagen para un botón.

Si la nueva capa no está dentro de este conjunto, arrástrela dentro del mismo. Es importante que el nombre de la capa empiece con (=1), pues Adobe Encore DVD reconoce esas capas como subimágenes. La nueva capa de subimagen es una copia de la capa Giraffe image, por lo que incluirá el estilo de capa del Resplandor exterior. Deberá eliminar dicho estilo de capa de esa nueva capa.

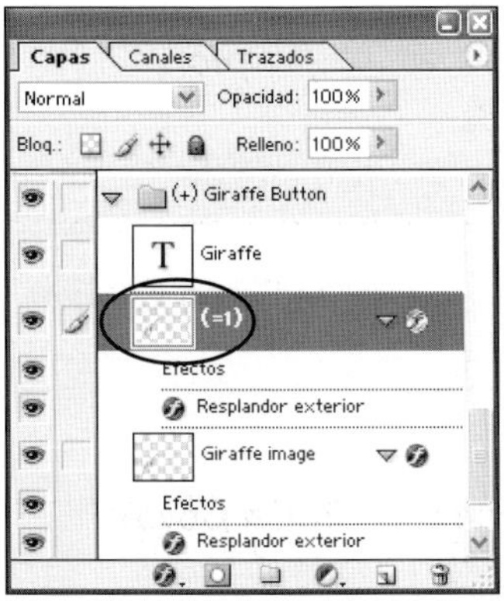

Figura 3.26.

Selección de la nueva capa llamada (=1) creada para la definición de una subimagen.

3. En la ficha de Capas, seleccione la capa (=1) que acaba de crear y elija la opción de menú Capa>Estilo de capa>Borrar estilo de capa. El antes y el después se puede ver en la figura 3.27.

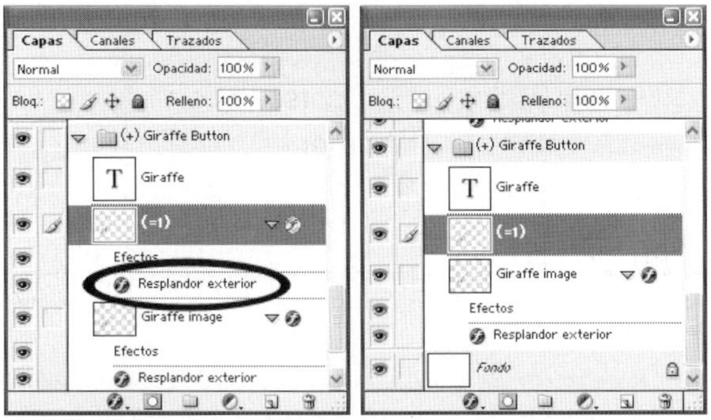

Figura 3.27.

El antes y el después de la eliminación del estilo de capa a la nueva capa duplicada, creada para que sea una subimagen.

4. Con la capa (=1) todavía seleccionada, haga clic en el botón **Bloquear píxeles transparentes** de la parte superior de la ficha Capas, como muestra la figura 3.28.

Cuando se activa este botón, sólo pueden cambiar los píxeles de la imagen de la jirafa, sin afectar a los transparentes.

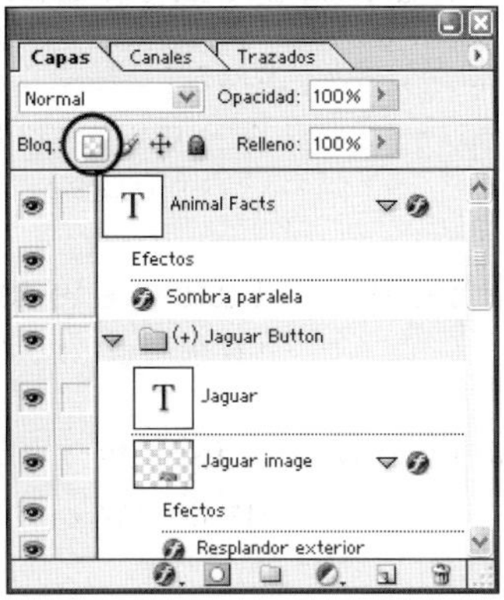

Figura 3.28.

Detalle de la localización del botón Bloquear píxeles transparentes de la parte superior de la ficha Capas.

5. Seleccione la opción de menú Ventana> Muestras para abrir la ficha con ese mismo nombre, como se muestra en la figura 3.29. Seleccione un color naranja iluminado o amarillo. La muestra que haya elegido va a ser la que forma parte del color de fondo.

Figura 3.29.

Ficha Muestras.

6. Elija ahora la opción de menú Edición> Rellenar. En el cuadro de diálogo Rellenar, elija el valor Color de fondo de la

lista desplegable Usar, y establezca la opacidad al valor 100%. Después haga clic en el botón **OK**.

7. La imagen de la jirafa se habrá rellenado con el color de fondo, como se aprecia en la figura 3.30.

Nota: Si se ha rellenado la imagen por completo con el color de fondo, elija la opción de menú Edición>Deshacer, haga clic en el botón **Bloquear píxeles transparentes** de la ficha Capas y elija la opción de menú Edición> Rehacer Rellenar.

Figura 3.30.

Detalle de cómo se ha quedado la imagen de la jirafa rellena de un color anaranjado.

8. Con la capa (=1) seleccionada, escriba el valor 60 en el cuadro de texto Opacidad, como se ve en la figura 3.31. La capa Giraffe image se muestra a través de la capa de la subimagen. Adobe Encore DVD usará los valores de color y transparencia de Photoshop cuando él cree las subimágenes.

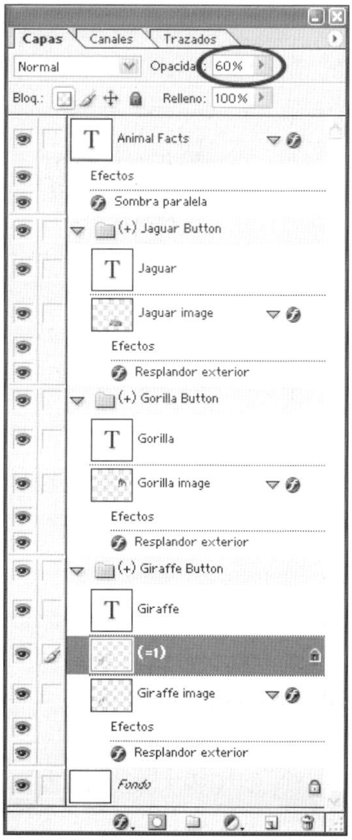

Figura 3.31.

Detalle de la localización del cuadro de texto Opacidad.

9. Repita los pasos del 1 al 8 para crear las subimágnes para la capa Gorilla image y Jaguar image, resultando algo parecido lo que se ve en la figura 3.32.

10. Guarde el fichero.

Figura 3.32.

Todas las imágenes de los animales con una capa de subimagen para cada una.

Importar un menú dentro de Adobe Encore DVD

Cuando crea un menú en Photoshop con la nomenclatura adecuada, todo lo que necesita hacer es importarlo dentro de Adobe Encore DVD. Éste reconocerá automáticamente los botones, subimágenes y efectos que aplicó en Photoshop.

Ya ha creado un fichero en Photoshop para utilizarlo como un menú en Adobe Encore DVD. Para asegurarse que los botones y sus subimágenes aparecerán correctamente, verifique que los siguientes puntos son ciertos:

- Existen tres conjuntos de capas, cuyos nombres comienzan por (+).
- En cada conjunto hay una capa de imagen, otra de texto y otra de subimagen.
- Cada subimagen tiene un nombre que comienza con (=1).
- Cada capa de subimagen tiene una opacidad del 60 por 100.
- No se ha aplicado ningún estilo de capa a las capas de subimagen.
- La capa Animal Facts no se incluye en ningún conjunto de capas.

Si no está seguro de que su fichero cumple estos criterios, compárelos con el fichero de Photoshop Lesson_03_end.psd que hay en la carpeta Lesson 03. Si las capas están nombradas y organizadas adecuadamente, ya estaremos preparados para importar el menú dentro de Adobe Encore DVD:

1. Dentro de Adobe Encore DVD, seleccione la opción de menú File>New Project. Haga clic en el botón **OK** para aceptar el estándar americano de televisión NTSC.

2. Elija la opción de menú File>Import as Menu, seleccione el fichero Main.psd que acaba de crear y haga clic en el botón **OK**. De esta forma aparecerá la ventana del editor de menús. El fichero Main aparecerá exactamente igual a como lo creó en Photoshop. Todavía puede editar el texto dentro de Adobe Encore DVD o en Photoshop. Adobe Encore DVD retiene los estilos de capas, incluidos las sombras en el texto del título y el resplandor aplicado a las imágenes de los animales. La subimágenes que creó antes puede que no se vean; para hacerlo posible haga clic en uno de los botones **Show Subpicture**. Adobe Encore DVD interpretará aquellas capas con el texto (=1) en sus nombres solamente como subimágenes.

> **Nota:** Si ha creado el fichero de menú en Photoshop CS, puede que aparezca un poco achatado horizontalmente. Haga clic en el botón **Toogle Pixel Aspect Ratio Correction** de la parte inferior de la ventana del editor de menús para ver una aproximación del menú en el DVD final.

3. Seleccione luego la opción View>Show Selected Subpicture, con lo que aparecerán las subimágenes.

4. Elija la opción View>Show Safe Area, y Adobe Encore DVD mostrará las guías del área de seguridad del título. El título y los botones puede que estén parcialmente fuera de dicha área.

5. Con la herramienta de selección, mueva el bloque de texto Animal Facts para que se posicione en un lugar dentro del área de seguridad. Después, mueva los tres botones dentro del área de seguridad, como se muestra en la figura 3.33.

   Así puede editar el menú en Adobe Encore DVD debido a que se ha preservado toda la información de capas de Photoshop.

Editar un menú en Photoshop

El estilo de capa Resplandor exterior nos ayuda a definir la forma de la jirafa, pero la imagen todavía aparenta una falta de contraste.

Figura 3.33.

Cómo quedarían los elementos del menú dentro del área de seguridad.

Puede añadir más contraste ajustando los niveles de imagen en Photoshop y editar fácilmente el menú sin perder los cambios realizados en Adobe Encore DVD:

1. Dentro de Adobe Encore DVD, seleccione la opción de menú Menu>Edit in Photoshop. De esta forma, se iniciará el programa Photoshop y se abrirá el menú con el que estaba trabajando, como se puede ver en la figura 3.34. Éste aún conserva los cambios que realizó en Adobe Encore DVD. Advierta que el nombre de fichero de la barra de títulos de la ventana de la imagen es mayor que el nombre original del archivo creado en Photoshop. Cuando utilice el comando `Edit in Photoshop`, Adobe Encore DVD crea una copia del fichero de menú actual, le da un nombre único y lo almacena en la carpeta Sources\Menus del proyecto del programa, con lo que no afecta el fichero original.

Figura 3.34.

Menú modificado en Adobe Encore DVD y abierto en Photoshop.

> **Nota:** Para lanzar Photoshop desde Adobe Encore DVD los dos deben estar instalados en el mismo ordenador.

> **Nota:** Si le preguntan para que actualice las capas de texto, haga clic en el botón **Update**.

2. Si la capa de la subimagen de la jirafa en el menú es visible en Photoshop, escóndala haciendo clic en el icono del ojo en la ficha de capas, dejará de verse el ojo en su recuadro, como se aprecia en la figura 3.35. Como lo que quiere es añadir contraste a la imagen de la jirafa, lo que necesita es poder ver la misma con su apariencia normal. Ocultar la capa de subimagen no afecta a Adobe Encore DVD, por lo que éste interpretará la capa tanto si está visible como si no.

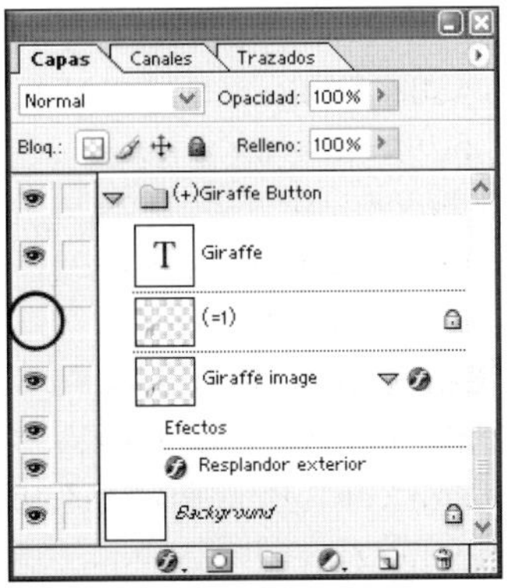

Figura 3.35.

Detalle de la selección de la capa Giraffe image en la ficha Capas.

3. Seleccione la capa Giraffe image en la ficha Capas, véase la figura 3.36.

> **Nota:** Debe asegurarse de que lo que selecciona es la capa Giraffe image y no la capa de texto de la jirafa, el conjunto de capas Giraffe Button o la capa de subimagen (=1).

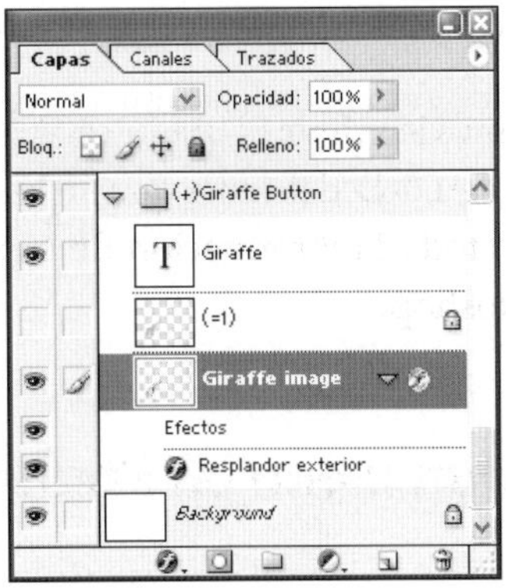

Figura 3.36.

Detalle de la selección de la capa Giraffe image en la ficha Capas.

4. Elija ahora la opción de menú Imagen> Ajustes>Niveles.

5. Haga clic y arrastre el triángulo de en medio que se encuentra debajo del histograma ligeramente a la derecha. Según arrastre, cambiará el valor de los tonos medios para los niveles de entrada. Nosotros hemos movido los tonos medios al valor .70, tal y como muestra la figura 3.37. Para cerrar el cuadro de diálogo, pulse el botón **OK**, y verá cómo ahora tiene mejor contraste la jirafa.

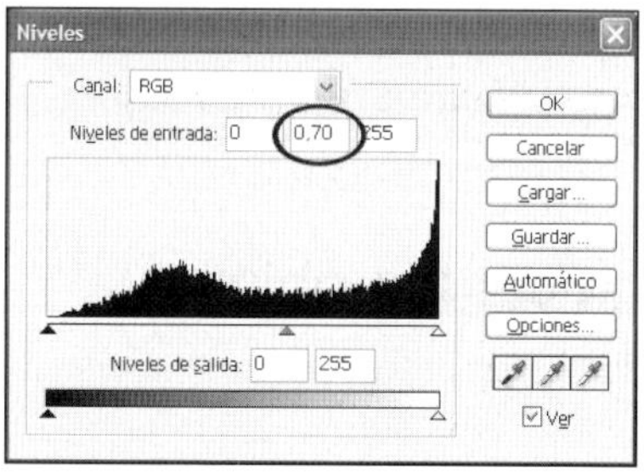

Figura 3.37.

Nuevo valor de los tonos medios de los niveles de entrada de la imagen.

6. Guarde el fichero en Photoshop y ciérrelo después. Vuelva de nuevo a Adobe Encore DVD para ver cómo el menú se ha actualizado con el cambio que acaba de realizar en Photoshop.

Nota: Si las subimágenes están visibles, elija la opción de menú View>Show Selected Subpicture para ocultarlas.

7. Elija la opción File>Save y guarde el fichero con el nombre Lesson_03.ncor.

Vincular los botones a las líneas de tiempo

Adobe Encore DVD reconoce los botones que cree en Photoshop, por lo que ahora puede vincularlos como si fuesen botones creados dentro del propio Adobe Encore DVD. Lo primero es crear las líneas de tiempo y, después, vincular los botones:

1. Haga clic en la ventana de proyecto para activarla y elija la opción de menú File> Import as Asset. En el cuadro de diálogo que aparecerá, vaya hasta la carpeta Lesson 03, luego seleccione los archivos Giraffe.avi, Gorilla.avi y Jaguar.avi (con la tecla **Control** pulsada, para seleccionar varios elementos a la vez) y haga clic en el botón **Abrir**.

2. En la ventana del proyecto, seleccione los elementos Giraffe.avi, Gorilla.avi y Jaguar.avi y haga clic en el botón **New Timeline**, en la parte inferior de la ventana. Así se verá cómo se abre la ventana de la línea de tiempo con tres pestañas, una para cada fichero de vídeo. También se abrirá la ventana Monitor.

3. Si la ficha Properties no está abierta, elija la opción de menú Window>Properties.

4. En la ventana de proyecto, seleccione las líneas de tiempo Giraffe, Gorilla y Jaguar.

5. En la paleta de propiedades, elija el valor Main>Default del menú contextual del cuadro End Action, como se puede ver en la figura 3.38. Después de que se reproduzca cada vídeo, aparecerá de

nuevo el menú principal con el botón predeterminado seleccionado.

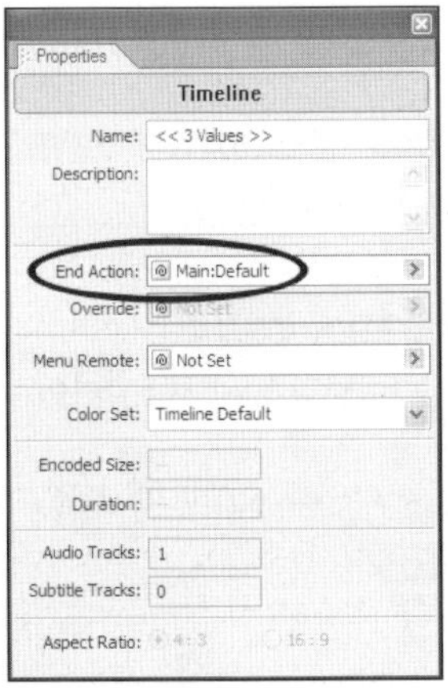

Figura 3.38.

Detalle del valor Main:Default del cuadro End Action de la ficha Properties.

6. Dentro de la ventana de proyecto, asegúrese de que el menú Main tiene establecida la primera reproducción, cuando se inserta el disco DVD. Debería aparecer un círculo con una flecha ( ) en su icono. Si no es así, haga clic con el botón derecho del ratón en el menú Main y elija la opción File>Set as First Play.

7. Con la herramienta de selección, haga clic con el botón derecho en el botón **Giraffe** en la ventana del editor de menús y elija el valor Link to. Seleccione la línea de tiempo Giraffe, como se ve en la figura 3.39, y haga clic en el botón **OK**.

8. Utilizando el mismo procedimiento que en el paso 7, vincule el botón **Gorilla** a la línea de tiempo con su mismo nombre, y haga lo mismo con el botón **Jaguar**.

9. Guarde el fichero.

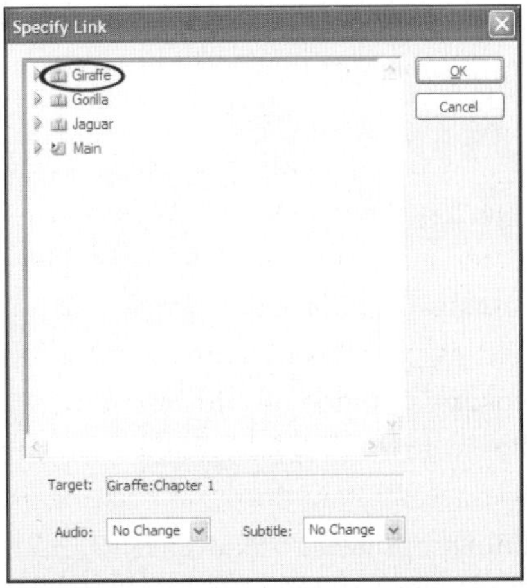

Figura 3.39.

Detalle de la línea de tiempo Giraffe en el cuadro de diálogo Specify Link.

Recolocar los objetos solapados

Los botones tienen unos grandes cuadros delimitadores, por lo que probablemente se solaparán unos a otros. Debería ver una vista previa de los botones y sus subimágenes y, después, recolocarlos si hay un solapamiento:

1. Elija la opción de menú File>Preview y aparecerá el menú Main.

2. Mueva el puntero del ratón sobre los botones de la ventana de vista preliminar del proyecto, para así ver sus subimágenes. Si los cuadros delimitadores de los botones se solapan, las subimágenes no aparecerán como se espera. Un ejemplo lo tenemos en la figura 3.40.

3. Cierre la ventana de vista preliminar del proyecto.

Figura 3.40.

Ejemplo de solapamiento de subimágenes.

4. Pulse la tecla **Mayús** y, sin soltarla, haga clic en los tres botones de la ventana del editor de menús, como se puede apreciar en la figura 3.41. Advierta que, incluso aquellos botones que tienen formas irregulares, tienen un cuadro delimitador rectangular.

Figura 3.41.

Cuando se seleccionan los botones, aunque tengan formas irregulares, se ven sus rectángulos delimitadores.

5. Con la herramienta de selección mueva los botones hacia algún sitio donde no se solapen (como en la figura 3.42), siempre dentro del área de seguridad de título.

Figura 3.42.

Las imágenes de los animales se han movido para que no se solapen sus rectángulos delimitadores.

6. Guarde el archivo.

Vista preliminar del proyecto

Antes de grabar un DVD, debemos asegurarnos de que el proyecto esté configurado adecuadamente. Debería verse y comportarse como se vio al principio del capítulo:

1. Seleccione el valor File>Preview del menú. Si todo está correcto, debería aparecer el menú Main y el botón **Giraffe** seleccionado.

2. Haga clic en el botón **Giraffe**, con lo que debería reproducirse la línea de tiempo con su mismo nombre. Al finalizar, se volverá a ver el menú principal.

3. Haga clic en los otros dos botones. Deberían verse las líneas de tiempo y volver de nuevo al menú principal.

4. Cierre la ventana de vista preliminar.

Si el proyecto DVD no se comporta como se acaba de describir, vuelva de nuevo al principio y corríjalo. Vea de nuevo una vista previa para asegurarse de que todo funciona como debería, antes de continuar.

Grabar el DVD

Los pasos para grabar el DVD son:

1. Elija la opción File>Build DVD>Make DVD Disc del menú.

2. En el siguiente cuadro de diálogo, elija Current Project en la lista desplegable Create Using. Después elija su grabador.

3. Inserte un disco DVD virgen en la grabadora, y haga clic en el botón **Next**.

4. Revise la información en el cuadro de texto Make DVD Disc Summary y, cuando esté preparado y seguro, haga clic en el botón **Build**.

La grabación del disco tardará algunos minutos, dependiendo de la grabadora de DVD, el tipo de ordenador y el tamaño de la información a grabar.

Preguntas de repaso

1. ¿Cuál es la ventaja de crear un menú en Photoshop en lugar de hacerlo en Adobe Encore DVD?

2. ¿Cómo aplica un estilo de capa al texto en Photoshop?

3. ¿Qué conjunto de capas reconocerá Adobe Encore DVD como botones?

4. ¿Qué capas reconocerá Adobe Encore DVD como subimágenes?

5. ¿Cómo puede editar un menú de Adobe Encore DVD en Photoshop?

Respuestas del repaso

1. Cuando crea un menú en Photoshop, tiene un completo acceso a las robustas y flexibles características que tiene Photoshop. Adobe Encore DVD conserva los efectos aplicados en Photoshop cuando importa el menú.

2. Seleccione la capa de texto en la ficha de capas y después, elija tanto la opción de menú Capa>Estilo de capa>[estilo], o bien, haga clic en el botón **Añadir estilo de capa** de la parte inferior de la ficha y elija ahí un estilo de capa.

3. Adobe Encore DVD reconoce como botones los conjuntos de capas cuyos nombres comiencen con (+).

4. Adobe Encore DVD reconoce como subimágenes aquellas capas cuyos nombres comiencen con (=).

5. Seleccione el menú en la ventana del proyecto y elija la opción Menu>Edit in Photoshop del menú.

Capítulo 4

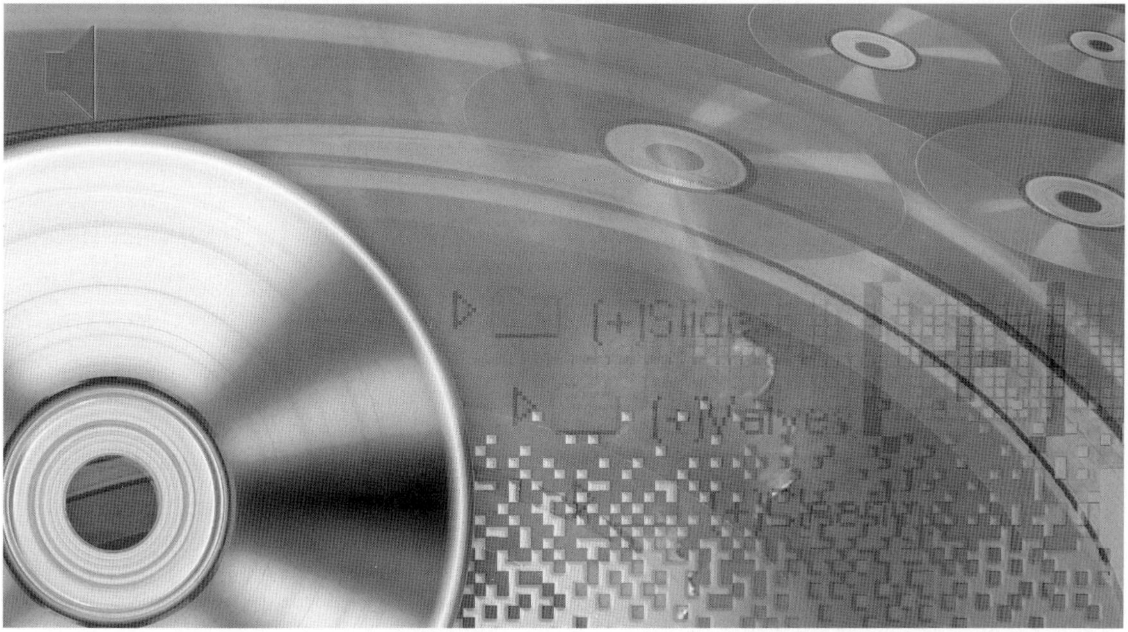

Las plantillas de Adobe Encore DVD

Para empezar rápidamente un proyecto, puede utilizar alguna de las plantillas de menú que se incluyen en Adobe Encore DVD. Puede elegir el menú, los botones y las imágenes que quiere usar de la biblioteca y, después, adaptarlos a su gusto para crear un look *único.*

Puede usar plantillas como un inicio de ejemplo de nuestros proyectos DVD, ya sea mediante las propias plantillas incluidas en Adobe Encore DVD o con una creada por sí mismo. En este capítulo aprenderá cómo realizar las siguientes tareas:

- Añadir menús, botones e imágenes de la biblioteca.
- Ver sólo los menús, botones o imágenes en la biblioteca.
- Especificar el menú por defecto.
- Abrir una plantilla de menú.
- Editar el texto y los botones de una plantilla.
- Editar los elementos del fondo de una plantilla.
- Reemplazar un elemento mediante la biblioteca.
- Pegar elementos dentro de menús múltiples.
- Crear una imagen de disco DVD.

Antes de empezar

En este capítulo aprenderá a crear un nuevo proyecto de Adobe Encore DVD mediante los ficheros de gráficos y vídeo incluidos en el DVD adjunto al libro. Asegúrese de que conoce la localización de los ficheros necesarios para el capítulo 4. En caso de duda, consulte el apartado Copia de archivos, en las primeras páginas del libro.

Vista del proyecto de Adobe Encore DVD finalizado

Para ver lo que va a lograr en este capítulo, eche un vistazo al proyecto ya acabado:

1. Inicie Adobe Encore DVD.
2. Seleccione la opción File>Open Project del menú.
3. Dentro del cuadro de diálogo Open, vaya hasta la carpeta Lesson 04, seleccione el fichero Lesson_04_end.ncor y haga clic en el botón **Abrir**.
4. Vaya a la opción del menú File>Preview, con lo que aparecerá la ventana de vista preliminar del proyecto, mostrando un menú de DVD y dos botones (el primero seleccionado), véase la figura 4.1.

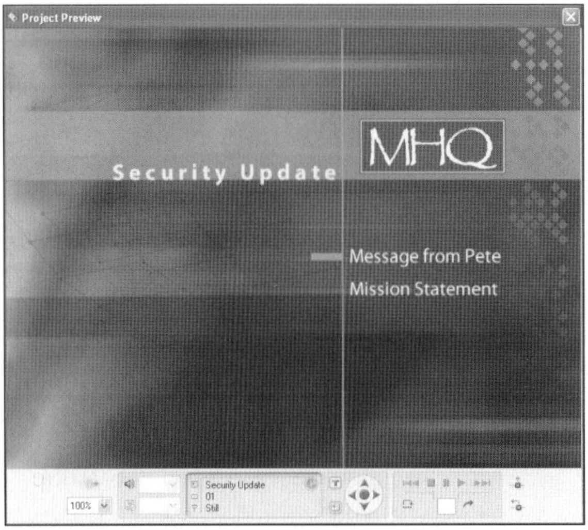

Figura 4.1.

Ventana de vista preliminar del proyecto, con el menú principal del DVD.

5. Haga clic en el botón **Message from Pete** y verá un nuevo menú con cuatro botones. (Véase la figura 4.2.)

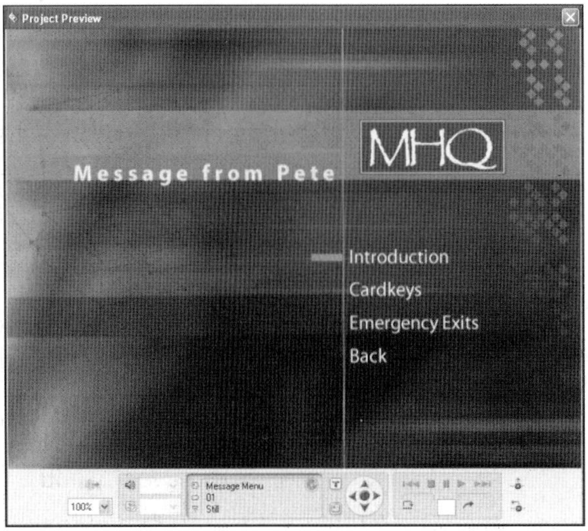

Figura 4.2.

*Ventana de vista preliminar del proyecto, con el submenú del botón **Message from Pete** del menú principal.*

6. Haga clic en el botón **Back** (atrás) para volver al menú principal.

7. Haga clic en el botón **Mission Statement**, con lo que aparecerá otro menú.

8. Cierre la ventana de vista preliminar del proyecto y la ventana del proyecto Lesson_04_end.

Examinando la ficha Library

Puede mostrar los ficheros que quiere ver en la ficha Library (biblioteca) especificando menús y botones predeterminados, así como realizar otras tareas:

1. Elija la opción File>New Project y haga clic en el botón **OK** para aceptar el estándar NTSC (americano) de televisión.

2. Seleccione la opción Menu>New Menu para que así aparezca un menú en blanco, con un fondo negro.

3. Vaya a la opción de menú Window>Layer para abrir la ficha de capas (*layers*). Sólo se debería ver la capa Background en la lista de dicha ficha.

4. Haga clic en la pestaña Library para abrir la ficha con su mismo nombre. Los botones de dicha ficha aparecen detallados en la figura 4.3. Los primeros tres botones de la parte inferior de la ficha ofrecen diferentes vistas: el primero muestra los menús, el segundo los botones y el tercero las imágenes. Puede seleccionar uno, dos, los tres o ninguno de los botones. Por defecto, están seleccionados los tres

botones para que se puedan ver todos los elementos en la lista de la biblioteca.

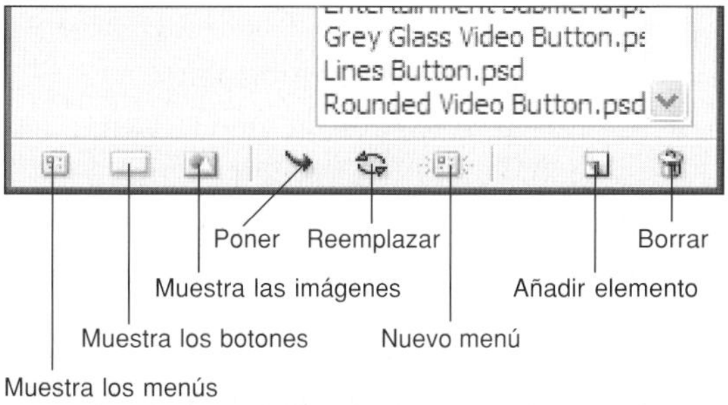

Figura 4.3.

Parte inferior de la ficha Library con el detalle del conjunto de botones.

5. Haga clic en los botones **Show Buttons** y **Show Images** para deseleccionarlos. Así, la ficha listará sólo los menús de la biblioteca. El nombre del menú predeterminado está precedido por dos asteriscos ** y se aplica automáticamente cuando se elije la opción Menu>New Menu, o cuando se hace clic en el botón **New Menu** de la ventana del proyecto o de la ficha Library, como muestra la figura 4.4. De todas formas, puede especificar qué menú quiere por defecto.

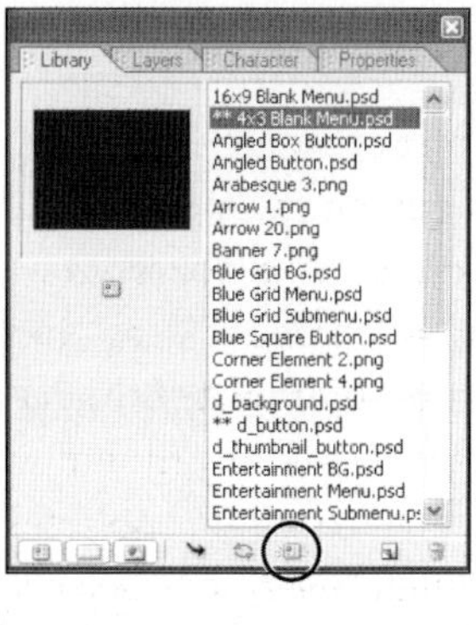

Figura 4.4.

Ficha Library con el botón New Menu (nuevo menú) destacado.

6. Haga clic en los diferentes menús para poder ver cómo va apareciendo una pequeña vista en miniatura en el panel de vista previa, en la parte izquierda de la ficha Library.

Nota: Puede utilizar estos menús ya diseñados como plantillas, con lo que simplemente tiene que sustituir su texto o realizar otros cambios que desee. Los menús son ficheros de Adobe Photoshop construidos con conjuntos de capas que utilizan la nomenclatura de Adobe Encore DVD.

7. Seleccione entonces el fichero Blue Grid Menu.psd.

8. Haga clic en el botón **New Menu** ( ) de la parte inferior de la ficha Library y, así, aparecerá el menú Blue Grid Menu en la ventana del editor de menús.

Nota: Cuando hace clic en el botón **New Menu** de la ficha Library, Adobe Encore DVD crea un nuevo menú usando el fichero de menú que está actualmente seleccionado en la lista de la ficha, en vez de usar el que existe por defecto. No obstante, cuando elija la opción Menu>New Menu o cuando haga clic en el botón **New Menu** de la ventana del proyecto, Adobe Encore DVD creará un nuevo menú utilizando el menú predeterminado.

9. Haga clic en el botón **Show Selected Subpicture Highlight** de la parte inferior de la ventana del editor de menús, como se puede ver en la figura 4.5, con lo que se verán las barras azules que acompañan a los botones del menú.

   Las subimágenes han sido creadas en el fichero de menú en Photoshop. En la ficha de capas puede ver que el conjunto de capas de los botones incluye otras capas cuyos nombres empiezan por =1.

Figura 4.5.

Detalle del botón Show Selected Subpicture Highlight de la ventana del editor de menús.

10. Dentro de la ventana del proyecto, seleccione todos los menús que haya creado y bórrelos.

    Para borrar los menús seleccionados puede hacer clic sobre el botón **Delete** de la parte inferior de la ventana del proyecto o bien pulsar la tecla **Supr** del teclado.

Nota: Los elementos de la biblioteca por defecto de Adobe Encore DVD se guardan en la carpeta Encore DVD 1.0\Library de su disco duro. Los elementos que añada a la biblioteca se almacenan en la carpeta Documents and Settings\<nombre_de_usuario>\Application Data\Adobe\Adobe Encore DVD\Library de su disco duro.

Modificar una plantilla de menú

Para crear de una manera rápida menús sofisticados, puede probar a modificar una de las muchas plantillas incluidas en Adobe Encore DVD:

1. Abra la ficha Library.
2. Seleccione el fichero Sky Up Menu.psd.
3. Haga clic en el botón **New Menu** de la parte inferior de la ficha. De esta forma, se abrirá un menú con cuatro botones, como se puede observar en la figura 4.6. Puede borrar aquellos botones que no necesite.
4. Utilizando la herramienta de selección, seleccione el botón **Languages** y el botón **Scenes**.
5. Pulse la tecla **Supr** del teclado, con lo que estos dos botones se eliminarán del menú, como se ve en la figura 4.7.

Los conjuntos de colores

Para entender lo que son los conjuntos de colores (*color sets*), hablaremos de las subimágenes.

Una subimagen define cómo se resaltará un botón cuando se seleccione, se active o cuando esté en su estado normal (sin seleccionar).

Se utiliza la misma imagen para cada estado, pero si varían los colores y la opacidad, el botón puede aparentar ser ligeramente diferente de un estado a otro.

Los conjuntos de colores determinan aquellos que se utilizarán en las subimágenes. Cada menú puede hacer referencia a un conjunto, pero puede utilizar muchos más en todo el proyecto. Normalmente, utilizando el mismo conjunto de colores para todos los menús conseguiremos que nuestro proyecto tenga un *look* uniforme.

Cada píxel de una subimagen referencia a uno de los tres colores definidos en el conjunto o es transparente. Cada estado tiene sus propias definiciones de color, así como la configuración de la opacidad para esos tres colores.

Por ejemplo, con Photoshop puede crear una subimagen compuesta de tres elementos, como una marca de verificación, un borde de botón y el texto de dicho botón. Cada uno de estos elementos hace referencia a un color distinto. Ajustando el color y los valores de opacidad, puede hacer que aparezca la marca de verificación al lado del botón del menú, sólo en el estado activado. Para ello, debería hacer que la marca de verificación sea el único elemento de la subimagen que utilice un color en particular, como el color 3, por ejemplo.

Después, puede definir dicho color 3 como transparente para todos los estados, menos para el estado activo.

Adobe Encore DVD incluye un conjunto de colores predefinido, el cual puede modificar o crear los suyos propios. Puede guardar los conjuntos personalizados y usarlos en otros proyectos.

En el fichero Blue Grid Menu.psd se utilizan dos colores en las subimágenes. En el estado normal, las barras azules son un 100 por 100 transparentes, mientras que en el estado seleccionado o activado, son 100 por 100 de color azul.

Puede ver las subimágenes en la ficha de Capas, pues son aquellas capas cuyo nombre empieza por =1.

Para más información, vea la sección *Creating subpictures and color sets* de la ayuda de Adobe Encore DVD.

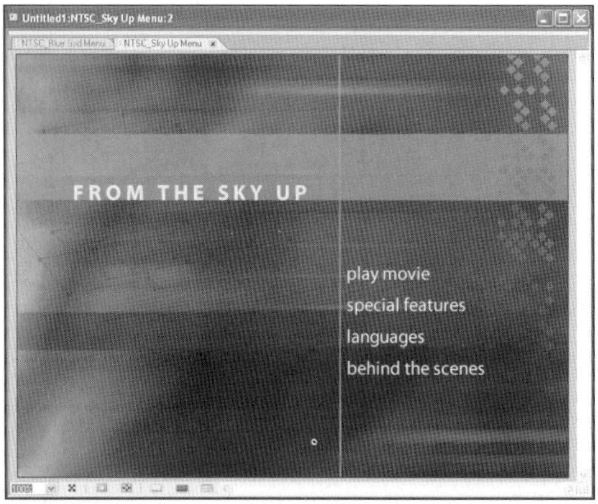

Figura 4.6.

Menú proveniente de una plantilla de Adobe Encore DVD.

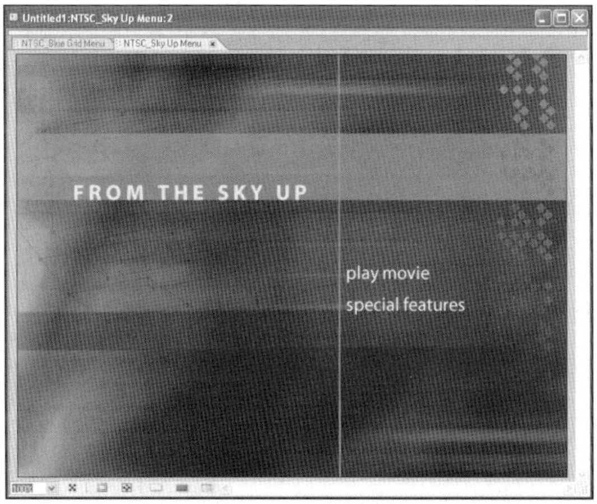

Figura 4.7.

Menú anterior con dos botones menos.

6. Abra la ficha Layers.

7. Seleccione el conjunto de capas Title. (Véase la figura 4.8.)

8. Con la herramienta de texto, seleccione From the Sky Up de la ventana del editor de menús, y escriba Security Update.

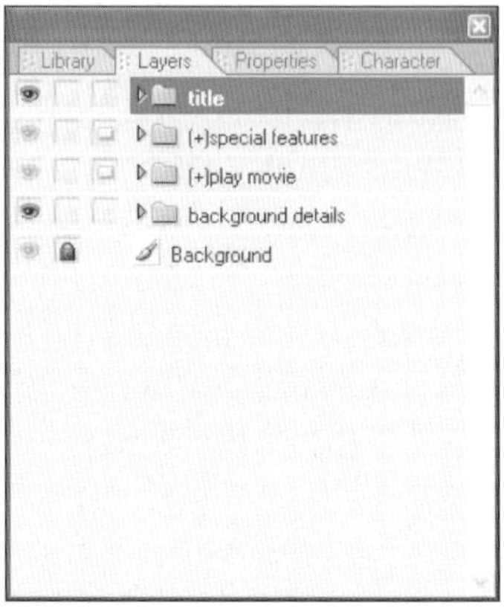

Figura 4.8.

Conjunto de capas Title seleccionado en la ficha Layers.

9. Utilice la herramienta de selección directa para recolocar el texto, para que aparezca como se ve en la figura 4.9.

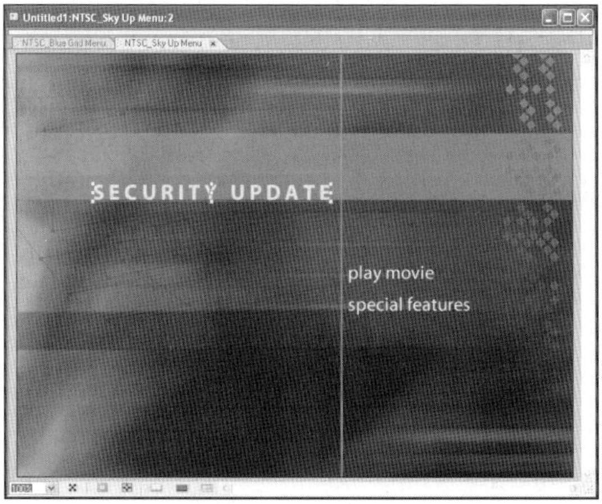

Figura 4.9.

Menú anterior con su título modificado y recolocado.

10. Dentro de la ficha Layers, expanda el grupo de capas Play Movie y seleccione la capa de texto del mismo nombre.

> **Nota:** Para expandir un grupo de capas, haga clic en el triángulo que hay junto a su nombre.

11. Utilice la herramienta de texto para cambiar el texto Message from Pete de la ventana del editor de menús.

12. Expanda el grupo de capas Special Features de la ficha Layers, seleccione la capa de texto Special Features y cambie el texto a Mission Statement. Obtendrá entonces algo parecido a lo que se ve en la figura 4.10.

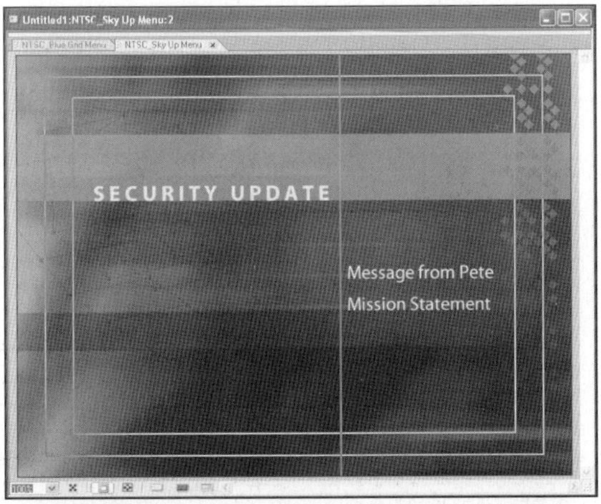

Figura 4.10.

Menú anterior con un nuevo texto en los botones.

13. Si no se encuentra visible la ficha de propiedades, seleccione la opción Windows>Properties.

14. Con la herramienta de selección, seleccione el primer botón en la ventana del editor de menús y, en la ficha Properties, renombre el botón como Message, tal y como se ve en la figura 4.11. El otorgar unos nombres apropiados a los menús, a los botones y a las líneas de tiempo le ayudará a organizar mejor su proyecto y le prevendrá de posibles confusiones que hacen que su proyecto llegue a ser más complejo de lo que realmente es.

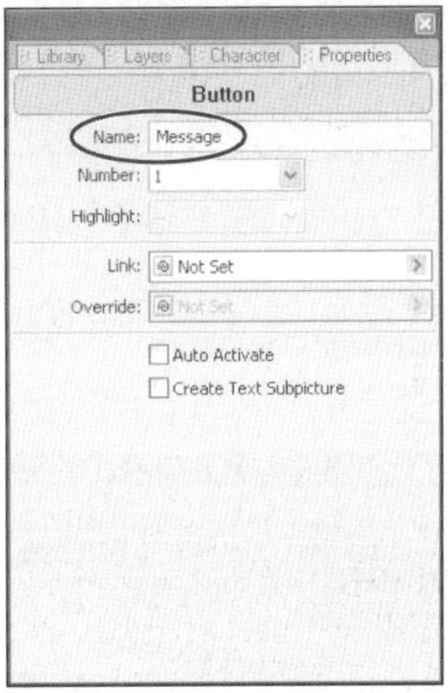

Figura 4.11.

Detalle del nuevo nombre de menú en la ficha de propiedades.

15. Renombre el segundo botón con la palabra Mission, dentro de la ficha de propiedades.

16. Seleccione el menú en la ventana de proyecto y renómbrelo con Security Update en la ficha de propiedades. El nombre del menú se actualiza automáticamente en la ventana de proyecto.

17. Asegúrese de que el menú Security Update se verá cuando se inicie el DVD. Debería tener un pequeño triángulo negro al lado de su nombre ( ) y debería aparecer la frase First Play al

lado de la pequeña vista previa de la ventana de proyecto. Si el menú no se ha establecido como la primera reproducción, haga clic con el botón derecho y elija la opción Set as First Play del menú contextual.

18. Guarde ahora el proyecto con el nombre Lesson_04.ncor.

Creación de submenús desde la misma plantilla

Para crear un *look* consistente para su proyecto de DVD, puede utilizar la misma plantilla para crear todos sus menús. Empezará con la misma plantilla, pero ahora realizará algunos cambios:

1. Seleccione el fichero Sky Up Menu.psd en la ficha Library.
2. Haga clic en el botón **New Menu** de la parte inferior. Verá cómo se abre la plantilla en la ventana del editor de menús. Los cambios que realice en el menú, después de que lo haya añadido al proyecto, no afectarán al fichero de menú guardado en la biblioteca.
3. Dentro de la ficha de propiedades renombre el menú Message.
4. Expanda el grupo de capas Title de la ficha Layers y seleccione la capa de texto. Después, en la ventana del editor de menús, utilice la herramienta de texto para cambiar el título del menú a Message from Pete.
5. Use la herramienta de selección directa para recolocar el título, para que se vea algo similar a la figura 4.12.

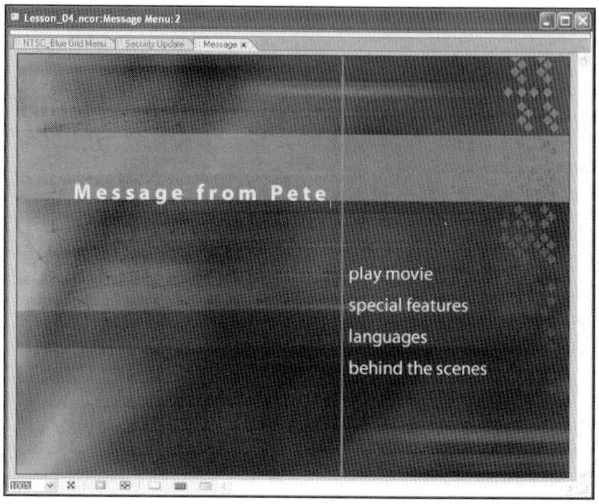

Figura 4.12.

Nuevo menú modificado de la plantilla anterior.

6. Reemplace el texto de los tres primeros botones por Introduction, Cardkeys y Emergency Exist, en este orden.

> **Advertencia:** Puede seleccionar el texto y reemplazarlo en la ventana del editor de menús sin tener que seleccionar la capa de texto en la ficha Layers. Sin embargo, es fácil equivocarse y, accidentalmente, crear un nuevo bloque de texto vacío si hace clic con la herramienta de texto fuera del objeto de texto. Por si acaso, expanda el grupo de capas en la ficha Layers para asegurarse que no ha creado ninguna capa de texto extra.

7. Cambie el texto del botón **Behind the Scenes** por Back, para ver el menú como en la figura 4.13.

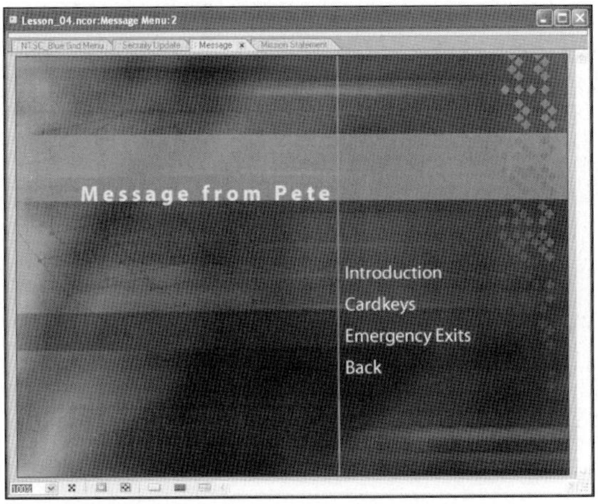

Figura 4.13.

Nuevo submenú con todos los botones renombrados.

8. Seleccione el primer botón en la ventana del editor de menús con la herramienta de selección y luego renombre el botón con la palabra Introduction en la ficha Properties.

9. Haga lo mismo con los otros botones y renómbrelos en la ficha Properties, con un nombre acorde a cada botón.

10. Guarde el proyecto.

Reemplazar los elementos del fondo

Puede editar todos los aspectos de un menú creado gracias a una plantilla, incluidos los elementos del fondo. Por ejemplo, puede añadir imágenes y botones de la biblioteca. Para este menú, va a crear otro submenú con la misma plantilla, borrando los botones y reemplazándolos con una imagen:

1. Seleccione el fichero Sky Up Menu.psd de la ficha Library y haga clic en el botón **New Menu**.

2. En la ficha Properties, renombre el menú como Mission Statement.

3. En la ventana del editor de menús, utilice la herramienta de texto para cambiar el título a Mission Statement.

4. Elimine los primeros tres botones del menú. Este submenú no se vinculará con ningún otro menú o línea de tiempo. El único botón del menú será el que vuelva al menú principal.

5. Cambie el texto Behind the Scenes por Back, como se ve en la figura 4.14.

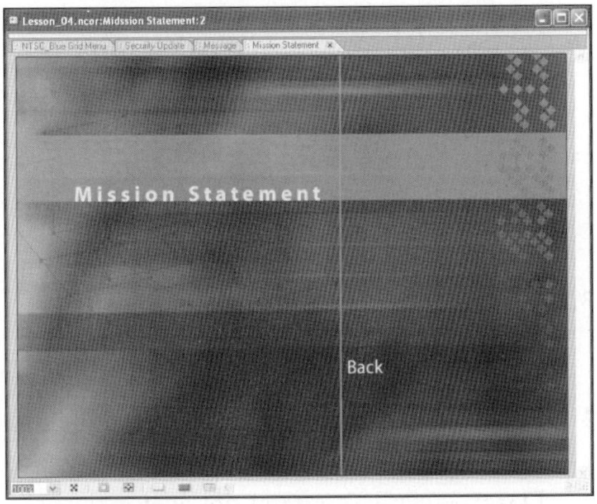

Figura 4.14.

Nuevo submenú basado en la misma plantilla que antes.

6. Seleccione el botón **Back** con la herramienta de selección, dentro de la ventana del editor de menús, y luego renómbrelo con la misma palabra en la ficha de propiedades.

7. Expanda el grupo de capas Background Details de la ficha Layers y seleccione la capa Background.

8. Seleccione el fichero Blue Grid BG.psd en la ficha Library.

9. Con la capa Background seleccionada, haga clic en el botón **Replace** ( ) de la parte inferior de la ficha Library, como se detalla en la figura 4.15.

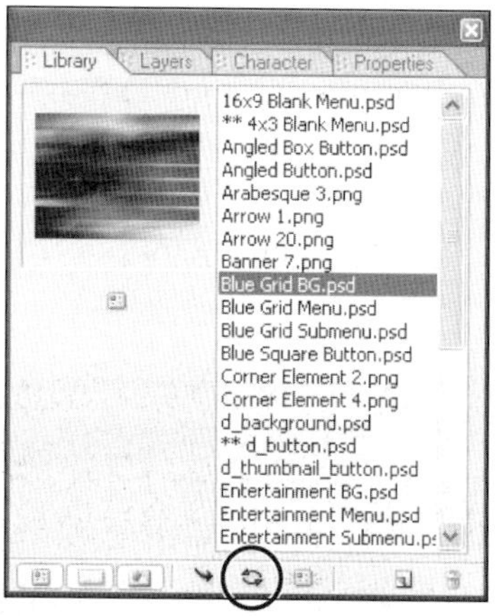

Figura 4.15.

Detalle del botón Replace de la ficha Library.

De esta forma, la imagen de fondo azulgrisácea será reemplazada por la nueva imagen. (Véase la figura 4.16.)

10. Guarde el proyecto.

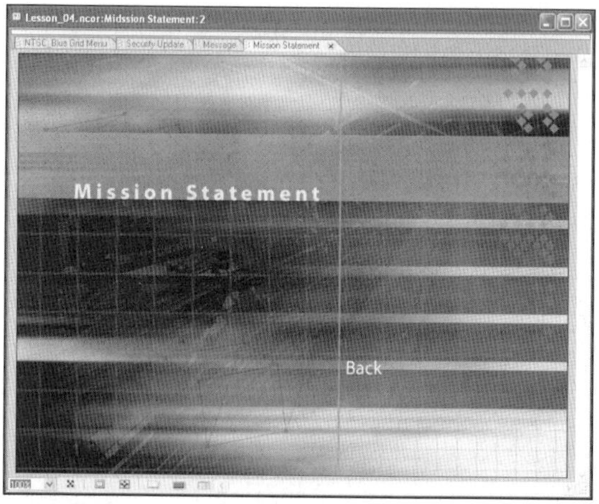

Figura 4.16.

El submenú con el nuevo fondo.

Añadir elementos a la biblioteca

Puede añadir a la biblioteca aquellos elementos que utiliza con frecuencia. Además, puede colocar fácilmente los elementos comunes (como por ejemplo el logo de una compañía) en menús múltiples.

Los pasos para añadir los logos de la compañía MHQ en la ficha Library, y así poder usarlos en este proyecto, son:

1. Haga clic en el botón **Add Item** ( ) de la parte inferior de la ficha Library, como se aprecia en la figura 4.17, con lo que aparecerá el cuadro de diálogo New Library Item (nuevo elemento de la biblioteca).

2. Seleccione los ficheros MHQ_logo.psd y MHQ_logo_white.psd (pulse la tecla **Control** para seleccionar múltiples ficheros) y haga clic en el botón **Abrir**. Los

dos logos deberían aparecer en la ficha Library.

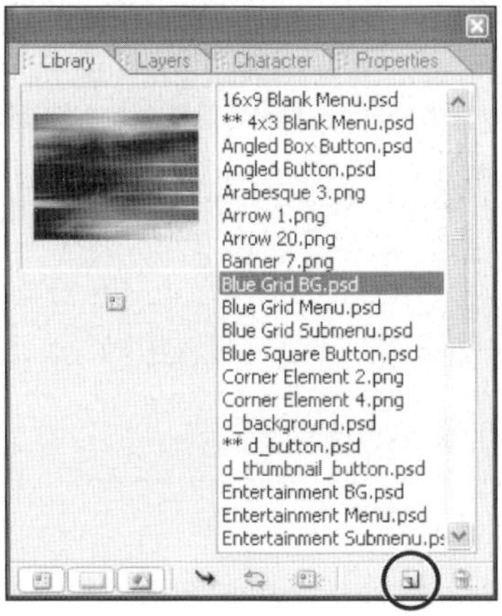

Figura 4.17.

Detalle del botón Add Item de la ficha Library.

3. Haga clic en la pestaña Security Update de la ventana del editor de menús.

4. Seleccione, a continuación, el fichero MHQ_logo_white.psd en la ficha Library y haga clic en el botón **Place** ( ) de la parte inferior de la misma, como muestra la figura 4.18. Esto hará que se añada el elemento seleccionado al menú activo.

5. Haga clic en el botón **Show Safe Area** de la parte inferior de la ventana del editor de menús. Así se podrán ver las líneas que designan el área de visualización segura. Puede estar seguro de que cualquier cosa que se encuentre dentro de esta área aparecerá en todas las televisiones y pantallas de ordenador, pero algunos espectadores no verán los elementos que se encuentren fuera de esta área de seguridad.

Figura 4.18.

Detalle del botón Place (poner) de la ficha Library.

6. Con la herramienta de selección, coloque el logo en la zona superior derecha del menú, siempre dentro del área de seguridad, como se puede ver en la figura 4.19. El logo no se ve muy bien en este menú, por lo que lo reemplazará por una versión distinta.

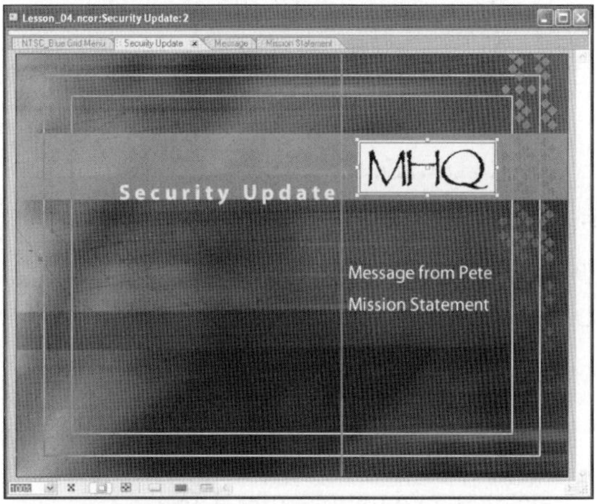

Figura 4.19.

El logo se coloca en la parte superior derecha del menú, dentro del área de seguridad.

7. Seleccione el archivo MHQ_logo.psd en la ficha Library.

8. Asegúrese de que el logo original todavía está seleccionado en la ventana del editor de menús, y haga clic en el botón **Replace** (reemplazar) de la parte inferior de la ficha, como muestra la figura 4.20.

   El primer logo será remplazado por el segundo, y aparecerá en la misma posición.

Figura 4.20.

Detalle del botón Replace de la ficha Library.

9. Con el logo aún seleccionado en la ventana del editor de menús, elija la opción Edit>Copy.

10. Haga clic en la pestaña Message de la parte superior de la ventana del editor de menús. (Véase la figura 4.21.)

11. Seleccione la opción Edit>Paste y entonces verá como el logo se habrá pegado en la misma posición en el menú Mission Statement.

Figura 4.21.

Pestaña Message de la ventana del editor de menús.

   Una vez que ha posicionado un elemento en un menú, ya puede repetirlo rápidamente en los otros menús, en la misma posición.

12. Guarde el proyecto.

Vincular unos menús con otros

La vinculación de los menús será posible, tanto si los ha creado desde cero, como si los ha importado:

1. Haga clic en la pestaña Security Update de la ventana del editor de menús y seleccione el botón **Message from Pete**.

2. Dentro de la paleta Properties, seleccione la opción Message>Introduction del menú contextual del cuadro Link. (Véase la figura 4.22.)

3. Seleccione el botón **Mission Statement** y luego vincule el botón al valor Mission Statement>Back del cuadro Link.

4. Haga clic en la pestaña Mission Statement de la ventana del editor de menús para abrir el menú Mission Statement.

Figura 4.22.

Detalle del cuadro Link de la ficha de propiedades de un botón, con el valor Message:Introduction.

5. Seleccione el botón **Back** y vincúlelo al valor Security Update>Message, en la ficha Properties.

6. Guarde el proyecto.

Vincular los botones a las líneas de tiempo

Para vincular los botones del menú Message con las líneas de tiempo, primero debe importar los ficheros de vídeo:

1. Haga clic en la ventana de proyecto para hacerla activa y después elija la opción File>Import as Asset del menú. En el cuadro de diálogo que aparecerá, vaya hasta la carpeta Lesson 04, pulse la tecla **Control** para seleccionar los ficheros Cardkey.avi, Exists.avi e Intro.avi, y haga clic en el botón **Abrir**.

2. Dentro de la ventana de proyecto, seleccione los ficheros antes mencionados y elija la opción Timeline>New Timeline.

   De esta forma, los tres vídeos se situarán en las líneas de tiempo y se abrirá la ventana Monitor.

3. Haga clic en la pestaña Message de la ventana del editor de menús y seleccione el botón **Introduction**.

4. En la ficha de propiedades, elija la opción Intro>Chapter 1 del menú contextual del cuadro Link.

5. Repita los pasos 3 y 4 para los botones **Cardkey** y **Emergency Exit**, vinculándolos a sus respectivas líneas de tiempo.

6. Guarde el proyecto.

Creación de una capa de texto

Vamos a crear un menú que contenga un mensaje de texto y, en este proyecto, añadiremos texto al menú Mission Statement:

1. Haga, en primer lugar, clic en la pestaña Mission Statement de la ventana del editor de menús.

2. Con la herramienta de texto, haga clic y arrastre para crear un rectángulo en la parte inferior izquierda del menú. (Véase la figura 4.23.)

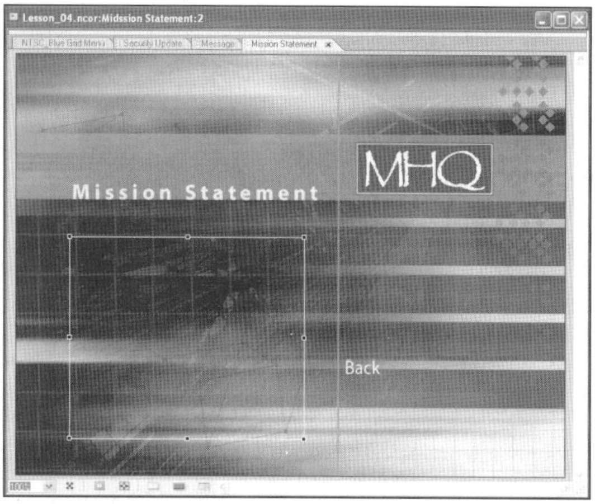

Figura 4.23.

Creación de un rectángulo para la inserción de texto en el menú.

3. En la ficha Character, elija la fuente Myriad Pro, con el estilo Bold Condensed, un tamaño de 48 y un color blanco (seleccione la casilla de verificación NTSC Colors Only). También, haga clic en la opción Align Center, y obtendrá la configuración de la figura 4.24.

Figura 4.24.

Configuración del texto que se va a insertar en el menú.

4. Usando la herramienta de texto, haga clic dentro del rectángulo que acaba de crear y escriba las siguientes palabras:

   To provide a safe and healthy work environment (proporcionar un entorno de trabajo seguro y saludable)

   Utilice la herramienta de selección para posicionar el bloque de texto y podrá ver algo parecido a la figura 4.25.

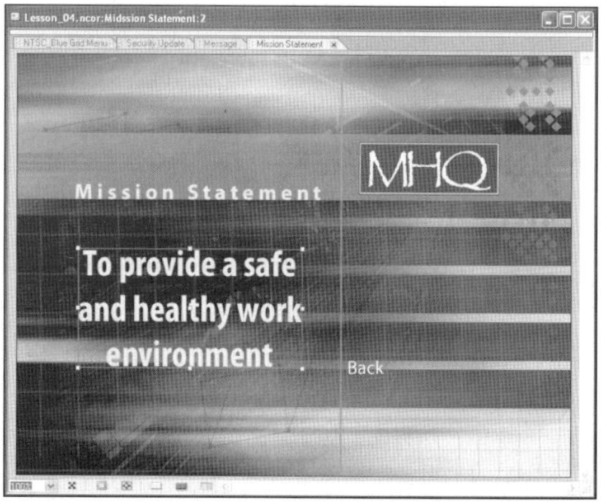

Figura 4.25.

Menú con un bloque de texto informativo.

5. Guarde el proyecto.

Comprobación de los vínculos

Nuestro proyecto tiene tres menús vinculados con tres líneas de tiempo, y la cantidad de vínculos ha crecido. En cierta manera, es fácil que falten menús o botones sin vincular. Las pestañas de la ventana del proyecto le ayudarán a organizar los contenidos del DVD y podrá ver cómo están vinculados:

1. Haga clic en la pestaña Menus de la ventana del proyecto. Esta ficha lista tan sólo los menús que están incluidos en el proyecto, luego no incluye ni las líneas de tiempo, ni los vídeos, ni otros contenidos.

2. Haga clic en el menú Message y, si es necesario, agrande la ventana para que pueda ver bien los campos de la configuración. El campo Link (vínculo) identifica el vínculo de cada botón del menú seleccionado. Advierta que no hay ningún vínculo asociado al botón **Back** (atrás), como se ve en la figura 4.26.

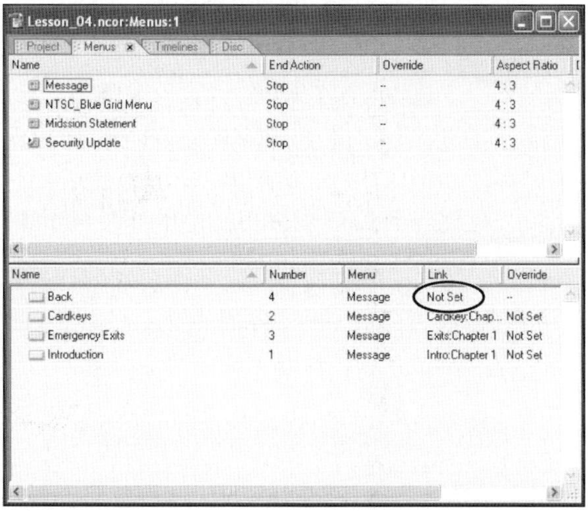

Figura 4.26.

Detalle del vínculo no asignado para el botón Back del menú Message, en la ficha Menus de la ventana de proyecto.

3. En el marco inferior de la ficha Menus, seleccione el botón **Back**. En la ficha de propiedades, elija la opción Security Update>Default del menú contextual del cuadro Link. (Véase la figura 4.27.)

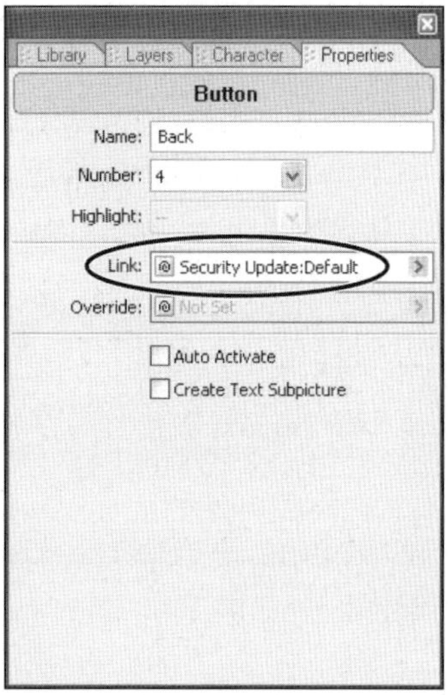

Figura 4.27.

Detalle del cuadro Link de la ficha de propiedades de un botón, con el valor Security Update:Default.

4. Haga entonces clic en el resto de menús para comprobar que no hay botones sin vincular.

5. Haga clic en la pestaña Timelines de la ventana de proyecto, con lo que verá una lista con las acciones finales de cada línea de tiempo del proyecto.

6. Seleccione las tres líneas de tiempo que aparecen y elija la opción Message> Default del cuadro End Action de la ficha Properties, con lo que verá la ficha Timelines como en la figura 4.28.

7. Una vez que haya confirmado que todos los botones se han vinculado correctamente y que todas las líneas de tiempo tienen una acción final asignada, guarde el proyecto.

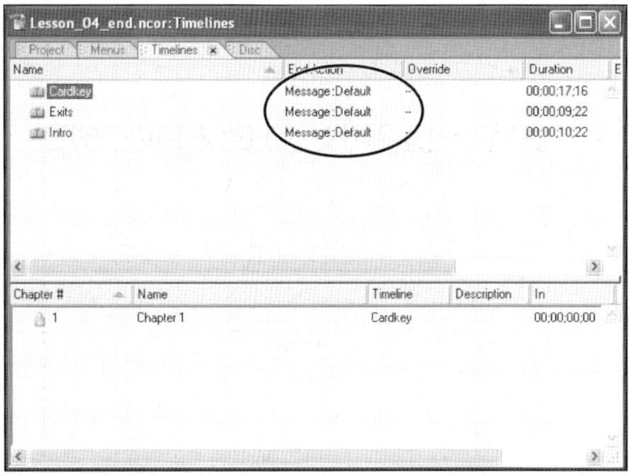

Figura 4.28.

Detalle de las acciones finales de las líneas de tiempo del proyecto, dentro de la ficha Timelines de la ventana del proyecto.

Vista preliminar del proyecto

Para poder ver una vista previa del proyecto y así asegurarse de que todos los menús son consistentes y de que todos los vínculos se comportan como espera, siga estos pasos:

1. Seleccione la opción de menú File> Preview para abrir la ventana de vista preliminar del proyecto.

2. Haga clic en el botón **Message from Pete** para abrir el menú Message. Haga clic en los botones para ver las tres líneas de tiempo y, después, haga clic en el último botón, **Back**, para volver al menú Security Update.

3. Haga clic en el botón **Mission Statement** para abrir el menú Mission Statement. Después, haga clic en el botón **Back** para volver al menú principal.

4. Cierre la ventana de vista preliminar del proyecto.

Crear una imagen de DVD

Se puede decir que su proyecto ya ha acabado. En lugar de grabar los ficheros en un disco, ahora aprenderá a crear una imagen de DVD. Una imagen de DVD se puede utilizar para grabar un disco DVD en otro momento, o para usar una grabadora remota, normalmente con una función de réplica.

Nota: Adobe Encore DVD también soporta el formato DLT.

Los pasos a seguir son:

1. Seleccione la opción de menú File>Build DVD>Make DVD Image.

2. Elija la opción Current Project de la lista desplegable Create Using (figura 4.29).

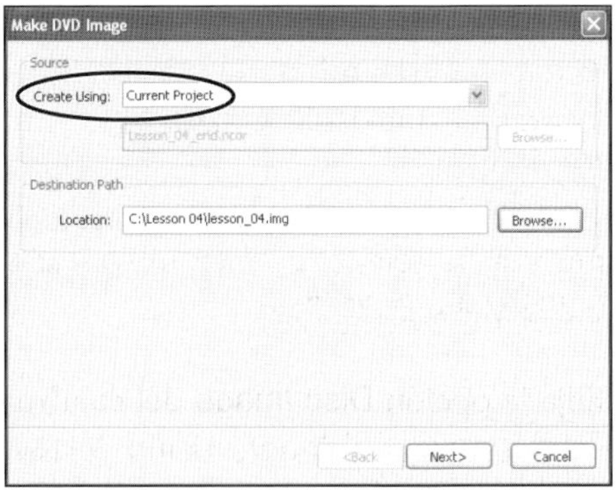

Figura 4.29.

Detalle de la lista desplegable Create Using del cuadro de diálogo Make DVD Image, con el valor Current Project.

3. Especifique el archivo de destino para la imagen de DVD y haga clic en el botón **Next**.

> **Nota:** Asegúrese de que hay suficiente espacio en la unidad que ha indicado.

4. Revise la información del cuadro de diálogo que aparecerá después, con un resumen de la grabación.

5. Haga clic en el botón **Build**.

Grabar un disco DVD desde un fichero de imagen

Puede usar Adobe Encore DVD para crear un fichero de imagen creado con el mismo programa, y sin tener que disponer del material original, o incluso del fichero de proyecto. El fichero de imagen contiene toda la información necesaria para grabar el disco. Los pasos a seguir son:

1. Si todavía está abierto el proyecto Lesson_04, guárdelo y ciérrelo.

2. Sin ningún proyecto abierto en el programa, elija la opción de menú File>Build DVD>Make DVD Disc.

3. Elija la opción Disc Image del cuadro de lista desplegable Create Using. (Véase la figura 4.30.)

4. Haga clic en el botón **Browse** (explorar) y vaya a la carpeta donde se encuentra la imagen de disco que acaba de crear. Una vez encontrada, selecciónela y haga clic en el botón **Abrir**.

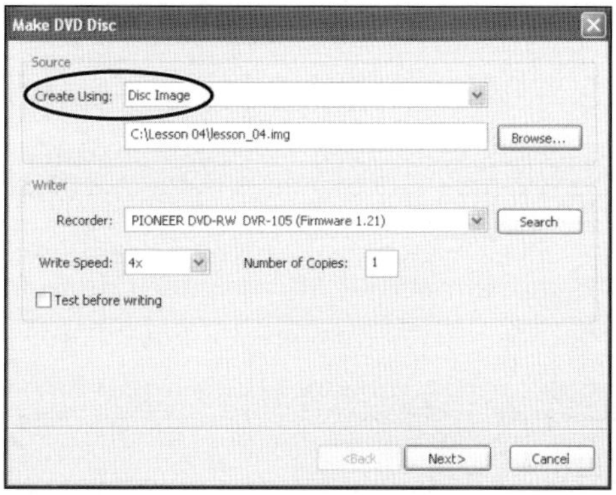

Figura 4.30.

Detalle del cuadro de lista desplegable Create Using del cuadro de diálogo Make DVD Disc, con el valor Disc Image.

5. Haga clic en el botón **Next** del cuadro de diálogo Make DVD Disc.

6. Revise la información de resumen que aparece en el cuadro de diálogo Make DVD Image: Summary.

7. Haga clic en el botón **Build**.

Preguntas de repaso

1. ¿Cómo puede añadir un elemento en la ficha Library?

2. ¿Qué puede almacenar en dicha ficha?

3. ¿Qué es el menú predeterminado?

4. ¿Cómo puede personalizar una plantilla?

5. ¿Cómo puede remplazar un elemento de un menú por otro de la biblioteca?

Respuestas del repaso

1. Haga clic en el botón **New Library Item** de la parte inferior de la ficha Library y, después, seleccione del cuadro de diálogo New Library Item el elemento que quiere añadir.

2. Puede almacenar las imágenes de fondo, botones, otras imágenes y menús que quiera para utilizarlos como plantillas en la biblioteca, para así tener un acceso rápido y fácil desde cualquier proyecto.

3. El menú predeterminado es aquel que Adobe Encore DVD abre cuando selecciona la opción Menu>New Menu, o hace clic en el botón **New Menu** de la parte inferior de la ventana de proyecto.

4. Para personalizar una plantilla, edítela como cualquier otro menú que haya creado en Adobe Encore DVD. Una vez que ha creado un menú inicial desde una plantilla, ya es totalmente editable.

5. Para reemplazar un elemento primero debe seleccionarlo en la ventana del editor de menús. Después, seleccione el nuevo elemento de la biblioteca (ficha Library) y entonces haga clic en el botón **Replace**.

Capítulo 5

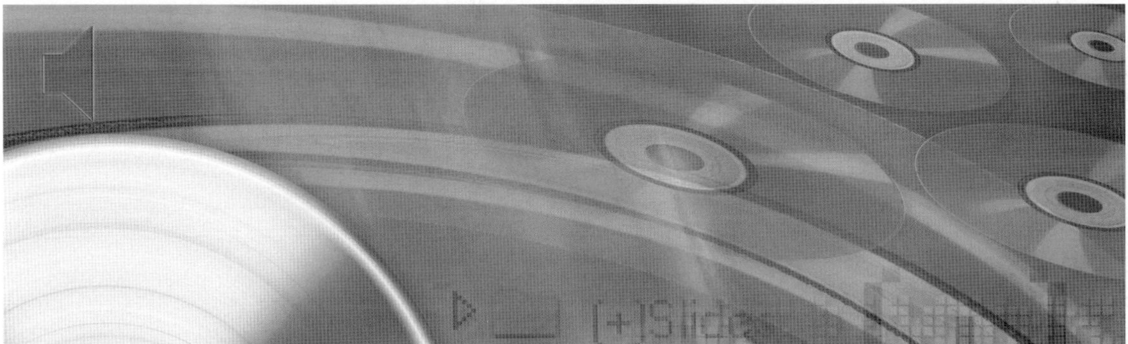

Montaje rápido de un DVD

Muchas veces sólo necesitará ver borradores de vídeos. Cuando la velocidad es lo prioritario, utilice los atajos que ofrecen las características de Adobe Encore DVD, para así hacer más eficiente su flujo de trabajo.

Como ha podido ver en los capítulos anteriores, mediante este programa usted es capaz de crear elegantes esquemas de navegación para un DVD. Sin embargo, para muchos proyectos, la velocidad al crear el DVD es más importante que su propio estilo. En este capítulo, aprenderá a crear un DVD con borradores de vídeo, mediante las características de productividad de Adobe Encore DVD para el montaje rápido de tareas.

En el anterior capítulo utilizó plantillas de menú de la biblioteca y, en éste, aprovechará mucho más la biblioteca para crear un DVD con un número mínimo de pasos. En el proceso, aprenderá a hacer lo siguiente:

- Establecer el menú por defecto de la biblioteca.
- Establecer el botón por defecto de la biblioteca.
- Importar elementos directamente a la biblioteca.
- Crear botones y líneas de tiempo simultáneamente y crear vínculos entre ellos.
- Organizar, redimensionar y posicionar los botones de un menú.
- Añadir ficheros de datos al disco.
- Grabar un CD con Adobe Encore DVD.

Antes de empezar

En este capítulo montará rápidamente un proyecto de Adobe Encore DVD utilizando los ficheros gráficos y de vídeo que se encuentran en el DVD adjunto a este libro. Debe conocer la localización exacta de estos ficheros, los del capítulo 5 en particular. Para más información, diríjase al apartado Copia de archivos de las primeras páginas del libro.

Visualización del proyecto de Adobe Encore DVD acabado

Para poder echar un vistazo al proyecto ya finalizado, siga estos pasos:

1. Inicie Adobe Encore DVD.
2. Seleccione la opción del menú File>Open Project.
3. En el cuadro de diálogo Open, vaya a la carpeta Lesson 05, seleccione el fichero Lesson_05_end.ncor y haga clic en el botón **Abrir**.

4. Vaya a la opción File>Preview, con lo que aparecerá la ventana de vista preliminar del proyecto, mostrando un menú de DVD.

   En él hay tres botones, el primero de ellos destacado (es decir, seleccionado). Lo vemos en la figura 5.1.

Figura 5.1.

Ventana de vista preliminar del proyecto con el menú DVD del proyecto de este capítulo.

5. Haga clic en el botón **Dibble St.** y verá un pequeño vídeo de borrador, un vídeo doméstico en este caso.

   Cuando finalice su reproducción, reaparecerá de nuevo el menú principal.

6. Haga clic en el resto de los botones para ver los otros vídeos.

7. Cierre entonces la ventana de vista preliminar así como la ventana del proyecto Lesson_05_end.

Arrastrar elementos a la biblioteca

Adobe Encore DVD incluye una importante cantidad de menús, botones e imágenes en su biblioteca. Pero también podemos añadirle nuestros propios contenidos, simplemente arrastrándolos a la ficha Library. Debido a que puede usar los elementos de la biblioteca en cualquier proyecto, sería una buena idea añadirle sus plantillas corporativas de menús, los logos de la compañía y otros elementos que utilice con frecuencia.

Cuando vaya a crear un nuevo menú, Adobe Encore DVD utilizará automáticamente el menú que actualmente esté declarado como predeterminado en la biblioteca:

1. Seleccione la opción del menú File>New Project y haga clic en el botón **OK** para aceptar el estándar americano de televisión, el NTSC.

2. Abra la ficha Library, como se muestra en la figura 5.2.

Figura 5.2.

La biblioteca en la ficha Library.

Si no está activada, haga clic en la pestaña con su nombre de la paleta flotante y, si ésta no está abierta, vaya a la opción Windows>Library.

3. Deseleccione los botones **Show Buttons** y **Show Images** de la parte inferior de la ficha. Por defecto, la ficha Library lista todos los menús, botones e imágenes de la biblioteca. Si deselecciona los dos botones anteriores, como muestra la figura 5.3, tan sólo podrá ver los menús en la lista.

> **Nota:** Advierta que uno de los nombres de menú está precedido de dos asteriscos **, lo que indica que ese menú es el menú predeterminado en ese momento.

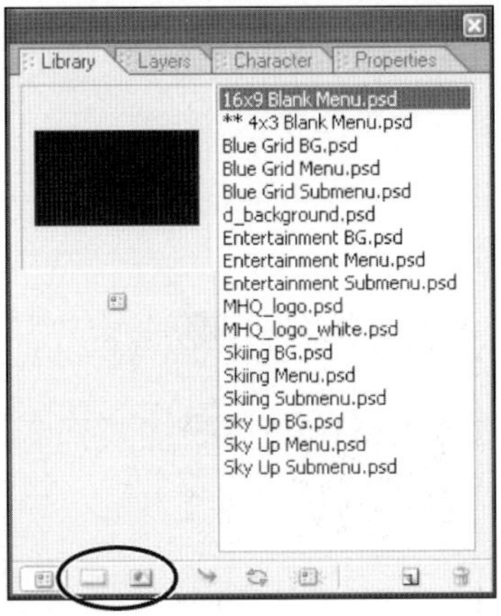

Figura 5.3.

Detalle de la situación de los botones Show Buttons y Show Images de la ficha Library.

4. Elija la opción File>Import as Menu.

5. Vaya a la carpeta Lesson 05, seleccione el archivo Capstan Main.psd y haga clic en el botón **Abrir**.

De esta forma, logrará ver el menú Capstan Main en la ventana del editor de menús, tal y como muestra la figura 5.4. Dicho menú no contiene ningún botón o ninguna capa de texto editable, por lo que tendrá que añadirlos más tarde. El fichero está listado en la ventana de proyecto, luego está disponible para este proyecto en particular. Para hacer que este menú esté disponible en futuros proyectos, deberá entonces añadirlo a la biblioteca.

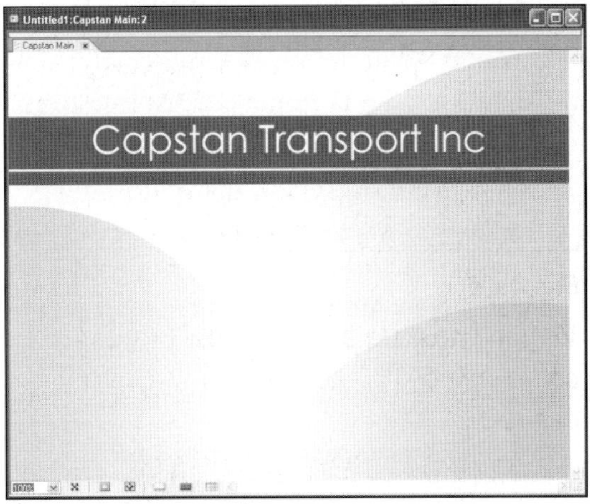

Figura 5.4.

Ventana del editor de menús con el menú Capstan Main.

6. Arrastre el fichero Capstan Main.psd desde la ventana de proyecto hasta la ficha Library, como se ve en la figura 5.5. Así logrará que aparezca dicho fichero en la lista de la biblioteca, y allí seguirá cuando trabaje en futuros proyectos, a menos, claro, que lo elimine.

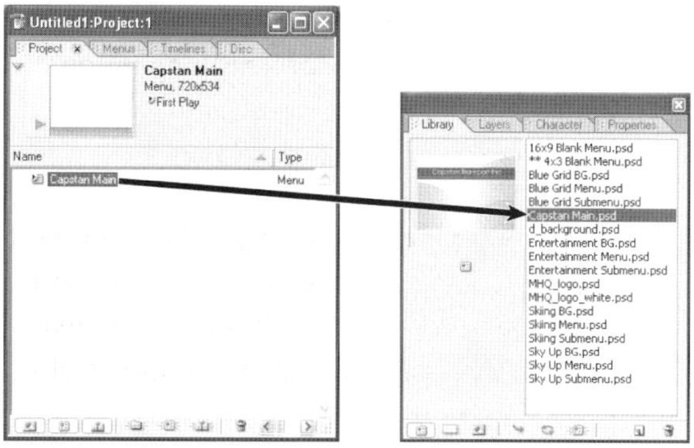

Figura 5.5.

Cómo arrastrar un fichero de menú a la ficha Library, para incluirlo en la biblioteca.

7. Haga clic con el botón derecho del ratón en el fichero Capstan Main.psd de la ficha Library y elija la opción Set as Default Menu del menú contextual, como se muestra en la figura 5.6. De esta forma aparecerán dos asteriscos ** al principio del nombre del menú, por lo que ahora se llamará **Capstan Main.psd. Por lo tanto, si ahora selecciona la opción Menu>New Menu, Adobe Encore DVD creará un menú nuevo utilizando el fichero que acabamos de ver.

Figura 5.6.

Cómo establecer el menú predeterminado en la ficha Library.

8. Guarde entonces el proyecto con el nombre Lesson_05.ncor.

Importar elementos dentro de la biblioteca

También puede añadir elementos a la ficha Library sin tener que incluiros primero en el proyecto. Como con el menú predeterminado, también puede establecer un botón predeterminado en la biblioteca, es decir, el botón que usará Adobe Encore DVD para crear un nuevo botón:

1. Deseleccione el botón **Show Menus** y seleccione el botón **Show Butons** de la ficha Library. Así se verán tan sólo los botones en la lista de elementos de la biblioteca.

2. Haga clic en el botón **Add Item**, como se muestra en la figura 5.7, de la parte inferior de la ficha Library.

Figura 5.7.

Detalle de la posición del botón Add Item de la ficha Library.

3. Vaya hasta la carpeta Lesson 05, seleccione el archivo Capstan Button.psd y haga clic en el botón **Abrir**. De esta forma, dicho fichero aparecerá en la lista de la ficha Library, aparecerá seleccionado y se verá una pequeña diapositiva a la izquierda.

4. Haga clic con el botón derecho en el elemento Capstan Button.psd de la lista de la ficha Library y elija la opción Set as Default Button del menú contextual, como muestra la figura 5.8. Aparecerán dos asteriscos delante del nombre del archivo, con lo que su nombre ahora será **Capstan Button.psd.

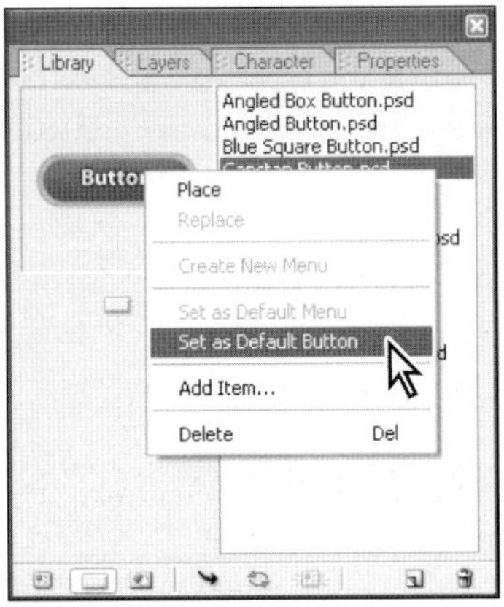

Figura 5.8.

Cómo establecer el botón predeterminado en la ficha Library.

Crear botones instantáneamente

Cuando la estructura de su DVD se presenta sencilla, sin muchas complicaciones, puede combinar los pasos para crear rápidamente una línea de tiempo, su botón correspondiente y el vínculo entre los dos. Simplemente arrastrando el contenido de vídeo directamente en la ventana del editor de menús hará que esto sea posible:

1. Elija la opción de menú File>Import as Asset. Si esta opción de menú está desactivada, deberá hacer clic en la ventana del proyecto para activarla e intentarlo de nuevo.

2. Vaya hasta la carpeta Lesson 05 y seleccione los archivos Dibble.avi, Pine.avi y Stewart.avi. Recuerde que puede seleccionar múltiples archivos con la tecla **Control**. Estos ficheros aparecerán entonces en la ventana del proyecto.

3. Arrastre el fichero Dibble.avi de la ventana del proyecto hasta la ventana del editor de menús, como se indica en la figura 5.9. Adobe Encore DVD realiza numerosas tareas cuando arrastra el contenido de vídeo dentro de la ventana del editor de menús:

   - Aparece el botón por defecto en el menú.
   - Se crea una nueva línea de tiempo para el vídeo.
   - El botón se vincula a la nueva línea de tiempo, es decir, cuando se reproduzca el DVD y se active ese botón, se verá la línea de tiempo vinculada.
   - El campo End Action (acción final) para la línea de tiempo se habrá establecido para que retorne al menú.
   - El campo Menu Remote tendrá establecido retornar de nuevo al menú.

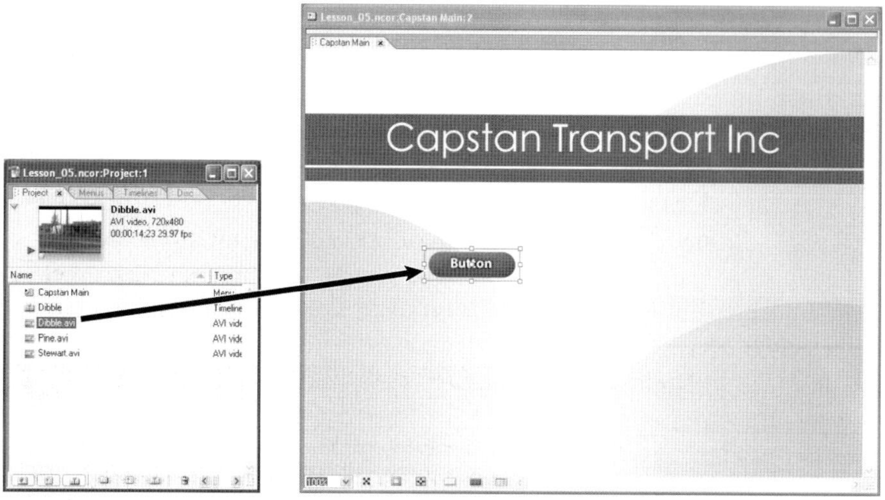

Figura 5.9.

Cómo arrastrar un fichero de vídeo a la ventana del editor de menús para crear así un botón y una línea de tiempo asociados a ese vídeo.

4. Arrastre ahora los contenidos Pine.avi y Stewart.avi dentro de la ventana del editor de menús, como hizo con el otro vídeo, quedando ambos botones como se ve en la figura 5.10. Para seleccionar ambos, pulse la tecla **Control** mientras hace clic sobre cada uno, y suelte la tecla antes de arrastrarlos. Adobe Encore DVD realizará todas las tareas mencionadas antes para estos dos contenidos de vídeo. Se podría decir que el proyecto está casi acabado.
5. Guarde el proyecto.

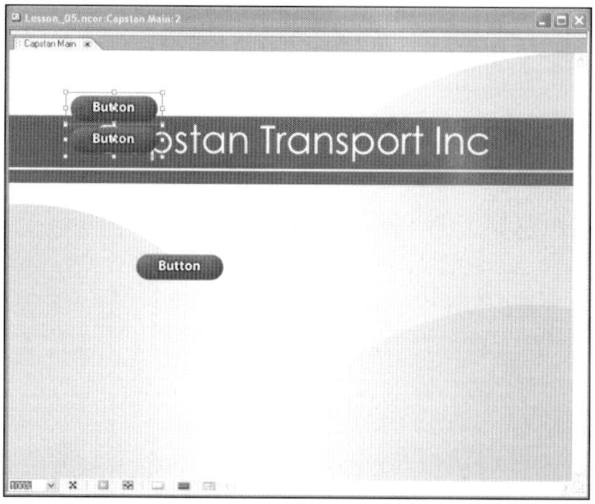

Figura 5.10.

Los botones predeterminados que se acaban de crear al arrastrar dos contenidos de vídeo al menú de la ventana del editor de menús.

Redimensionar y colocar los botones

Al arrastrar los contenidos de vídeo a la ventana del editor de menús, Adobe Encore DVD crea los botones donde los hayamos dejado durante el arrastre, por lo que deberá colocarlos exactamente donde desea realmente que estén.

Además, los botones son un poco pequeños para este menú, por lo que habrá que redimensionarlos:

1. Con la herramienta de selección, haga lo propio con los tres botones de la ventana del editor de menús (puede que ya estén

seleccionados). Utilice la tecla **Mayús** para seleccionarlos.

2. Lleve el puntero del ratón a la esquina inferior derecha de uno de los botones. Verá cómo el icono del puntero se convierte en una doble flecha diagonal ().

3. Presione la tecla **Mayús** y, sin soltarla, haga clic y arrastre la esquina alejándose del centro, y verá cómo se agrandan los botones, como muestra la figura 5.11. Cambiando el tamaño de los botones a la vez nos aseguramos de que todos los botones tendrán el mismo tamaño. Ahora los cambiaremos de posición.

> **Nota:** El hecho de pulsar la tecla **Mayús** durante el redimensionamiento es para que se conserven las proporciones (de ancho por alto) de los botones.

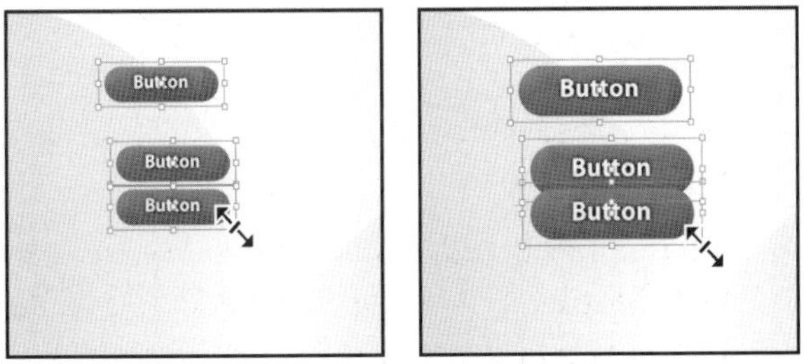

Figura 5.11.

Redimensionamiento de los botones arrastrando una de sus esquinas.

4. Haga clic en el botón **Show Safe Area** de la parte inferior de la ventana del editor de menús, para así ver las líneas guías de seguridad. Cualquier cosa que esté dentro de las guías se podrá ver en cualquier pantalla de televisión, pero no se asegura la visualización de lo que está fuera de las guías.

5. Arrastre cada uno de los botones al lado derecho del menú, siempre dentro del área de seguridad, como muestra la figura 5.12. No importa el orden en el que estén colocados los botones.

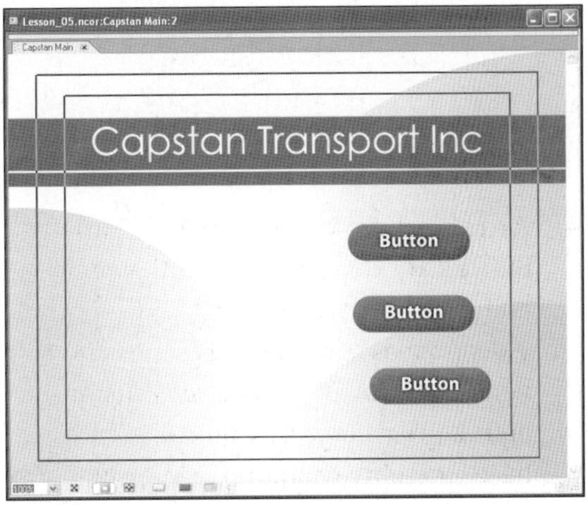

Figura 5.12.

Los botones están situados ahora en la parte derecha del menú, dentro del área de seguridad.

6. Como los botones están colocados sin ningún tipo de alineación, seleccione los tres de nuevo y después vaya a la opción de menú Object>Align>Left. De esta forma verá cómo se alinean los botones al lado izquierdo del primero que ha seleccionado.

7. Con los botones aún seleccionados, elija la opción Object>Distribute>Vertically para hacer que el espacio de separación vertical de los botones sea el mismo, como puede apreciarse en la figura 5.13.

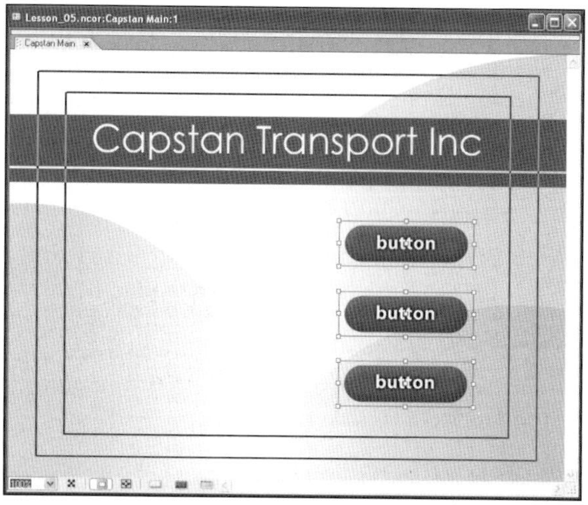

Figura 5.13.

Los botones del menú ya colocados, alineados y bien distribuidos.

8. Guarde el proyecto.

Creación de botones redimensionables

Los botones que se han utilizado en este proyecto conservan la nitidez cuando cambian de tamaño. Esto es debido a que han sido creados con máscaras de vectores, estilos de capa y capas de texto en Adobe Photoshop. Una máscara de vectores crea una forma de bordes afilados en una capa y es útil cuando quiera añadir un elemento de diseño con unos bordes limpios y bien definidos. Como con otros objetos de vectores, las máscaras de vectores pueden escalarse a cualquier tamaño sin perder su nítida apariencia. Para aprender cómo crear máscaras de vectores y otras técnicas en Photoshop, vea la guía de usuario de Adobe Photoshop.

Editar el texto de los botones

Ahora mismo, el texto de cada botón es Button (botón). Para cambiar dicho texto en cada botón, algo que tenga que ver con la línea de tiempo a la que hace referencia, haga lo siguiente:

1. Abra la ficha de propiedades, si aún no está abierta.
2. Seleccione el botón superior del menú en la ventana del editor de menús con la herramienta de selección.
3. Advierta cómo la línea de tiempo que se muestra en el cuadro Link ya está asignada. (Véase la figura 5.14.)

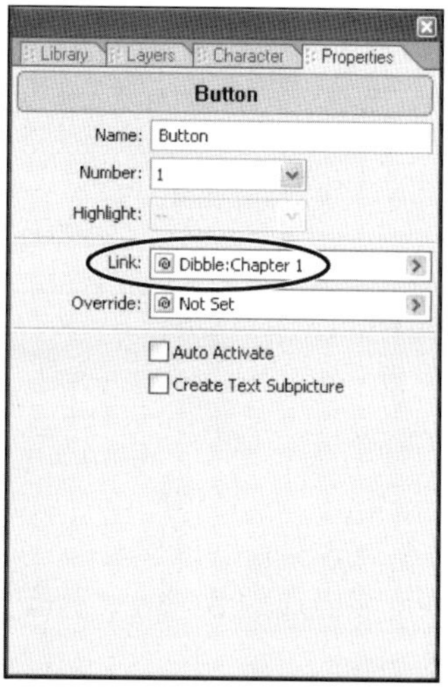

Figura 5.14.

Detalle del valor del cuadro Link de la ficha de propiedades, con la línea de tiempo creada automáticamente para uno de los vídeos.

4. Con la herramienta de texto, seleccione la palabra Button en el primer botón y

escriba el nombre de la calle que se muestra en el cuadro Link de la ficha Properties, en este caso, Dibble St. Así se verá el botón como en la figura 5.15, con el texto Dibble St. (calle Dibble). Si sus botones están ordenados de distinta manera, el primer botón del menú se vinculará con otra línea de tiempo diferente. Nombre ahora al botón siempre con su correspondiente línea de tiempo vinculada.

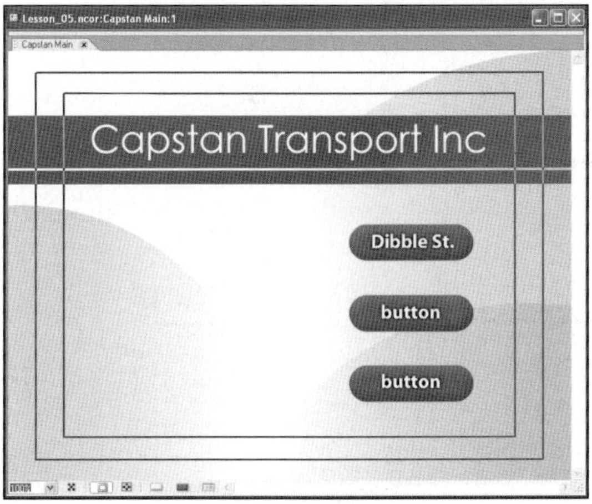

Figura 5.15.

El primer botón con un nuevo texto.

5. Si es necesario, utilice la herramienta de selección directa para seleccionar sólo el bloque de texto del botón y recolocarlo para centrarlo en el interior del botón.

6. Repita los pasos del 2 al 5 para los otros dos botones, nombrándolos como las líneas de tiempo vinculadas que aparecen en el cuadro Link de la ficha de propiedades. Así se verá algo parecido a lo que muestra la figura 5.16.

7. Guarde el proyecto.

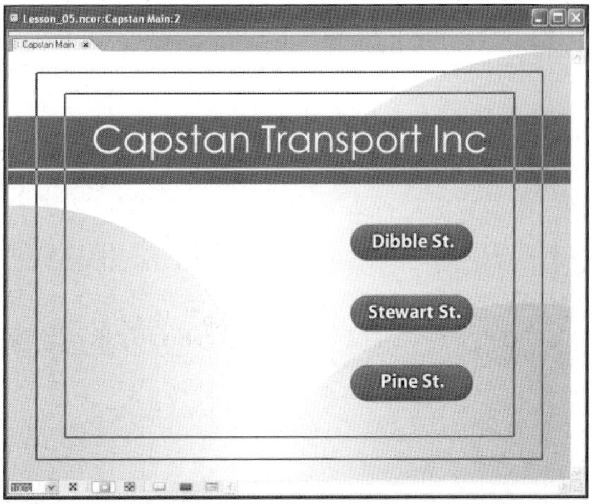

Figura 5.16.

Todos los botones del menú con los nombres que identifican a las líneas de tiempo donde están vinculados.

Añadir un título al menú

El menú contiene el nombre de la compañía, pero no un título. Vamos a ver los pasos necesarios para crear un título de menú para ayudar al usuario a entender los contenidos del DVD:

1. Haga clic y arrastre la herramienta de texto en la parte izquierda del menú, para así crear un rectángulo entre el área de seguridad y los botones.

2. Abra la ficha Characters y elija la fuente Myriad Pro, el estilo Bold, el tamaño 36 y el color negro (con la casilla de verificación NTSC Colors Only activada en el cuadro de diálogo de elección de color). Haga clic en el botón **Align Left**.

3. Escriba la frase **Potential Sites for the Proposed Distribution Center** (lugares

potenciales para el Centro de Distribución propuesto), tal y como se ve en la figura 5.17.

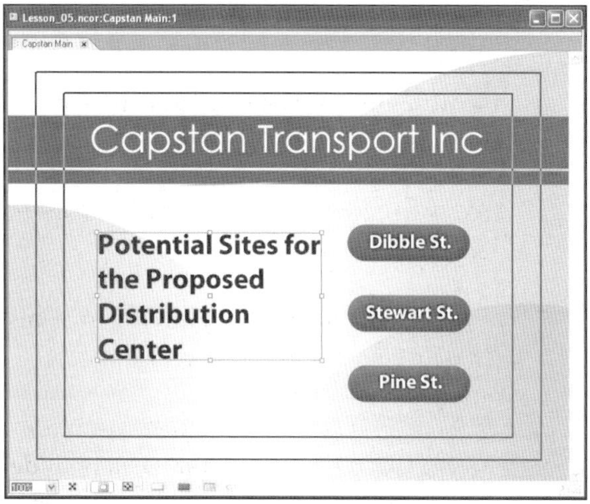

Figura 5.17.

Título del menú escrito en un área de texto.

4. Utilice la herramienta de selección para situar el bloque de texto que acaba de crear.

5. Guarde el proyecto.

Vista preliminar del proyecto

Ahora ya puede previsualizar el proyecto en cualquier escenario, aunque es particularmente importante hacerlo antes de grabar el disco. Los pasos son:

1. Elija la opción del menú File>Preview para abrir la ventana de vista preliminar del proyecto.

2. Haga clic en cualquier botón para reproducir el vídeo correspondiente. Debería verse la línea de tiempo y después volver de nuevo al menú.

3. Haga clic en los botones **Remote Control Title Button** y **Remote Control Menu Button** mientras se están reproduciendo las líneas de tiempo.

4. Cuando haya comprobado todo, cierre la ventana de vista preliminar del proyecto.

Añadir ficheros de datos al disco

Se puede añadir una carpeta de ficheros de datos al disco, aparte del contenido que haya configurado en Adobe Encore DVD. Para este proyecto, va a incluir un fichero PDF (de Adobe) con un mapa que muestra la localización de cada uno de los sitios propuestos:

1. Haga clic en la pestaña Disc de la ventana de proyecto.

2. Haga de nuevo clic en el botón **Browse** de la sección DVD Content de la ficha Disc, vaya a la carpeta Lesson 05, seleccione la carpeta Map y haga clic en el botón **Aceptar**.

Nota: Los ficheros de datos que añada al DVD no serán accesibles a través de los menús o los botones del propio DVD. Para poder acceder a ellos, deberá ver el contenido del disco en el explorador de ficheros de Windows (Windows Explorer).

Grabar un CD

En lugar de grabar este proyecto en un DVD, lo haremos en un CD-ROM virgen. Los CD creados en Adobe Encore DVD sólo se pueden reproducir en unidades compatibles DVD, o unidades de CD-ROM de ordenador especiales. La capacidad típica de un CD es de 650 a 700 MB, significativamente inferior a un disco de DVD. Sin embargo, cuando vaya a distribuir pequeños proyectos, los cuales no están pensados para verse en una televisión, quizás prefiera escribir los ficheros de DVD dentro de un CD. La calidad será la misma que la de un DVD. Los pasos serán:

1. En la ficha Disc, seleccione el valor 650 MB o 700 MB de la lista desplegable con los tamaños de disco, dependiendo de la capacidad de nuestro CD virgen.

2. Haga clic en el botón **Build Project** y, si se nos pregunta si queremos guardar el proyecto, haga clic en el botón **Save and Continue** (guardar y continuar).

3. En el cuadro de diálogo Make DVD Disc, seleccione la opción Current Project de la lista desplegable Create Using. También debe elegir su grabadora.

4. Inserte un CD virgen en la grabadora y haga clic en el botón **Next**.

5. Haga clic en el botón **Build** (crear) del siguiente cuadro de diálogo si está de acuerdo con la información de resumen de la grabación.

La grabación del disco durará varios minutos, dependiendo de la grabadora y del tipo de ordenador que tengamos, así como del tamaño de la información.

Preguntas de repaso

1. Nombre dos formas de añadir un elemento a la biblioteca.

2. ¿Cómo puede establecer el menú predeterminado?

3. ¿Qué ocurre cuando arrastra un contenido de vídeo dentro de la ventana del editor de menús?

4. ¿Cómo puede asegurar que el cambio de tamaño de los botones del menú es consistente para todos por igual?

5. ¿Cómo puede alinear los botones unos con otros?

Respuestas del repaso

1. Puede arrastrar el contenido de la ventana de proyecto hacia la ficha Library, o bien, hacer clic en el botón **Add Item** de esta última ficha y después seleccionar el fichero que quiere añadir.

2. Haga clic con el botón derecho del ratón en el menú, dentro de la ficha Library, y elija la opción Set as Default Menu del menú contextual.

3. Adobe Encore DVD realiza diversas tareas cuando arrastra un contenido de vídeo dentro de la ventana del editor de menús:

- Se crea una línea de tiempo para el contenido de vídeo.
- Se crea un nuevo botón utilizando el botón por defecto de la biblioteca.
- Dicho botón se vincula con la línea de tiempo anterior.
- El campo End Action de la línea de tiempo se establece para que retorne de nuevo al menú.
- Lo mismo ocurre con el campo Menu Remote.

4. Seleccione los botones que quiere cambiar de tamaño, entonces haga clic y arrastre una de las esquinas, con lo que todos los botones se redimensionarán a la vez.
5. Seleccione los botones que quiere alinear y elija una de las opción de menú en Object>Align, según qué lado quiere que sea el de referencia para alinear los objetos. El lado por el que se alinea corresponde al del primer botón que se ha seleccionado.

Capítulo 6

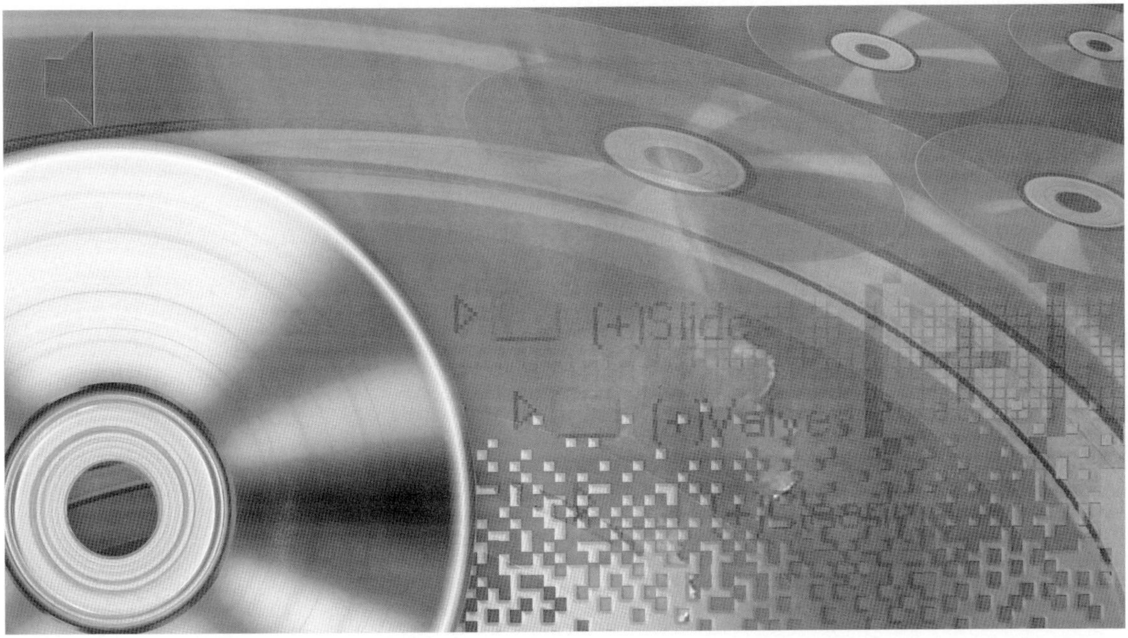

Invalidar las acciones predeterminadas

Cada línea de tiempo tiene una acción final asignada por defecto. Para una mayor flexibilidad, Adobe Encore DVD le permite anular esa acción predeterminada cuando se accede a la línea de tiempo desde diferentes caminos.

En este capítulo conseguirá crear un DVD con tres clips de vídeo, los cuales podrán verse en secuencia o individualmente. Utilizará dos menús vinculados para conseguir la navegación. Aprenderá, entonces, a realizar las siguientes tareas:

- Trabajar con menús múltiples.
- Establecer las acciones finales para que las líneas de tiempo se reproduzcan en secuencia.
- Vincular los menús unos con otros.
- Utilizar el látigo para crear vínculos visualmente.
- Usar la característica de invalidación para proporcionar una alternativa a los comportamientos de la acción final.
- Usar la ficha Menus de la ventana de proyecto.
- Crear una carpeta de DVD.

Antes de empezar

En los capítulos anteriores, ha vinculado menús a líneas de tiempo, ha establecido acciones finales para determinar qué ocurrirá cuando se termine de reproducir una línea de tiempo y ha especificado una acción para la primera reproducción. Muchos proyectos de DVD incluyen menús múltiples que vinculan a las mismas líneas de tiempo, aunque no es muy deseable este comportamiento. Adobe Encore DVD le permite especificar nuevas acciones que anulen a las predeterminadas, si éstas no son apropiadas.

En este capítulo va a crear un proyecto de DVD algo más complejo, por lo que también usará diversos ficheros gráficos y de vídeo que se encuentran en el DVD que viene junto con este libro, en particular, los del capítulo 6. Si necesita ayuda, vaya a la sección Copia de archivos, en las primeras páginas.

Vistazo al proyecto finalizado

Para comprobar lo que va a realizar en este capítulo, siga estos pasos:

1. Inicie Adobe Encore DVD.
2. Elija luego la opción de menú File>Open Project.
3. Vaya a la carpeta Lesson 06 en el cuadro de diálogo Open, seleccione el archivo

Lesson_06_end.ncor y haga clic en el botón **Abrir**.

4. Seleccione la opción File>Preview y verá cómo se abre la ventana de vista preliminar del proyecto. En ella se muestra un menú de DVD con dos botones, el primero de ellos resaltado, como aparece en la figura 6.1.

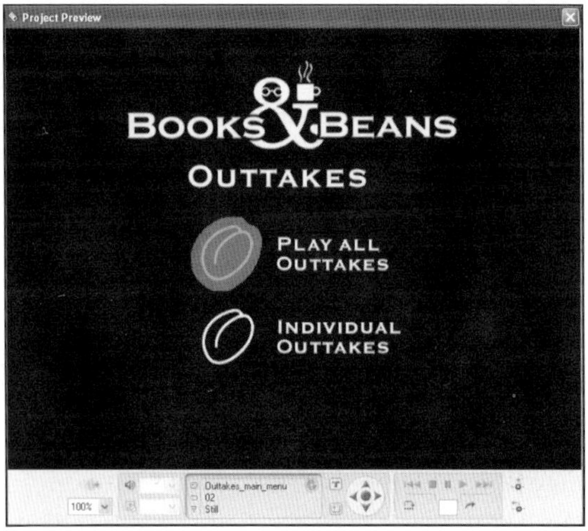

Figura 6.1.

Ventana de vista preliminar del proyecto con un menú principal con dos botones.

5. Haga clic en el primer botón, **Play All Outtakes**. Así verá tres vídeos que se reproducen secuencialmente, es decir, una vez acabado cada vídeo, se reproduce el siguiente. Eso sí, cuando finaliza el tercer vídeo, se vuelve al menú principal.

6. Haga ahora clic en el botón **Individual Outtakes** y aparecerá un nuevo menú llamado Individual Outtakes, como muestra la figura 6.2, el cual contiene tres nuevos botones con nombres, y un botón **Back** para volver.

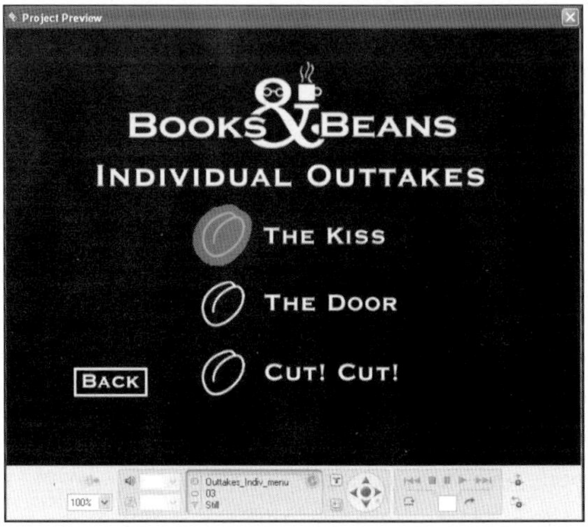

Figura 6.2.

Nuevo menú (submenú) llamado Individual Outtakes, con varios botones más para ver las líneas de tiempo por separado.

7. Haga clic en cada uno de los tres botones con nombre para reproducir su correspondiente línea de tiempo individual. Después de cada reproducción se volverá al menú Individual Outtakes.

8. Haga clic en el botón **Back** para volver al menú principal.

9. Cierre la ventana de vista preliminar del proyecto, así como la ventana del proyecto Lesson_06_end.

Acerca de las invalidaciones

Una acción final determina lo que ocurrirá cuando finaliza la reproducción de una línea de tiempo o de un menú en movimiento. Además, sólo puede establecer una acción final para cada línea de tiempo o menú, aunque lo deseable sería que estos elementos tuvieran un comportamiento distinto dependiendo del lugar desde el que se ha accedido. Por ejemplo, en este capítulo queremos que se reproduzcan los tres vídeos en una secuencia cuando se hace clic en el botón **Play All Outtakes**, por lo que establecemos la acción final de cada línea de tiempo para que se reproduzca la siguiente. Sin embargo, queremos que se vea sólo un vídeo cada vez, cuando se selecciona una escena desde el menú Individual Outtakes. Para hacer esto posible, estableceremos un nuevo valor para cada línea de tiempo, invalidando el original. Cuando se selecciona un botón del menú Individual Outtakes, Adobe Encore DVD hace caso al valor sobrescrito y no a la acción final por defecto invalidada para la línea de tiempo.

Trabajar con menús múltiples

Este proyecto DVD incluye dos menús y tres líneas de tiempo de vídeo. Para empezar dicho proyecto tendrá que definir las acciones finales para esas líneas de tiempo, para que se reproduzcan secuencialmente:

1. Vaya a la opción File>New Project del menú y haga clic en el botón **OK** para aceptar el estándar NTSC americano de televisión. Así se abrirá la ventana de proyecto, con lo que ahora se importarán los menús.

2. Haga clic con el botón derecho en la ventana de proyecto y elija la opción Import as Menú del menú contextual. Vaya hasta la carpeta Lesson 06, seleccione los ficheros Outtakes_main.psd y Outtakes_Indiv.psd (con la tecla **Control** pulsada) y haga clic sobre el botón **Abrir**.

   Estos ficheros han sido creados en Adobe Photoshop utilizando capas con una nomenclatura acorde al programa Adobe Encore DVD. Éste, a su vez, convierte automáticamente los ficheros en menús, y las capas en botones y subimágenes, según corresponda.

   Cuando vaya a importar un menú dentro de la ventana de proyecto, Adobe Encore DVD abre la ventana del editor de menús y muestra el contenido del mismo. Si lo que va a importar son dos menús, ambos se abrirán en la ventana del editor de menús y Adobe Encore DVD mostrará una pestaña de ficha para cada uno. Por lo tanto, puede tener varios menús abiertos a la vez para trabajar con ellos en la ventana del editor de menús.

3. Haga clic en la pestaña Outtakes_main de la ventana del editor de menús para ver el menú principal, como aparece en la figura 6.3. Dicho menú contiene dos botones. El primero, llamado **Play All Outtakes** reproducirá las tres líneas de tiempo en secuencia, y el otro botón, **Individual Outtakes**, está vinculado con el menú Outtakes_Indiv.

4. Haga clic en la pestaña Outtakes_Indiv de la ventana del editor de menús, y así verá el segundo menú, como se puede observar en la figura 6.4. Éste contiene cuatro botones: los tres primeros se vinculan con las tres líneas de tiempo individuales y el último hace que se vuelva de nuevo al menú principal.

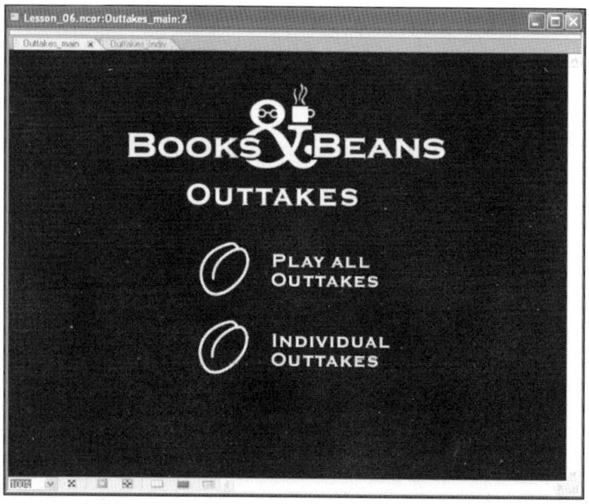

Figura 6.3.

Menú principal del proyecto en la ventana del editor de menús.

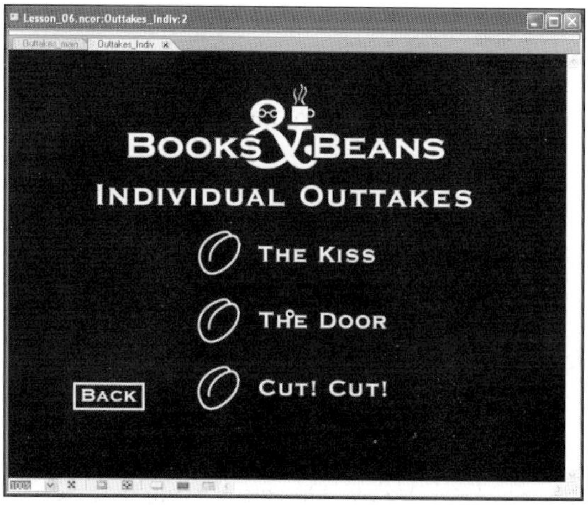

Figura 6.4.

Submenú del proyecto en la ventana del editor de menús.

5. Debe asegurarse de que, en la ventana de proyecto, el menú Outtakes_main tiene la propiedad First Play (primera reproducción). Esto se comprueba porque aparecerá un pequeño triángulo negro junto al nombre del elemento con dicha propiedad, dentro de la ventana del proyecto. Si esto no es así para el menú Outtakes_main, haga clic con el botón derecho del ratón sobre dicho elemento y elija la opción Set as First Play del menú contextual.

6. Elija la opción File>Save As y guarde el proyecto con el nombre Lesson_06.ncor.

Establecer las acciones finales predeterminadas

Ahora vamos a establecer las acciones finales por defecto de cada línea de tiempo. Ya sabe que la acción final determina lo que ocurrirá cuando se acabe la línea de tiempo, siempre que no se haya especificado un nuevo valor que lo anule. Los pasos a seguir son:

1. Haga clic con el botón derecho del ratón en la ventana del proyecto y seleccione la opción Import as Asset del menú contextual. Después, vaya hasta la carpeta Lesson 06, seleccione los ficheros Cut.avi, Door.avi y Kiss.avi y haga clic en el botón **Abrir**.

Truco: Puede previsualizar el contenido de un vídeo en la misma ventana de proyecto. Cuando seleccione un fichero del vídeo aparecerá una pequeña diapositiva del mismo en la parte superior de la ventana. Haga clic en el botón de reproducción (**play**) que hay al lado de la diapositiva para poder reproducir el vídeo.

2. Dentro de la ventana de proyecto, seleccione los tres ficheros de vídeo AVI que acaba de importar y haga clic en el botón **Create a New Timeline** de la parte inferior. Así se abrirá la ventana de línea de tiempo, con tres pestañas correspondientes a cada fichero de vídeo, como muestra la figura 6.5. Adobe Encore DVD ha asignado a cada vídeo su propia línea de tiempo y le ha llamado como su nombre de fichero. También se abrirá la ventana Monitor.

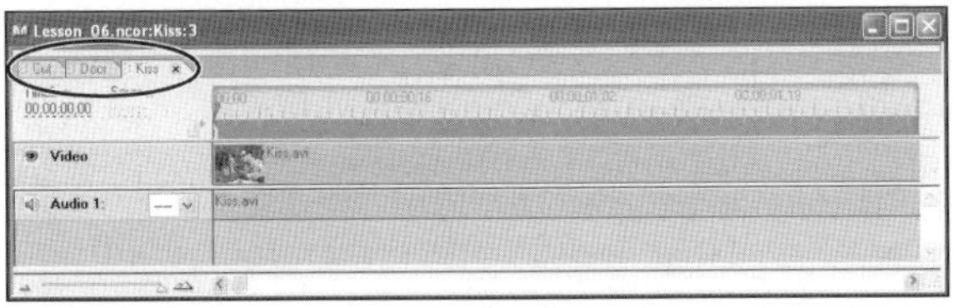

Figura 6.5.

Ventana de línea de tiempo con el detalle de las tres fichas correspondientes a las tres líneas de tiempo de tres ficheros de vídeo.

3. Seleccione la línea de tiempo Kiss de la ventana del proyecto. Véase la figura 6.6.

> **Nota:** Debe asegurarse de que ha seleccionado la línea de tiempo y no el fichero AVI.

4. Elija la opción de menú Window> Properties para abrir la ficha de propiedades, si es que no estaba ya abierta. Así se verán las características de la línea de tiempo Kiss.

5. Elija el valor Door>Chapter 1 del menú contextual del cuadro End Action. Por defecto, cuando finalice la línea de tiempo Kiss, se reproducirá entonces la línea de tiempo Door.

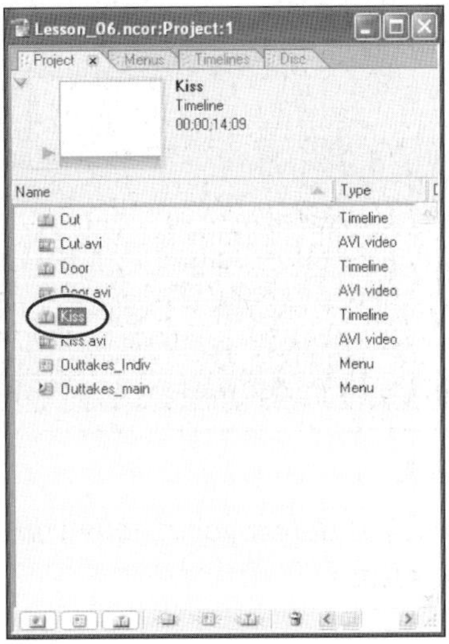

Figura 6.6.

Ventana del proyecto con el detalle de la selección de la línea de tiempo Kiss.

6. Seleccione la línea de tiempo Door en la ventana del proyecto. Así conseguirá ver las propiedades de dicha línea de tiempo en la ficha Properties.

7. En dicha ficha, seleccione el valor Cut> Chapter 1 del menú contextual del cuadro End Action. De esta forma, por defecto, cuando la línea de tiempo Door finalice, se reproducirá su hermana Cut.

8. Para acabar, seleccione la línea de tiempo Cut en la ventana del proyecto. Después, en la ficha de propiedades, seleccione el valor Outtakes_main>Default del menú contextual del cuadro End Action. Por defecto, cuando la línea de tiempo Cut finalice, aparecerá entonces el menú Outtakes_main con el botón **Play All Outtakes** seleccionado.

Establecer vínculos para el menú principal

Adobe Encore DVD reconoce como capas los botones en los ficheros de Photoshop que ha importado, pero dichos botones no se vinculan con nada todavía. Para vincular los botones del menú principal:

1. Haga clic en la pestaña Outtakes_main de la ventana del editor de menús.

2. Usando la herramienta de Selección, haga clic con el botón derecho del ratón en el botón **Play All Outtakes** en la ventana del editor de menús, y seleccione la opción Lint To del menú contextual, como se puede apreciar en la figura 6.7. Así aparecerá el cuadro de diálogo Specify Link (indicar el vínculo).

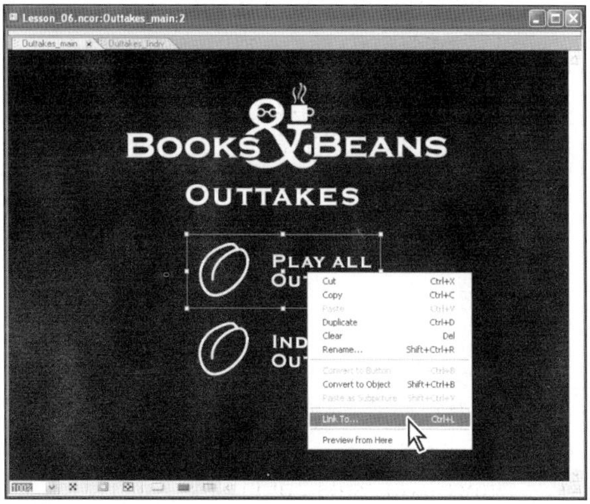

Figura 6.7.

Menú contextual al hacer clic con el botón derecho sobre un botón del menú, en la ventana del editor de menús.

3. Seleccione la opción Kiss y haga clic en el botón **OK**. Sólo necesita vincular ese botón a la línea de tiempo Kiss. La acción final que estableció en la anterior sección asegura que, cuando Kiss finalice, se reproducirá la línea de tiempo Door, y cuando ésta finalice, se reproducirá entonces Cut. Advierta que el cuadro Target del cuadro de diálogo Specify Link tiene el valor Kiss:Chapter 1. Como la línea de tiempo Kiss sólo tiene un capítulo, seleccionándola lo hará también el primer capítulo. Si una línea de tiempo tiene varios capítulos, haga clic en la flecha (en forma de triángulo) a la izquierda del nombre, como se puede ver en la figura 6.8 para mostrarlos todos, y así, seleccionar uno en particular.

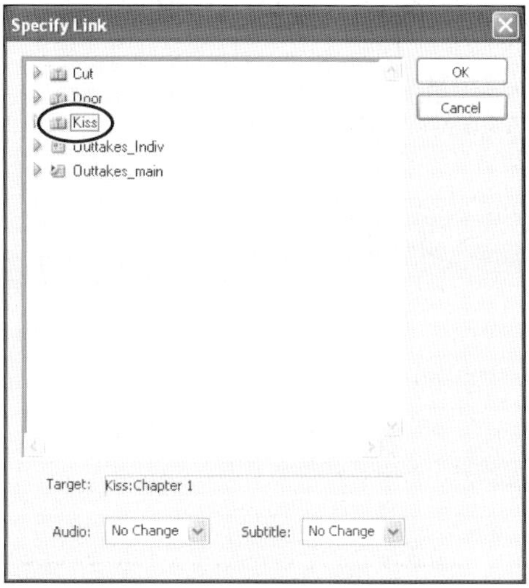

Figura 6.8.

Detalle de la línea de tiempo Kiss en el cuadro de diálogo Specify Link.

4. Con la herramienta de selección, haga clic con el botón derecho en el botón **Individual Outtakes**, en la ventana del

editor de menús, y elija la opción Link To del menú contextual.

5. En el cuadro de diálogo Specify Link, haga clic en la flecha a la izquierda de Outtakes_Indiv. Seleccione **The Kiss** y haga clic en el botón **OK**.

   Igual que acaba de ver los capítulos de una línea de tiempo en el cuadro de diálogo Specify Link, también se pueden ver los botones de un menú, como se puede apreciar en la figura 6.9. Ya ha establecido el vínculo para el botón **Individual Outtakes**, por lo que, cuando se active, aparecerá entonces el menú Outtakes_Indiv, con el botón **The Kiss** resaltado.

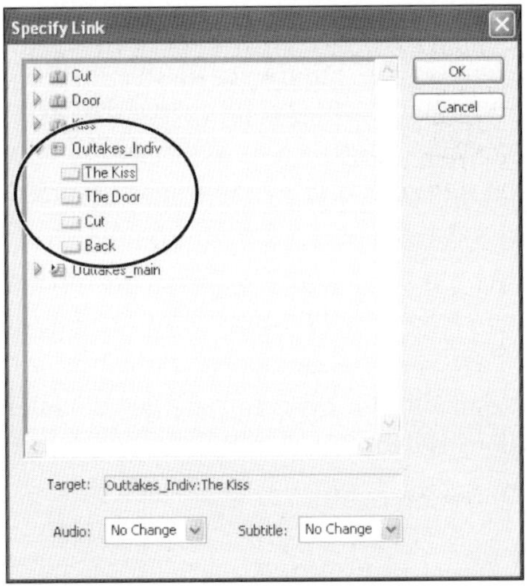

Figura 6.9.

Detalle de los botones de un menú en el cuadro de diálogo Specify Link.

6. Guarde el proyecto.

Previsualizar los vínculos

Se puede observar la vista preliminar de un proyecto sin acabar aún. Como todavía no ha establecido todos los vínculos y comportamientos del proyecto, será mejor que compruebe los vínculos del menú Outtakes_main antes de mover los botones a los vínculos en el siguiente menú.

> **Nota:** La característica de previsualización sólo funcionará si se ha establecido la característica First Play (primera visualización) a un menú o línea de tiempo.

Los pasos para esta comprobación en la vista preliminar son:

1. Seleccione la opción de menú File> Preview.

2. Haga clic en el botón **Play All Outtakes**. Lo que verá es la reproducción de las tres escenas en una misma secuencia. Después, el menú Outtakes_main reaparecerá con el primer botón seleccionado.

3. Haga clic ahora en el botón **Individual Outtakes** y entonces aparecerá el menú Outtakes_Indiv. Como aún no se han vinculado estos botones, al hacer clic sobre ellos no pasará absolutamente nada.

4. Cierre la ventana de vista preliminar del proyecto.

Utilizar el látigo

Hace tiempo que vimos dos maneras distintas de crear los vínculos para los botones de los menús y líneas de tiempo: eligiendo un destino desde el cuadro de diálogo Specify Link (indicar vínculo) o desde el menú contextual del cuadro Link de la pestaña Properties. Adobe Encore DVD también ofrece un método más visual para crear los enlaces: el látigo. Si ha utilizado esta funcionalidad en Adobe GoLive o Adobe After Effect, le será familiar también en Adobe Encore DVD.

Empezará vinculando el botón **Back** al menú Outtakes_main:

1. Haga clic en la pestaña Outtakes_Indiv de la ventana del editor de menús. Si dicha pestaña no está disponible, haga entonces doble clic en el menú con su mismo nombre, dentro de la ventana del proyecto.

2. Seleccione el botón **Back** de la ventana del editor de menús, con la herramienta de selección. Asegúrese de que los atributos de dicho botón se muestran en la ventana de propiedades.

3. Agrande su ventana para que pueda ver al mismo tiempo la ficha Properties y la ventana del proyecto.

4. Haga clic en el icono de látigo ( ) situado en la parte izquierda del cuadro Link, como se detalla en la figura 6.10, y arrástrelo al menú Outtakes_main, en la ventana del proyecto. Suelte el botón sólo cuando aparezca una marca rectangular alrededor de dicho menú.

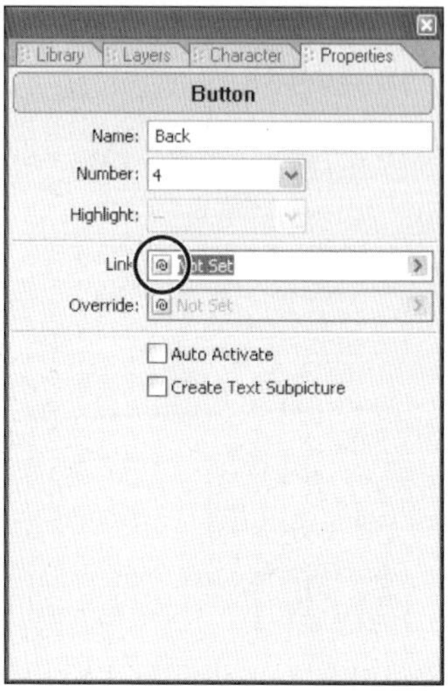

Figura 6.10.

Detalle de la localización del icono del látigo, en el cuadro Link de la ficha de propiedades.

Según va arrastrando el látigo verá cómo aparece una línea que sale del icono, y que intenta enlazar al mismo con la ventana de proyecto, como se puede ver en la figura 6.11. Cuando el puntero del ratón está sobre un menú o línea de tiempo de la ventana del proyecto, Adobe Encore DVD muestra un rectángulo alrededor del elemento, indicando la selección del mismo. Después de soltar el botón del ratón, la ficha de propiedades mostrará el vínculo que acaba de crear.

5. Guarde el proyecto.

Estableciendo las invalidaciones

Previamente ha establecido las acciones finales para las tres líneas de tiempo de vídeo que se van a reproducir en secuencia.

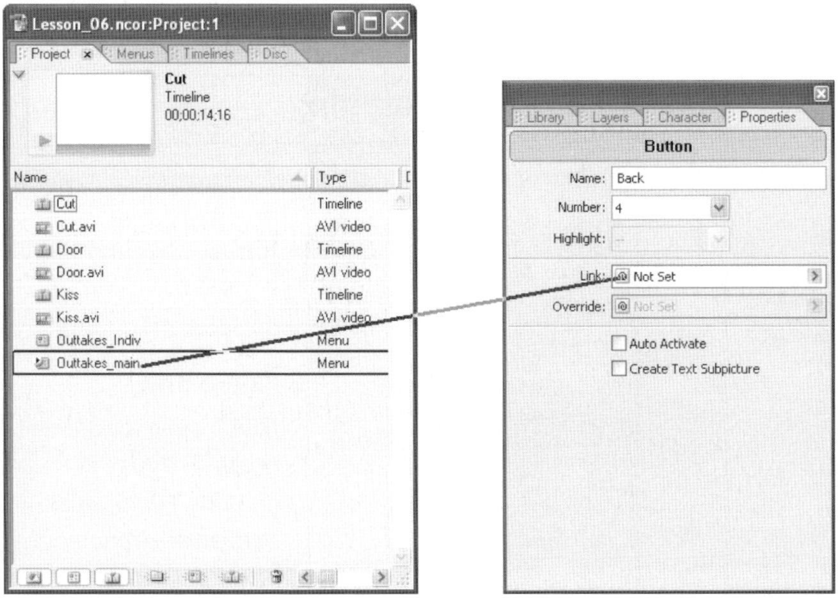

Figura 6.11.

Cómo se crea un vínculo arrastrando la herramienta del látigo de la ficha de propiedades hasta un elemento de la ventana de proyecto.

Sin embargo, cuando se activan los botones de este menú, queremos que se reproduzca cada línea de tiempo por separado, y retorne al menú Outtakes_Indiv. Por lo tanto, aprenderá a vincular los botones con las líneas de tiempo y especificará las anulaciones necesarias para las acciones finales, las cuales tienen valores diferentes a los de por defecto:

1. Use la herramienta de selección dentro de la ventana del editor de menús para seleccionar el botón **The Kiss**. Asegúrese de que se muestran sus atributos en la ficha de propiedades.

2. Agrande el área visible de su ventana para que pueda ver la ficha Properties y la ventana de proyecto al mismo tiempo.

3. Haga clic y arrastre el látigo del cuadro Link de la ficha de propiedades hasta la línea de tiempo Kiss, que se encuentra en la ventana del proyecto, como se ve en la figura 6.12. Suelte el botón del ratón cuando se encuentre seleccionada dicha línea de tiempo. Según va arrastrando el látigo, note cómo no se seleccionan los ficheros de vídeo AVI, pues sólo se pueden vincular los botones con las líneas de tiempo y los menús. Como la línea de tiempo Kiss tiene sólo un capítulo (marcado por defecto en el principio de la misma), será éste el que se seleccione de manera automática.

Entonces, cuando active el botón **The Kiss,** se reproducirá la línea de tiempo Kiss. Pero antes vimos que ya había establecido la acción final para la línea de tiempo Kiss, para que reproduzca la siguiente línea de tiempo, Door. Sin embargo, queremos una acción final distinta cuando activemos ese botón. Queremos que aparezca el menú Outtakes_Indiv justo después de acabar la reproducción de la línea de tiempo Kiss, por lo que necesitará crear una invalidación para establecer este comportamiento.

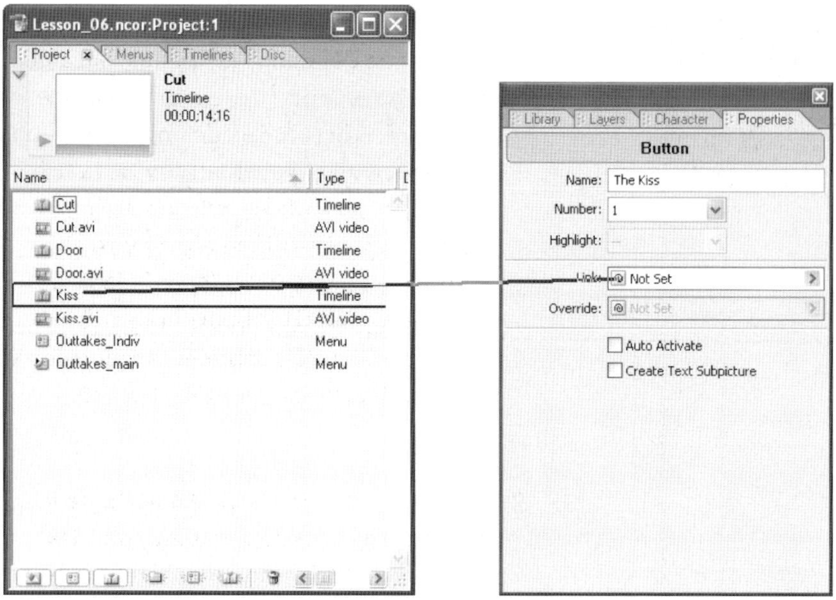

Figura 6.12.

Cómo se vincula el botón The Kiss con la línea de tiempo Kiss, mediante el icono del látigo del cuadro Link.

4. Haga clic y arrastre el látigo del cuadro Override hasta el menú Outtakes_Indiv de la ventana del proyecto. De esta forma, el cuadro Override mostratá el valor Outtakes_Indiv:Default. Cuando acabe la línea de tiempo aparecerá el menú Individual Outtakes, con el botón por defecto seleccionado.

   Sin embargo, para este proyecto queremos que el botón que se seleccione sea el de la siguiente escena. Por ejemplo, después de pulsar el botón **The Kiss**, se reproducirá la línea de tiempo Kiss y aparecerá de nuevo el botón **The Door** seleccionado cuando se vuelva al menú. Para solucionar este problema, necesitará revincular la invalidación para un botón específico del menú.

5. Seleccione la pestaña Menus de la ventana de proyecto, con lo que verá los dos menús en la ficha Menus, en la ventana del proyecto. (Véase la figura 6.13.)

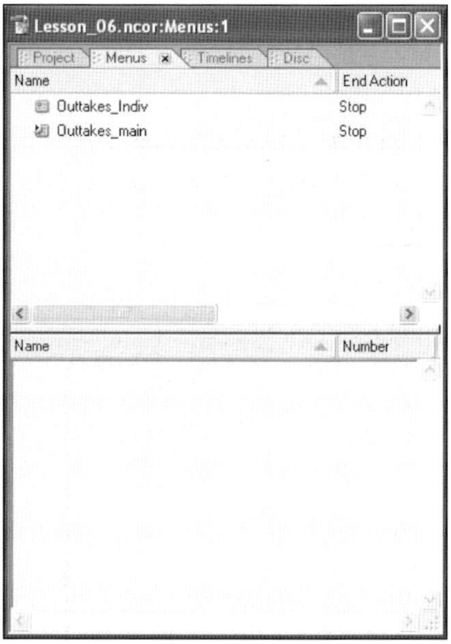

Figura 6.13.

Ficha Menús de la ventana de proyecto, con los dos menús del proyecto actual.

6. Seleccione el menú Outtakes_Indiv, con lo que aparecerán en el panel inferior

todos los botones asociados al mismo, como se puede ver en la figura 6.14.

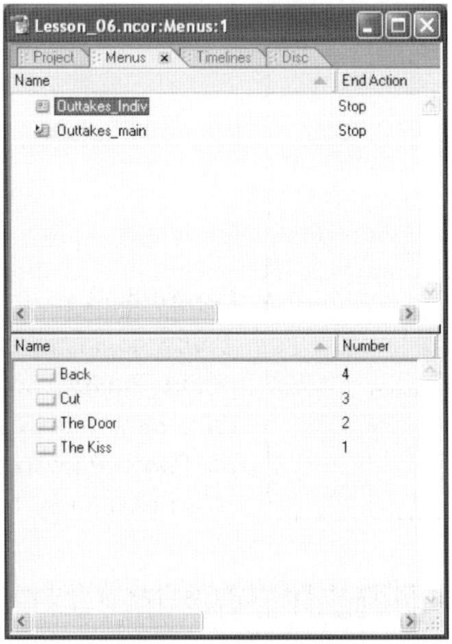

Figura 6.14.

Los botones del menú seleccionado aparecen en el panel inferior de la ventana.

7. Seleccione de nuevo el botón **The Kiss** de la ventana del editor de menús, haga clic y arrastre el látigo del cuadro Override de la ficha de propiedades hacia el botón **The Door**, en el panel inferior de la ficha Menus, tal y como se muestra en la figura 6.15. El valor de ese cuadro cambiará de Outtakes_Indiv:Default a Outtakes_Indiv:The Door. Luego ahora ya será capaz de establecer los vínculos y las invalidaciones para los otros dos menús.

8. Haga clic en la pestaña Timelines de la ventana del proyecto y aparecerán las tres líneas de tiempo del mismo, como se puede ver en la figura 6.16. Las fichas de la ventana del proyecto le ofrecen métodos adicionales para ordenar y organizar los contenidos de su proyecto.

9. Utilice la herramienta de selección en el menú del editor de menús para seleccionar el botón **The Door**. Debe asegurarse de que se muestran las propiedades del mismo en la ficha Properties.

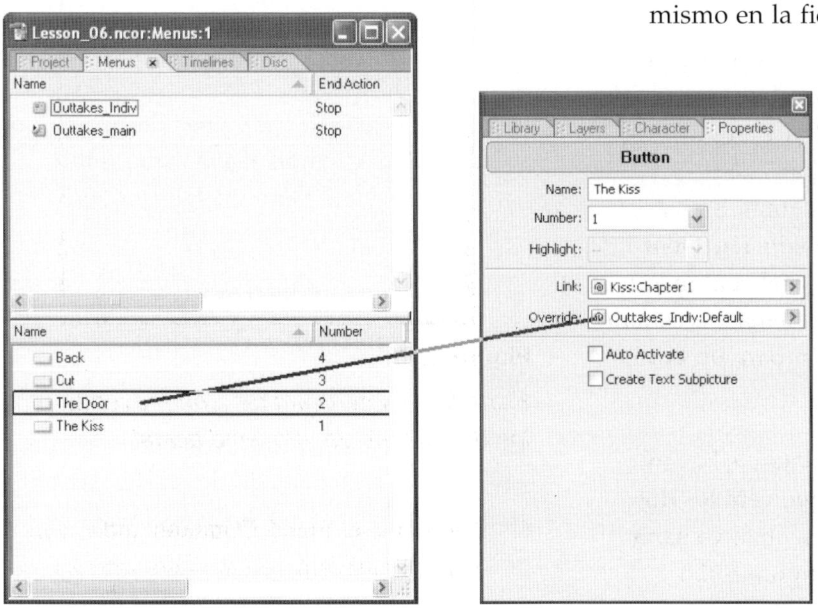

Figura 6.15.

Cómo se arrastra el látigo del cuadro Override de la ficha de propiedades hasta un botón en particular de un menú.

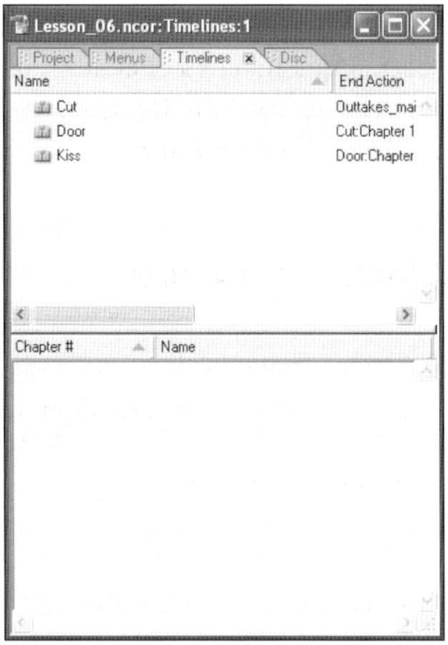

Figura 6.16.

Ficha Timelines de la ventana del proyecto, donde verá todas las líneas de tiempo.

10. Haga clic y arrastre el látigo del cuadro Link de la ficha de propiedades hasta la línea de tiempo Door de la ventana del proyecto.

11. Haga clic en la pestaña Menus de la ventana del proyecto y haga clic en el botón **The Door** de la ventana del editor de menús, para sí asegurarse de que mostramos los atributos del mismo en la ficha de propiedades. Haga clic y arrastre el látigo del cuadro Override al botón **Cut** de panel inferior de la ficha Menus.

12. Repita los pasos del 8 al 11 para vincular el botón **Cut** con la línea de tiempo con su mismo nombre, y establezca la invalidación para el botón **Back** del menú Outtakes_Indiv.

13. Guarde el proyecto.

Vista preliminar del proyecto

Antes de crear su DVD sebe asegurarse de que los vínculos y las invalidaciones funcionan como realmente queríamos. El proyecto debería verse como al principio de este capítulo, siguiendo estos pasos:

1. Seleccione la opción de menú File> Preview, con lo que verá que se abre la ventana de vista preliminar del proyecto, con el menú Outtakes_main y con dos botones (el primero seleccionado).

2. Haga clic en el botón **Play All Outtakes** y verá los tres vídeos consecutivos, es decir, cuando acabe cada vídeo, verá cómo se reproduce el siguiente, a excepción del último, que volverá al menú principal.

3. A continuación, haga clic en el botón **Individual Outtakes**. Verá cómo aparece ahora un nuevo menú llamado Individual Outtakes, con cuatro botones dentro de él.

4. Haga clic en cada uno de los botones para reproducir cada línea de tiempo por separado. Cuando acabe dicha reproducción, verá cómo vuelve al menú Outtakes_Indiv.

5. Haga clic en el botón **Back** y volverá al menú principal.

Cierre la ventana de vista preliminar del proyecto. Si su proyecto de DVD no se comporta como acabamos de describir, vuelva atrás y corrija los vínculos o las invalidaciones.

Creación de una carpeta de DVD

En capítulos anteriores ha grabado discos y ha creado una imagen de DVD, pero ahora creará una carpeta de DVD para este proyecto. De esta forma, Adobe Encore DVD construye una estructura de directorios de DVD en su disco duro, para que así pueda probar su calidad o lo reproduzca localmente en un ordenador personal. Podrá reproducir el programa utilizando un *software* de reproducción de DVD que soporte las carpetas DVD; el directorio se comporta como un disco, ofreciendo todas las posibilidades de navegación al completo.

> **Advertencia:** Muchos de los más populares reproductores multimedia no soportan las carpetas DVD.

Los pasos para la creación de una carpeta DVD son:

1. Elija la opción de menú File>Build DVD> Make DVD Folder.
2. En el siguiente cuadro de diálogo, indique una localización y un nombre para la carpeta, y después haga clic en el botón **Next**.

> **Advertencia:** Debe asegurarse de que tiene suficiente espacio libre en la unidad que especifique.

3. Revise la información del resumen de grabación que muestra el cuadro de diálogo Make DVD Folder: Summary y haga clic en el botón **Build**.

Preguntas de repaso

1. ¿Cuántas acciones finales puede especificar para una misma línea de tiempo?
2. ¿Cuándo necesitará aplicar una invalidación?
3. ¿Cómo establece una invalidación?
4. ¿De qué tres métodos dispone para vincular los botones con las líneas de tiempo y los menús?
5. ¿Cómo tiene que utilizar la funcionalidad del látigo?

Respuestas del repaso

1. Puede especificar sólo una acción final para cada línea de tiempo. Éste será el comportamiento predeterminado.
2. Necesitará aplicar una invalidación cuando quiera que una acción final de una línea de tiempo o menú sea diferente de la acción por defecto, dependiendo de qué método se ha utilizado para acceder a esa línea de tiempo o menú. Es decir, necesitará utilizar una invalidación cada vez que quiera que una línea de tiempo tenga diferentes acciones finales.

3. Para establecer una invalidación, seleccione el botón donde ésta aplica y utilice la función del látigo o el menú contextual del cuadro de diálogo Properties.

4. En este capítulo, y en los anteriores, ha vinculado botones con los siguientes métodos:

   - Hacer clic con el botón derecho del ratón en el botón dentro de la ventana del editor de menús, elegir la opción Lint To y seleccionar el destino para el vínculo.
   - Seleccionar el botón en la ventana del editor de menús y elegir el destino del vínculo en el cuadro Link de la ficha de propiedades.
   - Seleccionar el botón en la ventana del editor de menús y usar el látigo para seleccionar el destino del vínculo.

5. Para utilizar la función del látigo, haga clic en el icono del látigo en la ficha Properties y arrástrelo hasta el elemento que quiere seleccionar en la ventana de proyecto.

Capítulo 7

Creación de menús animados

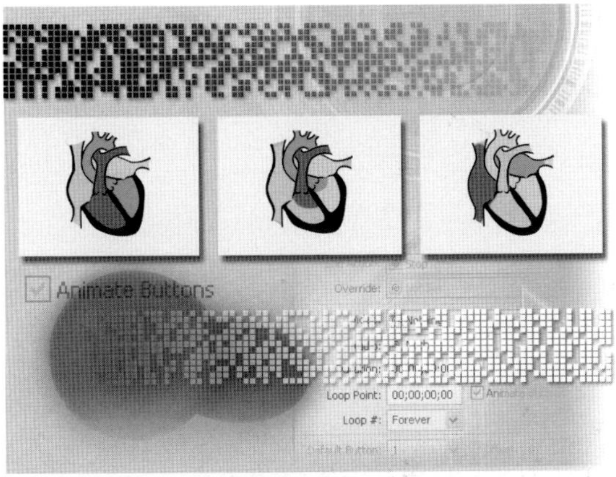

Ofrezca más incentivos a los usuarios, o simplemente añada algo de interés al proyecto, mediante el uso de clips de audio y vídeo en el fondo o en los botones de su menú. En Adobe Encore DVD también puede usar diapositivas de vídeo para los botones, y así conseguir que los usuarios vislumbren lo que verán si hacen clic sobre ellos.

En este capítulo creará un menú animado. Será un menú que contenga un fondo y unos botones animados, audio o una combinación de todos. Mientras trabaje en este proyecto, aprenderá a:

- Recortar un vídeo en la ventana de línea de tiempo.
- Utilizar diferentes métodos para mover el indicador de tiempo actual en la ventana de línea de tiempo.
- Añadir vídeo al fondo de un menú.
- Renderizar y ver una vista preliminar de los menús animados.
- Codificar un archivo de vídeo AVI desde la ventana del proyecto.
- Crear botones de diapositivas.
- Especificar fotogramas de carteles para los botones de diapositivas.
- Animar botones de diapositivas.

Empecemos

En anteriores capítulos ya ha creado menús para proyectos de DVD. Un menú animado, que incluye secuencias de vídeo o audio, puede ser más interesante para los espectadores, especialmente si dichas secuencias ofrecen un adelanto de lo que vendrá después. El audio puede ser la música, sonidos o, incluso, alguien hablando mientras se muestra un menú.

Puede crear botones que incluyan diapositivas de imágenes de los vídeos a los que vincularán, dando así más información al espectador sobre cada vídeo en particular.

En este capítulo creará un proyecto de Adobe Encore DVD que incluye menús en movimiento, utilizando los ficheros de imagen y vídeo que se incluyen en el DVD que se adjunta con el libro. Deberá saber dónde se encuentran exactamente, en particular será en la carpeta Lesson 7. Para más información, vaya a la sección Copia de archivos del principio del capítulo.

Ver el proyecto ya acabado

Para poder ver los menús animados que está a punto de crear, eche un vistazo al proyecto finalizado:

1. Inicie Adobe Encore DVD.
2. Elija luego la opción de menú File>Open Project.
3. En el cuadro de diálogo, vaya hasta la carpeta Lesson 07, seleccione el archivo Lesson_07_end.ncor y haga clic en el botón **Abrir**.
4. Seleccione File>Preview del menú y verá cómo se abre la ventana de vista preliminar del proyecto, como muestra la figura 7.1. Se verán dos botones y el primero de ellos estará seleccionado.

Nota: Si el fondo del menú no está en movimiento, elija la opción File>Render Motion Menus y seleccione la casilla de verificación Preview when complete.

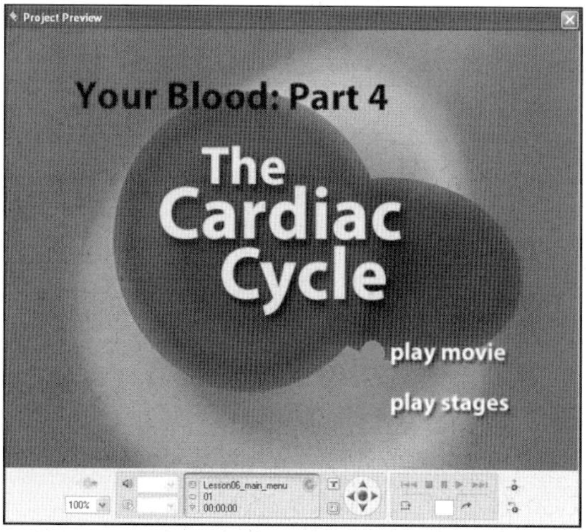

Figura 7.1.

Ventana de vista preliminar del proyecto de este capítulo finalizado.

5. Haga clic sobre el botón **play movie**. Podrá ver un vídeo con cuatro secciones y, cuando termine su reproducción, aparecerá de nuevo el menú inicial.
6. Haga clic en el botón **play stages** y aparecerá un segundo menú, como muestra la figura 7.2.

   Éste contiene cuatro botones con dispositivas animadas que representan las cuatro secciones del vídeo.

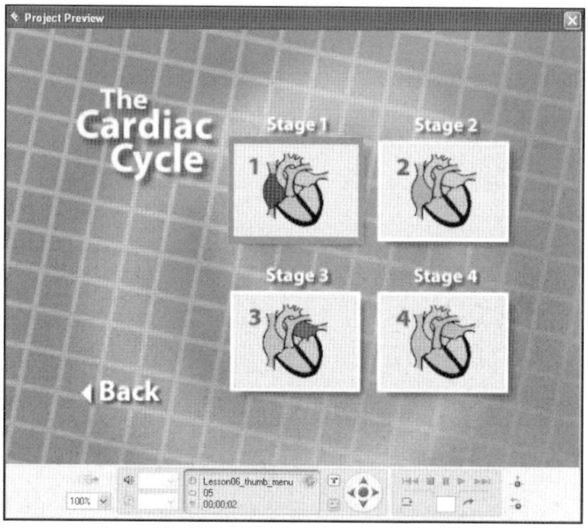

Figura 7.2.

*Submenú que aparecerá al hacer clic sobre el botón **play stages**.*

7. Haga clic en uno o dos botones para poder reproducir el vídeo desde el punto de la secuencia correspondiente.

   Después de cada reproducción se volverá a ver el mismo menú.

8. Cierre la ventana de vista preliminar del proyecto y después cierre la ventana Lesson_07_end.ncor:Project.

Ensamblado de los contenidos

Antes de crear su menú en movimiento, debería reunir los componentes de su proyecto de DVD, y crear una línea de tiempo para su fondo:

1. Elija del menú la opción File>New Project y haga clic en el botón **OK** para aceptar el estándar de televisión NTSC (americano).

2. Seleccione File>Import as Menu, vaya hasta la carpeta Lesson 07 e importe el archivo Cardiac_main.psd. Este archivo de menú, tal y como se aprecia en la figura 7.3, contiene numerosas capas y un conjunto de ellas para el fondo.

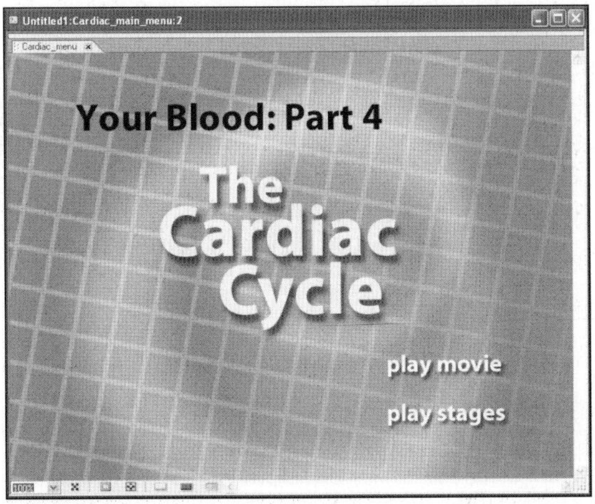

Figura 7.3.

Fichero Cardiac_main.psd en la ventana del proyecto.

3. Elija opción File>Import as Asset del menú, vaya a la carpeta Lesson 07, seleccione el archivo Cardiac_cycle.avi y haga clic en el botón **Abrir**.

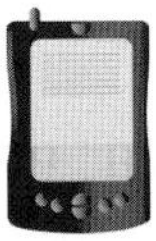

Nota: Si la opción de menú Import as Asset está desactivada, haga clic en la ventana del proyecto, para sí dejarla activada.

4. Seleccione el fichero Cardiac_cycle.avi en la ventana del proyecto.

5. Haga clic en el botón Create a New Timeline de la parte inferior de la misma ventana, con lo que se abrirá la ventana de la línea de tiempo, la cual tendrá activada la línea de tiempo Cardiac_cycle. También se abrirá la ventana Monitor, mostrando la misma línea de tiempo. Ambas podemos verlas en la figura 7.4.

6. Reproduzca el vídeo en la ventana Monitor. Advierta que hay cuatro partes distintas en la película. Al final de la misma, la imagen se desvanece en negro y se queda en dicho color durante dos segundos. Para evitarlo, deberá recortar el exceso de negro en la secuencia.

7. Mueva el indicador de tiempo actual a la marca 37:00. (Véase la figura 7.5.)

8. Dentro de la ventana de la línea de tiempo, coloque el puntero del ratón sobre la parte final de la pista de vídeo Cardiac_cycle.avi. Verá cómo el icono del puntero cambia a un corchete de cierre rojo con flecha de doble cara.

9. Haga clic y arrastre el final del clip hacia el indicador de tiempo actual en 37:00, como se ve en la figura 7.6, y así disminuirá su duración. Adobe Encore DVD cambiará el punto de salida del clip.

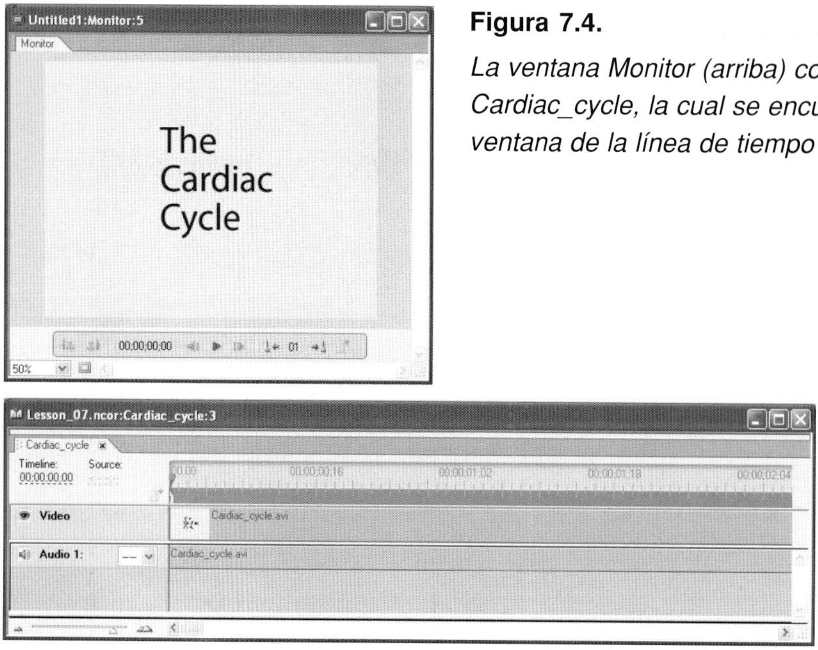

Figura 7.4.

La ventana Monitor (arriba) con la línea de tiempo Cardiac_cycle, la cual se encuentra también en la ventana de la línea de tiempo (abajo).

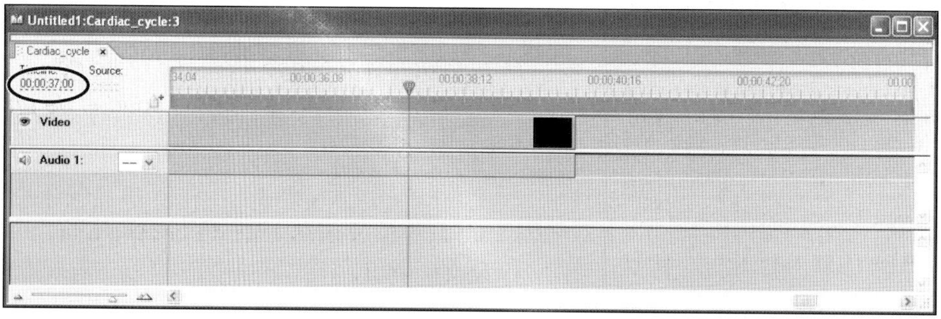

Figura 7.5.

Marca del momento actual con el valor 37:00.

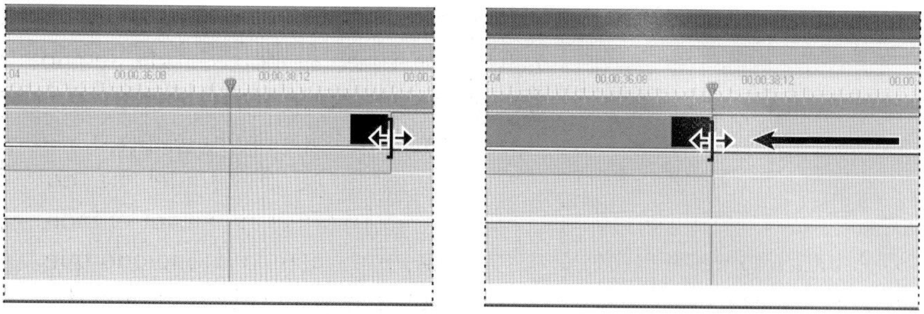

Figura 7.6.

Detalle de dónde hacer clic y cómo arrastrar el final del clip de vídeo, para conseguir acortarlo.

10. Haga clic en una zona vacía de la ventana de la línea de tiempo para deseleccionar el clip.

11. Guarde entonces el archivo con el nombre Lesson_07.ncor.

Crear y nombrar capítulos

Vamos ahora a crear un capítulo para cada una de las cuatro secciones de la película:

1. Mueva el indicador del momento actual hacia el primer fotograma de la línea de tiempo.

2. Seleccione el capítulo en la marca de tiempo 00:00. La marca del capítulo es un pequeño polígono con el número 1 dentro de él, como se puede ver en la figura 7.7, y estará rojo cuando esté seleccionado. Cada línea de tiempo tiene una marca de capítulo en el fotograma 00:00.

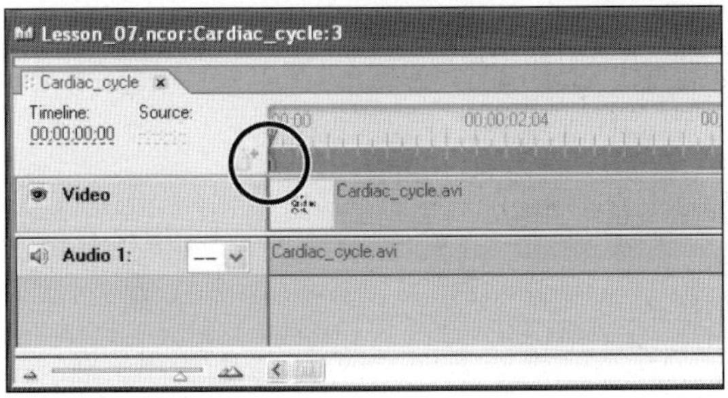

Figura 7.7.

Detalle del capítulo que hay en la marca de tiempo 00:00.

3. Seleccione la opción Window>Properties del menú para abrir la ficha con ese mismo nombre.

4. Escriba Stage 1 dentro del cuadro de texto Name (nombre), como se aprecia en la figura 7.8.

   Si nombramos los capítulos será más fácil su identificación cuando creemos los vínculos más tarde. Puede darle nombre a los capítulos para reflejar el contenido de cada uno en el vídeo.

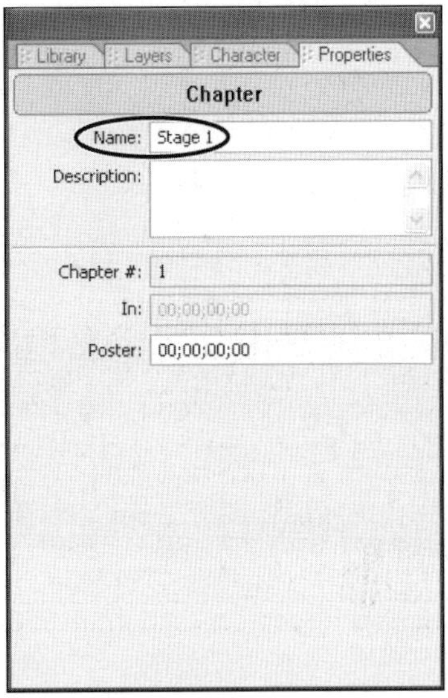

Figura 7.8.

Detalle del valor Stage 1 en el cuadro de texto Name de la ficha de propiedades de un capítulo.

5. Desplace el indicador de tiempo a la posición 11:21.

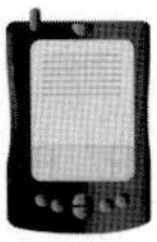

Nota: Existen diferentes maneras de mover el indicador de tiempo a diferentes puntos de la línea de tiempo. Podrá verlo un poco mejor un poco más adelante, en la nota Formas de mover el indicador de tiempo. El método que utilice dependerá de su flujo de trabajo y de la longitud del clip de vídeo que esté manejando.

Formas de mover el indicador de tiempo

Existen diferentes maneras de mover el indicador de tiempo del momento actual. El método que elijamos dependerá de nuestras preferencias y de cuán lejos necesite moverlo.

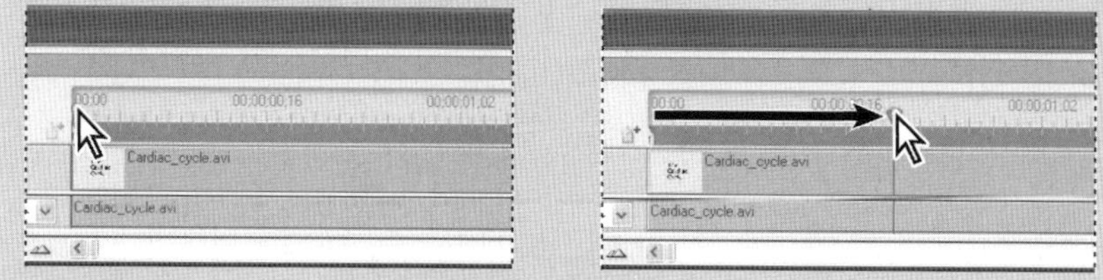

Arrastre el indicador de tiempo a la nueva localización. Esta opción es la mejor para desplazamientos cortos. Si no, también se puede utilizar el movimiento de scroll *de la misma línea de tiempo.*

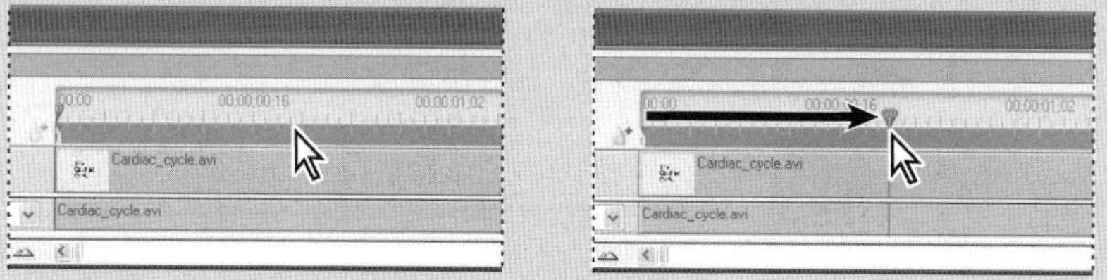

Haga clic en la línea de tiempo donde quiere que se sitúe el indicador. Así puede desplazarse rápidamente a través de la línea de tiempo a la nueva posición. Cuando haga clic sobre la línea de tiempo, el indicador de tiempo se moverá a ese mismo lugar.

Indique un valor numérico en el cuadro de texto Timeline. Haga clic en el valor de tiempo (se convertirá en un cuadro de texto) y escriba un nuevo valor de tiempo para el indicador. Al pulsar la tecla Intro se moverá el indicador a la localización exacta que se haya escrito.

Arrastre el valor de los cuadros Timeline o Source hacia la izquierda o hacia la derecha.

6. Haga clic en el botón **Add Chapter** (añadir capítulo) de la ventana de la línea de tiempo, como en la figura 7.9. Aparecerá así una marca de capítulo con el nombre 2 en la posición de tiempo 11:21. También puede crear un capítulo con tan sólo hacer clic con el botón derecho del ratón sobre el marcador del indicador de tiempo y eligiendo el valor Add Chapter Point del menú contextual.
7. Dentro de la ficha de propiedades, renombre ahora al capítulo con el valor Stage 2.
8. Intente crear los capítulos que faltan, llamados Stage 3 y Stage 4, en las posiciones de tiempo 19:05 y 26:16, respectivamente.
9. Guarde el proyecto.

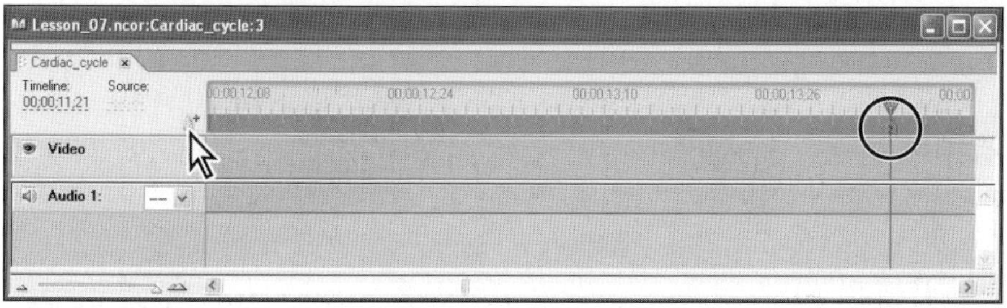

Figura 7.9.

Detalle de la posición de la marca de tiempo y de cómo se hace clic en el botón Add Chapter para crear un nuevo capítulo.

Nota: La escena de vídeo se divide en continuos *Groups of Pictures* (*GOP*, grupos de imágenes), los cuales tienen, normalmente, una longitud de 13 fotogramas. Cuando está trabajando con un fichero de vídeo MPEG-2, sólo puede establecer una marca de capítulo en el primer fotograma de un *GOP*, llamado *GOP header* (cabecera del *GOP*). Si intenta insertar una marca de capítulo en un fotograma diferente, Adobe Encore DVD lo creará en la cabecera del *GOP* que haya antes. Cuando trabaja con un fichero de vídeo AVI, como en este capítulo, no se aplican las mismas restricciones debido a que aún no se ha transcodificado el archivo. De todos modos, puede crear una marca de capítulo en el lugar que se le antoje, porque cuando realice el proceso de la transcodificación, Adobe Encore DVD automáticamente creará una cabecera de *GOP* en cada marca de capítulo que haya puesto. Para asegurar la conformidad y la mejor calidad del proceso, coloque las marcas de capítulo, al menos, a 15 fotogramas de distancia en los vídeos AVI.

Especificar una acción final y un vínculo para una línea de tiempo

Ahora aprenderá a vincular el botón **play movie** a la línea de tiempo del vídeo y, después, le especificará una acción final. Los pasos son:

1. Seleccione la línea de tiempo Cardiac_cycle en la ventana del proyecto.
2. En la ficha Properties, elija el valor Cardiac_main>Play Stages del menú contextual del cuadro EndAction, como se muestra en la figura 7.10. Cuando el vídeo finalice, el comportamiento por defecto es que vuelva al menú principal, con el botón **play stages** seleccionado.

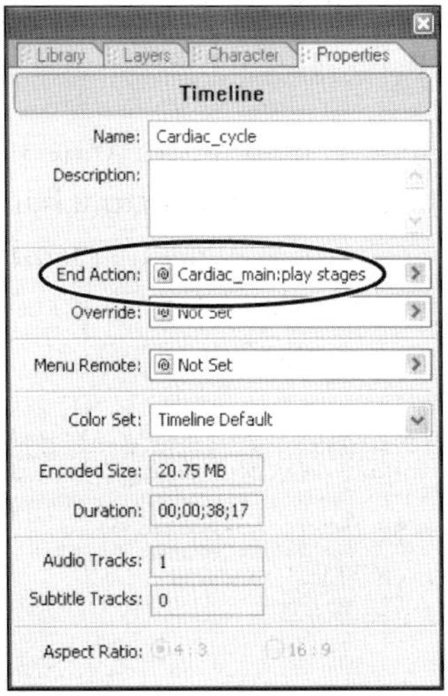

Figura 7.10.

Detalle del valor de la acción final de la línea de tiempo Cardiac_cycle.

3. Abra el menú Cardiac_main si todavía no está abierto. Dentro de la ventana del editor de menús, seleccione el botón **play movie** con la herramienta de selección.
4. Dentro de la ficha Properties, seleccione el valor Cardiac_cycle>Stage 1 del menú contextual del cuadro Link, como muestra la figura 7.11. Así, cuando se active el botón **play movie**, se verá toda la película al completo.

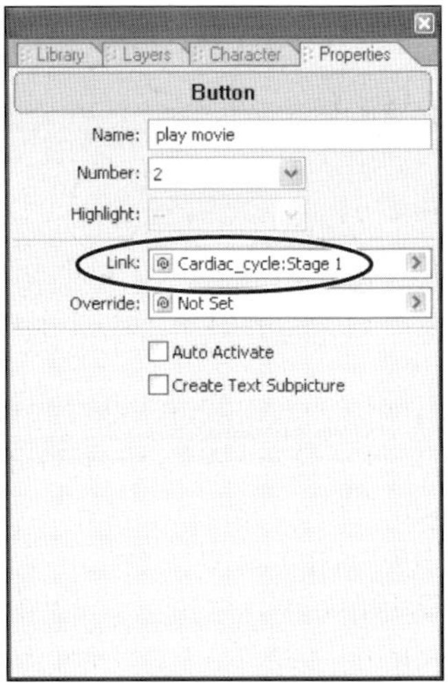

Figura 7.11.

Detalle del valor del vínculo del botón Play Movie.

5. En la ventana del proyecto, asegúrese de que el menú Cardiac_cycle tiene el valor de la primera reproducción. Recuerde que esto se averigua viendo si viene acompañado de un pequeño icono con un círculo y una flecha. Si no es así, haga clic con el botón derecho del ratón sobre el menú y seleccione el valor Set as First Play.
6. Seleccione File>Preview del menú y haga clic sobre el botón **play movie** para verificar que el vínculo y la acción final

funcionan correctamente. Cuando se haga clic sobre dicho botón, debería reproducirse la película al completo para, al final, volver al menú principal, con el botón **play stages** seleccionado.

7. Cierre la ventana de vista preliminar del proyecto y guárdelo.

Añadir vídeo al fondo de un menú

Actualmente, el proyecto tiene un menú sin movimiento. Vamos a remplazar la capa de fondo estática por una en movimiento:

1. Asegúrese de que el menú Cardiac_main está abierto en la ventana del editor de menús.

2. Abra la ficha Layers. En ella verá listadas las capas Background y el conjunto de capas Background set, como muestra la figura 7.12. Haga clic en el icono del ojo () para esconder y mostrar esas capas.

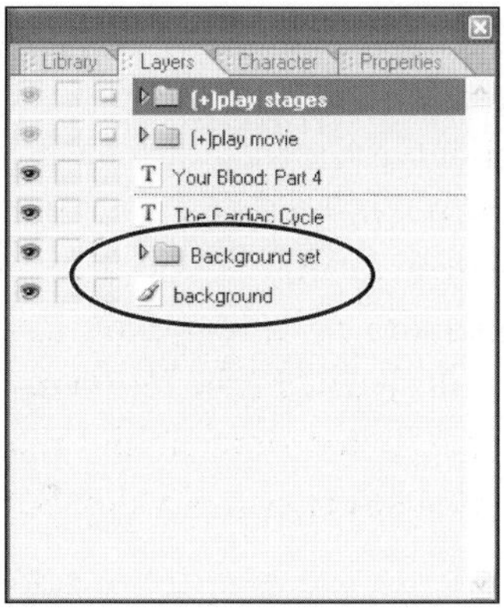

Figura 7.12.

Detalle de la capa Background y del conjunto de capas Background set en la ficha Layers.

3. Seleccione ahora el conjunto de capas Background set en la ficha Layers y vaya a la opción del menú Edit>Clear para eliminarla.

Truco: También puede pulsar la tecla **Supr** para borrar una capa o conjunto de capas. Eso sí, debe asegurarse de que ha seleccionado el elemento apropiado, pues Adobe Encore DVD no pide confirmación cuando borra. Si, accidentalmente, elimina una capa equivocada, elija del menú la opción Edit>Undo Clear Object.

4. Seleccione la ventana del proyecto para activarla y elija la opción File>Import as Asset del menú. Importe el archivo Cardiac_background.avi.

5. Seleccione el nuevo fichero de vídeo AVI en la ventana del proyecto y haga clic sobre la flecha que hay a la izquierda de la dispositiva de vista previa, como se puede ver en la figura 7.13.

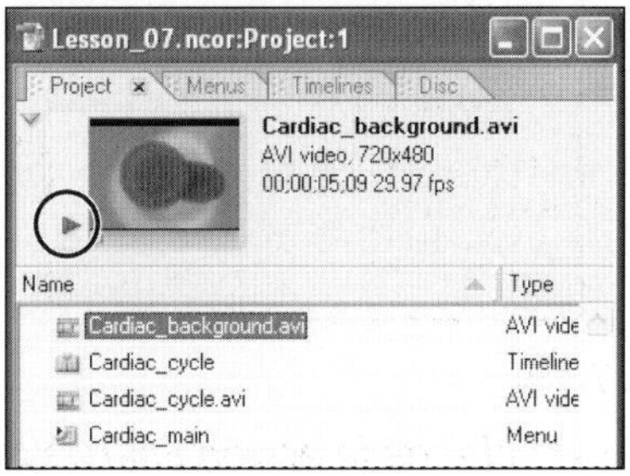

Figura 7.13.

Detalle de la localización del botón para reproducir un vídeo importado en la ventana del proyecto.

Así verá la reproducción del vídeo como una vista previa rápida. El clip es una pequeña animación del fondo que da vueltas, luego lo podemos utilizar para remplazar el fondo original del menú principal.

6. Seleccione el menú Cardiac_main en la ventana del proyecto.

7. En la ficha de propiedades, arrastre entonces el icono del látigo (◎) del cuadro de texto Video al archivo Cardiac_background.avi que se encuentra en la ventana del proyecto, como se indica en la figura 7.14.

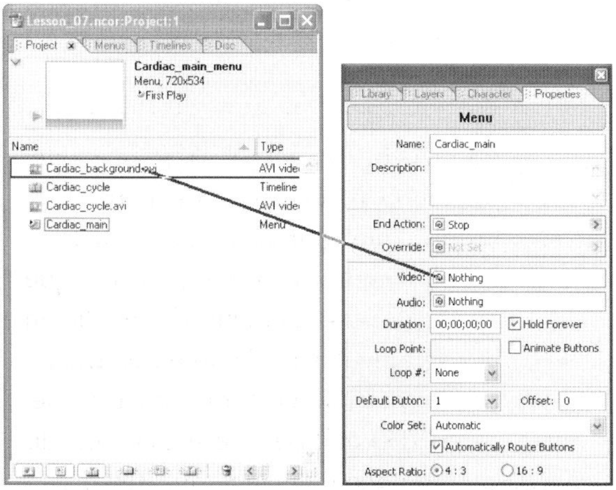

Figura 7.14.

Indicación de cómo arrastrar el icono del látigo del cuadro de texto Video en la ficha de propiedades del vídeo Cardiac_background en la ventana del proyecto.

Para utilizar el látigo, haga clic sobre dicho icono y arrástrelo hacia el elemento que quiere capturar. Suelte el botón cuando se seleccione o destaque dicho elemento. Lo que sucederá es que aparece el nombre del elemento dentro del cuadro, y el primer fotograma del fichero Cardiac_background aparecerá como fondo del menú. (Véase la figura 7.15.)

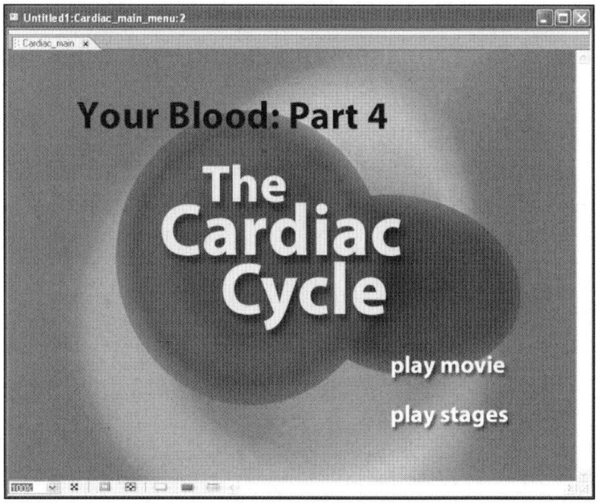

Figura 7.15.

Ventana del editor de menús con el menú principal y su nuevo fondo: un vídeo.

8. Guarde el proyecto.

Vista preliminar del fondo del menú animado

Por defecto, los menús animados tienen una vista previa igual que los menús estáticos. Para ver una vista preliminar de un fondo en movimiento, antes debe renderizarlo.

Al mostrar la vista previa de un menú animado, puede decidir si necesita realizar algún ajuste, como cambiar el número de repeticiones de la animación:

1. Elija del menú la opción File>Render Motion Menus y haga clic en la casilla de verificación Preview When Complete dentro del cuadro de diálogo con la barra de estado, como se puede ver en la figura 7.16.

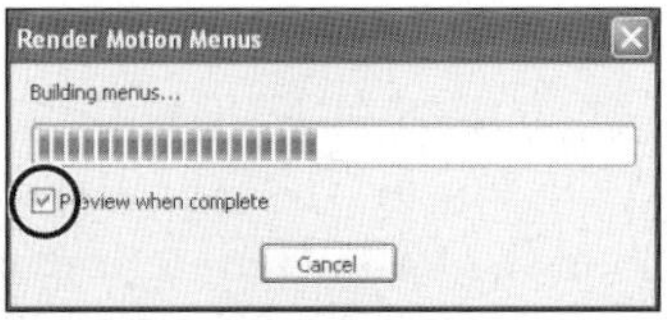

Figura 7.16.

Detalle de la activación de la casilla de verificación Preview When Complete.

Cuando Adobe Encore DVD finaliza el renderizado del menú animado, se abrirá la ventana de vista preliminar del proyecto y se reproducirá el vídeo de fondo detrás del texto y de los botones del menú. Una vez que finalice el vídeo, la pantalla cambiará a un color negro.

Para que el vídeo dure más tiempo debe cambiar el número de veces que se repite.

2. Cierre la ventana de vista preliminar del proyecto.

3. Seleccione el menú Cardiac_main en la ventana del proyecto.

4. En la ficha Properties, elija el valor Forever (siempre) de la lista desplegable Loop #. (Véase la figura 7.17.)

5. Elija de nuevo la opción File>Preview del menú. Esta vez, el vídeo de fondo se reproducirá una y otra vez.

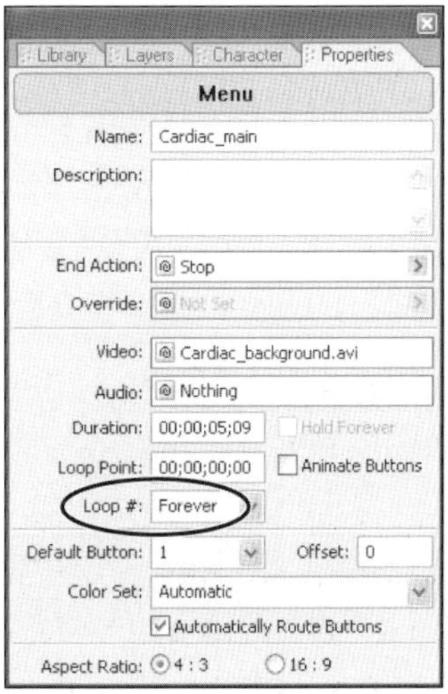

Figura 7.17.

Detalle del valor Forever de la lista desplegable Loop # en la ficha de propiedades de un menú animado.

Truco: Cuando el vídeo se repite varias veces, en un pequeño instante aparecerá una pantalla en negro, o el vídeo parecerá que se detiene. El punto de repetición será menos evidente en el disco después de grabar el proyecto de DVD final, pero se seguirá viendo un poco el efecto. Para evitar o minimizar la pausa, diseñe el vídeo de fondo para que se inicie desde el negro y se vaya desvaneciendo al final, o utilice un vídeo de fondo lo suficientemente largo para que a la mayoría de usuarios no les de tiempo a ver el punto de repetición.

6. Cierre la ventana de vista preliminar del proyecto.

Transcodificar un fichero de vídeo AVI desde la ventana del proyecto

La transcodificación es el proceso por el cual Adobe Encore DVD convierte los ficheros de vídeo y audio que no están adaptados para DVD (como los ficheros de vídeo AVI), para que lleguen a ser ficheros específicos para verse en un DVD (como los ficheros de vídeo MPEG-2, que ya están adaptados). Puede realizar este proceso en un fichero en cualquier momento durante el proyecto. De todas formas, si no lo hace, Adobe Encore DVD lo hará automáticamente cuando vaya a grabar el disco. Puede transcodificar contenidos directamente desde la ventana del proyecto y, una vez que lo ha logrado con un fichero, Adobe Encore DVD actualiza el vínculo del proyecto para que apunte al nuevo fichero transcodificado. Por lo tanto, a menos que borre el fichero original, siempre puede volver atrás en el proceso de transcodificación de los ficheros:

1. Dentro de la ventana del proyecto, haga clic con el botón derecho del ratón sobre el fichero Cardiac_background.avi y elija la opción Transcode Settings>NTSC DV 4x3 High Quality 4Mb VBR 2 Pass, como muestra la figura 7.18. Ahora que ya ha elegido la configuración de transcodificación ya puede realizar el proceso de conversión del fichero de vídeo AVI al formato MPEG-2.

2. Haga clic con el botón derecho del ratón en el fichero Cardiac_background.avi y elija la opción Transcode Now del menú contextual, como se puede ver en la figura 7.19. Inmediatamente aparecerá el cuadro de diálogo de progreso de la transcodificación y, una vez acabado, el fichero Cardiac_background.avi se seguirá viendo en la ventana del proyecto.

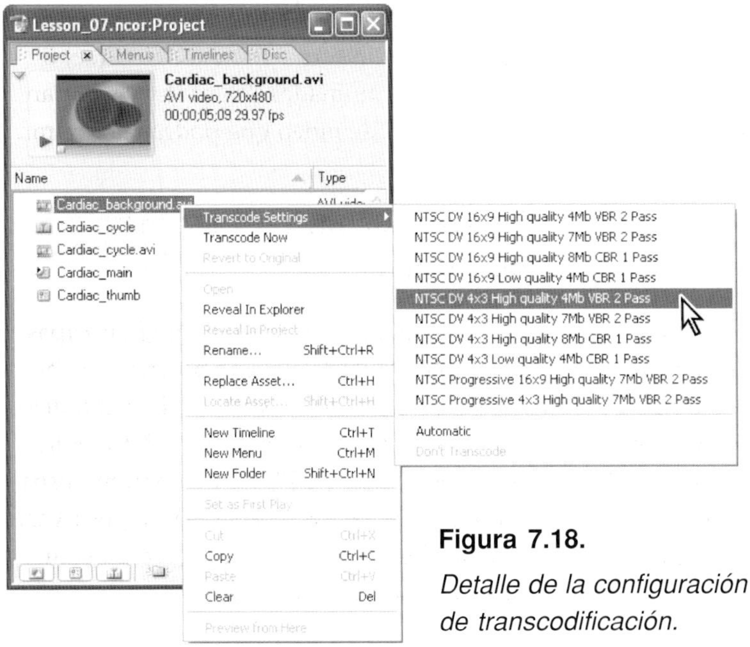

Figura 7.18.

Detalle de la configuración para el proceso de transcodificación.

Nota: Para volver atrás en el proceso de transcodificación de un contenido de vídeo, haga clic con el botón derecho del ratón sobre él en la ventana del proyecto y elija la opción Revert to Original del menú contextual.

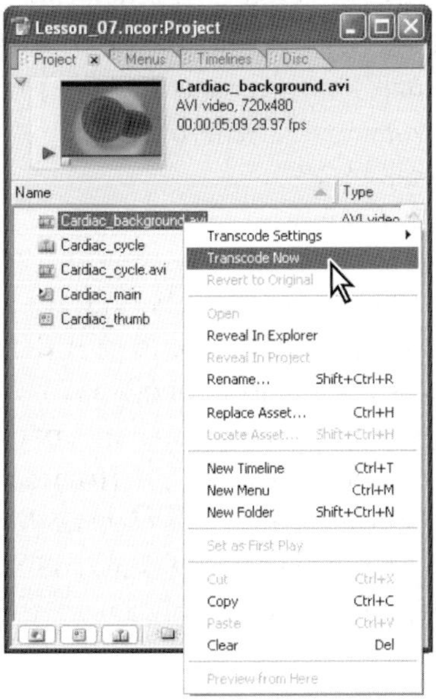

Figura 7.19.

Opción Transcode Now del menú contextual de un contenido de vídeo, para iniciar el proceso de transcodificación del mismo.

3. Si fuese necesario, extienda la ventana del proyecto para que pueda ver la columna Transcode Settings, para que se pueda ver que el fichero ha sido transcodificado, tal y como se muestra en la figura 7.20. Adobe Encore DVD utiliza el contenido transcodificado cuando siga creando, probando y grabando su proyecto de DVD.

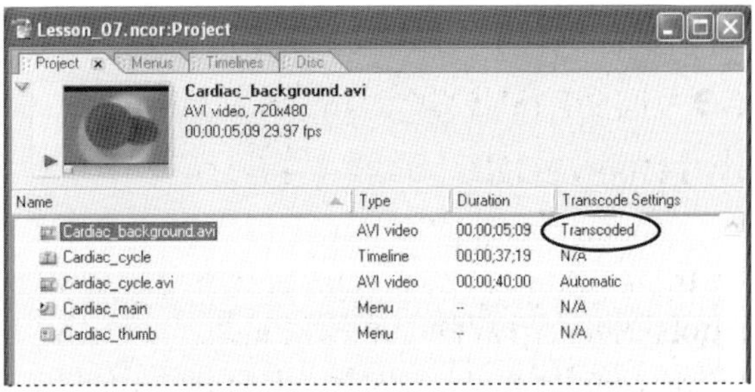

Figura 7.20.

Valor Transcode del fichero de vídeo que indica que dicho contenido ha sido transcodificado.

Creación de botones de diapositivas de vídeo

Como añadido al texto de un botón, podemos crear una diapositiva del vídeo al que vincula. Ésta ayudará al usuario a identificar cada vídeo más claramente y añade interés a su menú.

Puede utilizar diapositivas estáticas, que sólo mostrarán un fotograma del vídeo, o dispositivas animadas, las cuales muestran una porción de vídeo que podrá configurar.

Explorar un menú con capas de diapositivas

De igual manera que puede designar capas de Adobe Photoshop como botones y subimágenes, también puede hacerlo como diapositivas para los botones. La ficha Library de Adobe Encore DVD contiene numerosos botones que incluyen capas de diapositivas. Veamos las capas en Photoshop para comprobar cómo se representan:

1. Abra Adobe Photoshop, vaya a la opción Fichero>Abrir, luego a la carpeta Lesson 07 y abra el fichero Cardiac_thumb.psd. Se abrirá entonces una ventana con dicho fichero, como se aprecia en la figura 7.21.

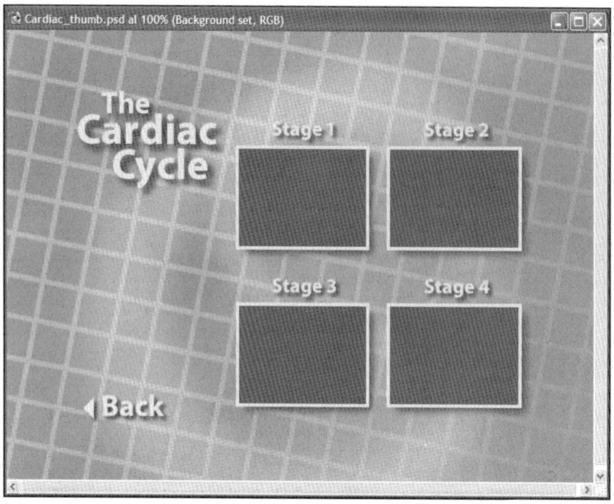

Figura 7.21.

Fichero Cardiac_thums.psd abierto en Photoshop.

2. En la ficha Capas de Photoshop, expanda el conjunto de capas del botón (+) Stage 1. Para ello, sólo tiene que hacer clic en el triángulo que hay a su izquierda. (Véase la figura 7.22.)

3. Fíjese en que hay un rectángulo rojo en la capa de nombre (%).

   Adobe Encore DVD reconoce las capas y conjunto de capas cuyos nombres comienzan con (%). En este caso, la diapositiva es roja, para ayudar a identificarla; Adobe Encore DVD ignorará el color rojo.

4. Salga entonces de Photoshop sin guardar el archivo.

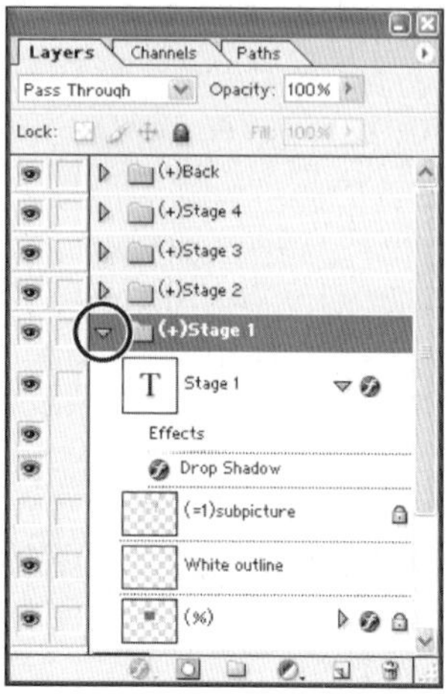

Figura 7.22.

Detalle del triángulo que hay a la izquierda de un conjunto de capas expandido.

Creación de diapositivas desde los fotogramas de una línea de tiempo

En este proyecto logrará crear botones con dispositivas que están vinculados a fotogramas en el vídeo:

1. En Adobe Encore DVD, elija la opción File>Import as Menu e importe el fichero Cardiac_thumb.psd, como el que acaba de ver en Photoshop. Sin embargo, los rectángulos que estaban en rojo en Photoshop ahora se verán con un gris semitransparente en Adobe Encore DVD. (Véase la figura 7.23.)

2. En la ventana del proyecto, haga doble clic en la línea de tiempo Cardiac_cycle.

3. Mueva el indicador de tiempo hasta la posición 00:00.

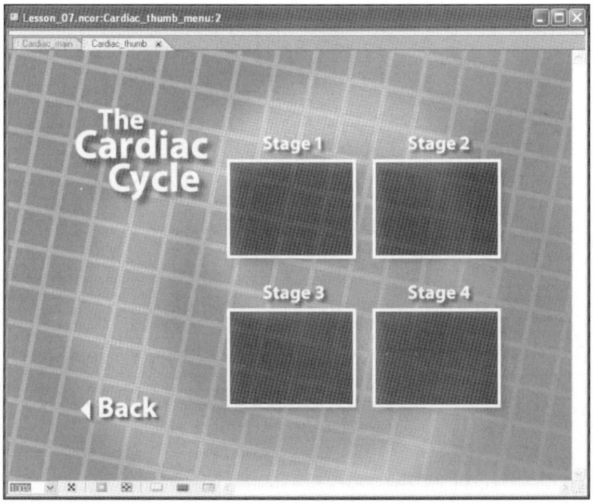

Figura 7.23.

Fichero Cardiac_thumb.psd abierto (importado) en Adobe Encore DVD.

4. Arrastre la marca de capítulo de la misma posición 00:00 al rectángulo del botón **Stage 1** en la ventana del editor de menús, como se indica en la figura 7.24.

Así verá en el botón una versión de la diapositiva del primer fotograma del vídeo.

5. Arrastre las otras tres marcas de capítulo a sus respectivos botones. Cada botón debería mostrar así un fotograma con un número dentro de él. Sin embargo, el fotograma del botón **Stage 1** muestra el título del vídeo, y el fotograma del botón **Stage 4** muestra el número 3, tal y como se puede apreciar en la figura 7.25. Lo que haremos ahora será ajustar el botón **Stage 4** para que capture el fotograma adecuado.

6. Haga un *zoom* de aumento a la línea de tiempo a su máximo valor, tal y como se aprecia en la figura 7.26, para que se pueda seleccionar un fotograma en la línea de tiempo con mucha más precisión.

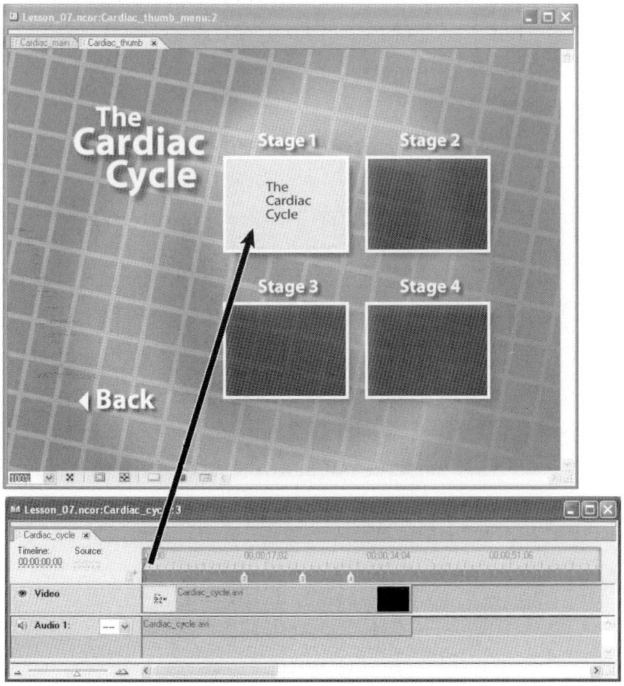

Figura 7.24.

Cómo se debe arrastrar una marca de capítulo hacia un botón, para que se genere una vista de diapositiva del primer fotograma de dicho capítulo en el mismo botón.

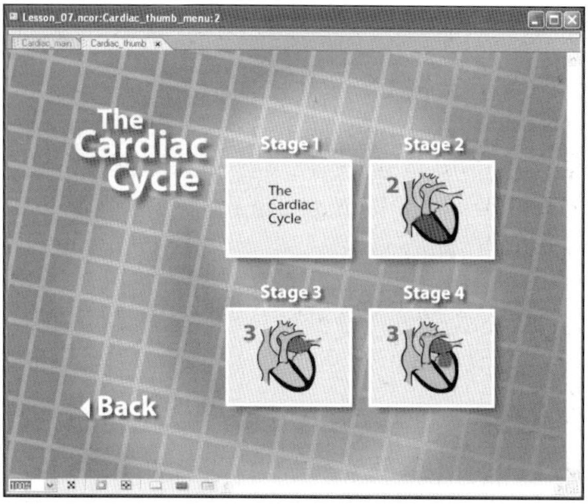

Figura 7.25.

El menú tiene los cuatro botones con diapositivas de los fotogramas de los capítulos, pero el primero y el cuarto no están bien ajustados.

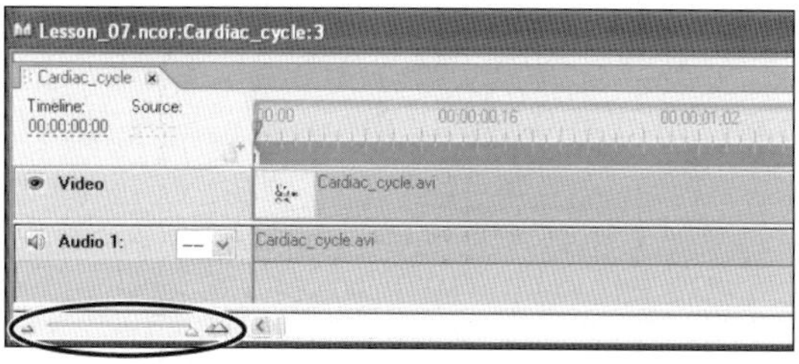

Figura 7.26.

Deslizador para el zoom *de la línea de tiempo con su máximo valor.*

7. Vaya hasta el capítulo Stage 4 con la barra de desplazamiento horizontal, visible en la marca de tiempo 26:16.

8. Mueva la marca de capítulo a la derecha un solo fotograma, como muestra la figura 7.27. Verá cómo ha cambiado la imagen vinculada al botón de diapositiva según ha movido la marca de capítulo.

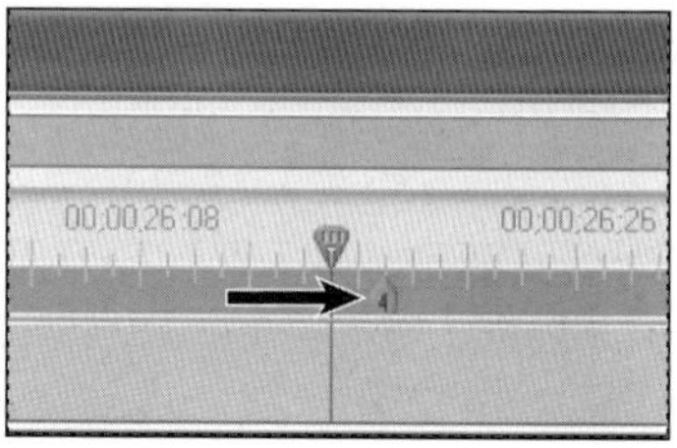

Figura 7.27.

Desplazamiento de la marca de capítulo un fotograma a la derecha.

9. Cuando el botón **Stage 4** muestre el fotograma que contiene el número 4, suelte el botón para dejar la marca en esa posición.

10. Guarde el proyecto.

Establecer un fotograma de cartel

El primer botón de diapositiva muestra con precisión el primer fotograma del vídeo. Cuando el usuario active dicho botón, quiere que el vídeo se reproduzca desde ese primer fotograma. Sin embargo, debido a que el primer fotograma del vídeo es distinto al primer fotograma de cada sección de la película, los botones no concuerdan. Para hacer que coincidan correctamente, habrá que establecer un fotograma diferente para que aparezca en la diapositiva, sin que por ello afecte al fotograma que se reproducirá cuando se active el botón:

1. Mueva el indicador de tiempo al punto del vídeo donde aparece el primer fotograma del corazón en movimiento (03:03).

2. Si es necesario, desplace la línea de tiempo para ver el primer capítulo. Deje el indicador de tiempo en la posición 03:03.

3. Haga clic con el botón derecho del ratón en el capítulo Stage 1 y elija la opción Set Poster Frame del menú contextual, como muestra la figura 7.28. La diapositiva del botón del menú mostrará ahora el primer fotograma de la animación del corazón, como se puede apreciar en la figura 7.29. Sin embargo, cuando el usuario active dicho botón, el vídeo empezará la reproducción en su primer fotograma.

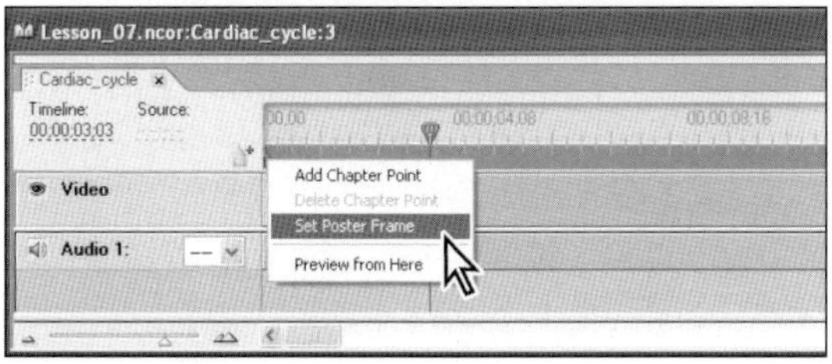

Figura 7.28.

Opción Set Poster Frame del menú contextual de una marca de capítulo.

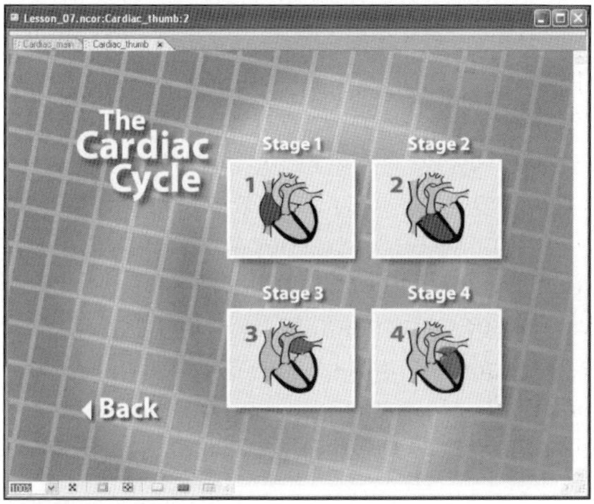

Figura 7.29.

La diapositiva del primer botón ahora muestra el fotograma que queremos que aparezca.

4. Guarde el proyecto.

Establecer los comportamientos

Ya ha creado las diapositivas y ahora establecerá los comportamientos que aseguren que el usuario vuelva al menú de diapositivas después de que vea cada vídeo al utilizar dichos botones:

1. Seleccione el botón **Back** en la ventana del editor de menús.

2. En la ficha Properties, elija la opción Cardiac_main>Play Movie del menú contextual del cuadro Link, como muestra la figura 7.30. Cuando el usuario active el botón **Back**, aparecerá de nuevo el menú principal con el botón **Play Movie** seleccionado.

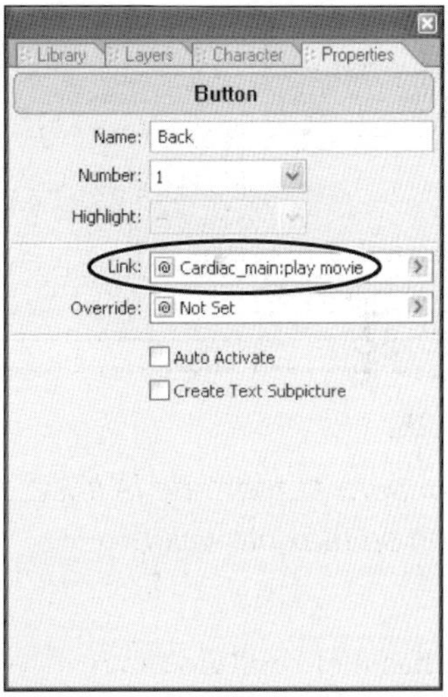

Figura 7.30.

Detalle del valor Cardiac_main:Play Movie del cuadro Link en la ficha de propiedades del botón Back.

3. Dentro de la ventana del proyecto, haga clic en la pestaña Menus. Así verá sólo los menús del proyecto en la ficha.

4. Seleccione el menú Cardiac_thumb. El panel inferior lista todos los botones que contiene el menú seleccionado, tal como se puede ver en la figura 7.31. Puede utilizar dicho panel para organizar los botones y para establecer los comportamientos para múltiples botones más rápidamente.

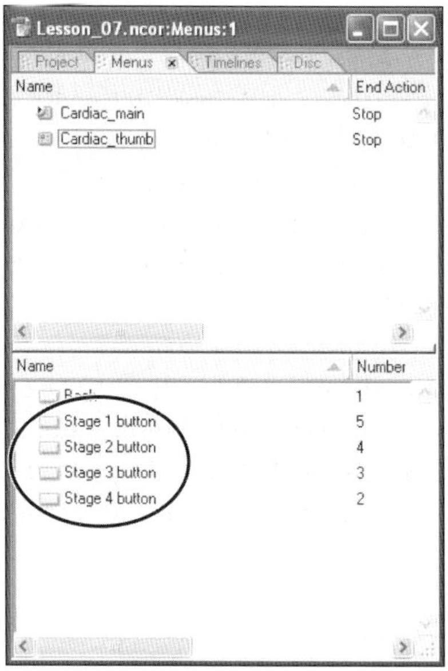

Figura 7.31.

Detalle de los botones del menú Cardiac_thumb en la ficha Menus en la ventana del proyecto.

5. Seleccione todos los botones excepto el que se llama **Back**. Asegúrese de que la ficha de propiedades está abierta y que muestra los atributos para los botones seleccionados.

6. Desde el menú contextual del cuadro Override, elija la opción Cardiac_thumb> Stage 1, como se puede apreciar en la figura 7.32.

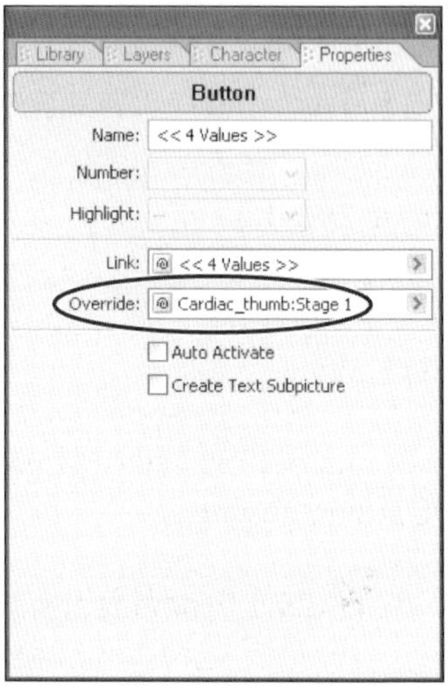

Figura 7.32.

Detalle del valor Cardiac_thumb:Stage 1 del cuadro Override en las propiedades de los cuatro botones de diapositivas.

De esta manera, ha establecido el comportamiento para los cuatro botones a la vez. Antes ha seleccionado la acción final por defecto de la línea de tiempo Cardiac_cycle, para que vuelva al menú Cardiac_main. Pero la anulación asegura que aparecerá el menú de diapositivas después de que se reproduzca el vídeo de cada uno de sus botones.

7. Dentro de la ventana del editor de menús, haga entonces clic en la pestaña Cardiac_main.

8. Seleccione el botón **Play Stages**.

9. En la ficha de propiedades, vincule ahora el botón **Play Stages** al valor Cardiac_thumb>Stage 1.

10. Guarde el proyecto.

Creación de botones de diapositivas animadas

Anteriormente, añadió un vídeo como fondo para el menú principal. Ahora veremos cómo animar los botones con diapositivas del segundo botón:

1. En la ventana del proyecto, seleccione el menú Cardiac_thumb.
2. Dentro de la ficha Properties, seleccione la casilla de verificación Animate Buttons.
3. Escriba 04:00 en el cuadro de texto Duration y después elija el valor Forever en la lista desplegable Loop #. (Véase la figura 7.33.)

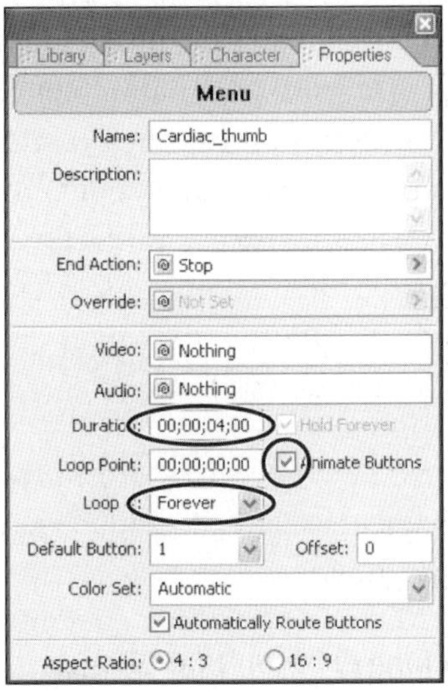

Figura 7.33.

Detalle de los valores que estableceremos para las animaciones del menú Cardiac_thumb.

Nota: Asegúrese de que escribe el valor de tiempo en el cuadro de texto Duration y no en el cuadro Loop Point.

4. Elija la opción de menú File>Render.

   Así como necesita renderizar los menús animados en orden para ver el fondo animado de su menú, necesitará hacer lo mismo para poder ver una vista previa de los botones con diapositiva. Si no renderiza los menús, seguirá viendo las imágenes sin movimiento en la vista preliminar.

5. Dentro de la ventana del proyecto, haga clic con el botón derecho del ratón en el menú Cardiac_thumb y después elija del menú contextual la opción Preview From Here.

Truco: Eligiendo esta opción podrá empezar la vista previa del proyecto desde el punto que haya seleccionado, sin tener que navegar a través de los otros menús.

Así se abrirá el menú y se mostrarán las diapositivas con los cuatro primeros segundos del vídeo al que están vinculadas en la línea de tiempo, y se repetirá de nuevo la animación. También podrá ver otra vez cómo hay un pequeño retardo cuando el vídeo se repite.

Truco: Para crear botones animados y fondos de menú en movimiento, utilice Adobe After Effects. Este programa está diseñado para añadir efectos especiales al vídeo, por lo que puede utilizar una gran variedad de herramientas y características para lograr los efectos que desea. En el capítulo 9 usaremos After Effects y Adobe Encore DVD conjuntamente.

Grabar el DVD

Crearemos el disco DVD utilizando cualquiera de los métodos que hemos descrito en capítulos anteriores. Los pasos que seguimos en el capítulo 1 son los siguientes:

1. Haga clic en la pestaña Disc de la ventana del proyecto.
2. Cambie el nombre del disco a Lesson_07.
3. Desde la lista desplegable que aparece debajo el nombre del disco, elija el tamaño de datos del disco que va a grabar.
4. Haga clic en el botón **Build Project**.
5. En el cuadro de diálogo Make DVD Disc, seleccione el valor Current Project de la lista desplegable Create Using, y elija su modelo de grabadora de DVD de la lista desplegable Recorder.
6. Inserte un disco virgen dentro de la grabadora, y haga clic en el botón **Next**.
7. Revise la información de resumen de la grabación del cuadro de diálogo Make DVD Disc Summary para ver si todo es correcto. Si es así, sólo falta hacer clic en el botón **Build**.

Preguntas de repaso

1. ¿Cómo puede recortar un clip de vídeo en Adobe Encore DVD?
2. ¿Qué es un menú animado?
3. ¿Cómo hace Adobe Encore DVD para reconocer las capas de diapositivas?
4. ¿Qué debe hacer antes de ver la vista preliminar de un menú animado?
5. ¿Cómo puede configurar un botón para que reproduzca un vídeo mientras el usuario decide qué botón elegir?
6. ¿Por qué necesita transcodificar un fichero de vídeo AVI?

Respuestas del repaso

1. Mueva el puntero del ratón sobre el final de la línea de tiempo del vídeo, hasta que su icono cambie a un corchete de cierre. Después, arrastre el puntero a la nueva posición final del vídeo.
2. Un menú animado es un menú que contiene un fondo en movimiento, botones animados, audio o una combinación de los tres. Esencialmente, un menú animado es cualquier menú que no esté totalmente estático.

3. Adobe Encore DVD reconoce las capas cuyo nombre empieza con (%) como diapositivas.

4. Para ver una vista preliminar de un menú animado, primero deberemos renderizarlo. Para ello, elija la opción de menú File>Render Motion Menus. Si observa la vista preliminar de un menú animado antes de este proceso, Adobe Encore DVD lo mostrará como un menú estático en la ventana de vista preliminar del proyecto.

5. Seleccione el botón, active la casilla de verificación Animate Buttons de la ficha Properties y especifique cuánto tiempo quiere que el vídeo se reproduzca y cuántas veces debería repetirse esa reproducción.

6. Los ficheros de vídeo AVI no están adaptados para el DVD, por lo que deberá transcodificarlos para poder pasarlos luego a un disco. Puede realizar este proceso en cualquier momento del proyecto, o puede dejar que Adobe Encore DVD lo haga automáticamente por usted cuando vaya a grabar el DVD.

Capítulo 8

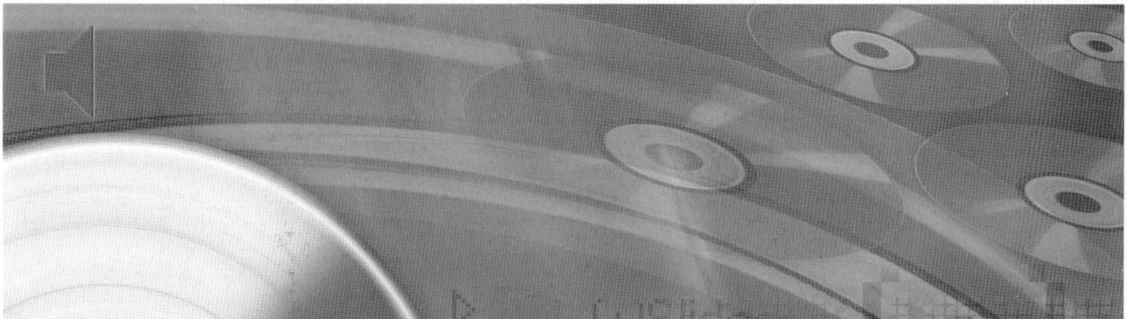

Trabajar junto con Adobe Premiere Pro

El vídeo es el corazón de la mayoría de los proyectos DVD. Utilice Adobe Encore DVD y Adobe Premiere Pro juntos para lograr vídeo de la mejor calidad y conseguirlo de la manera más accesible. El comando `Edit Original` *de Adobe Encore DVD le permite volver a Premiere rápidamente y realizar cambios en el vídeo cuando sea necesario.*

Adobe Encore DVD trabaja muy compenetrado con Adobe Premiere Pro para ayudarle a conseguir los mejores resultados en sus proyectos de DVD. Utilice Premiere Pro para preparar los contenidos de su proyecto de DVD y, después, puede utilizar el comando `Edit Original` para abrir y editar el proyecto Premiere Pro. Cuando finalice, los ficheros se actualizan automáticamente en Adobe Encore DVD.

En este capítulo aprenderá a realizar las siguientes tareas:

- Añadir marcadores de secuencia en Premiere Pro.
- Exportar una secuencia de Premiere Pro como un fichero de DVD MPEG-2.
- Exportar una secuencia de Premiere Pro como un fichero de vídeo AVI para utilizarlo en Adobe Encore DVD.
- Crear botones de diapositivas desde los capítulos de Adobe Encore DVD.
- Incrustar la información del proyecto en un fichero AVI para que pueda editar el original en otro momento.
- Usar el comando `Edit Original` en Adobe Encore DVD.

Antes de empezar

Antes de que ensamble su proyecto de DVD, puede editar y pulir sus contenidos de vídeo en Adobe Premiere Pro. Aprenderá a preparar un fichero MPEG-2 y uno de vídeo AVI en dicho programa, así como añadirá marcas de secuencia al fichero MPEG-2 para usarlas como marcas de capítulo en Adobe Encore DVD. También editará el proyecto original en Premiere Pro después de importar el fichero AVI dentro de Adobe Encore DVD.

En este capítulo trabajaremos con Premiere Pro y Adobe Encore DVD para crear un nuevo proyecto de DVD, utilizando para ello archivos de imagen y vídeo que se incluyen en el DVD adjunto al libro. Deberá conocer bien a localización de los ficheros que necesita para el capítulo 8 (*Lesson 8*). Para más información, diríjase al apartado Copia de archivos de las primeras páginas.

Para completar este capítulo necesitará también tener instalado Adobe Premiere Pro en su ordenador.

Vista previa del proyecto de Adobe Encore DVD finalizado

Para ver lo que logrará crear en este capítulo, veamos antes cómo se verá el proyecto ya finalizado:

1. Inicie Adobe Encore DVD.

2. Seleccione la opción de menú File>Open Project.

3. En el cuadro de diálogo que aparece, vaya hasta la carpeta Lesson 08, haga entonces doble clic sobre la carpeta Lesson_08_end_folder, seleccione el fichero Lesson_08_end.ncor y haga clic en el botón **Abrir**.

4. Elija la opción File>Preview del menú para que aparezca la ventana de vista preliminar del proyecto, como se ve en la figura 8.1, que mostrará un menú con dos botones.

Figura 8.1.

Menú principal en la ventana de vista preliminar del proyecto.

5. Haga clic en el botón **Chapters** para que aparezca un segundo menú, como muestra la figura 8.2.

   Éste dispondrá de cuatro botones de diapositivas con forma de taza de café, así como un botón **Back** para volver atrás.

Figura 8.2.

Segundo menú en la ventana de vista preliminar del proyecto.

6. Haga clic en los botones de diapositivas del menú para ver el mismo vídeo desde diferentes puntos de inicio.

7. Haga clic en el botón **Back** para volver al primer menú.

8. Haga clic en el botón **Excerpt** para ver un vídeo algo más largo. Al acabar, se volverá al menú principal de nuevo.

9. Cierre la ventana de vista preliminar del proyecto y la del mismo proyecto.

Creación de marcadores en Premiere Pro

Lo primero que hará será crear marcadores de secuencia en un vídeo con el programa Premiere Pro, para que se conviertan en las marcas de capítulo que aparecen en Adobe Encore DVD:

1. Abra el programa Premiere Pro.
2. Haga clic en el botón **Open Project** en el cuadro de diálogo de bienvenida. (Véase la figura 8.3.)

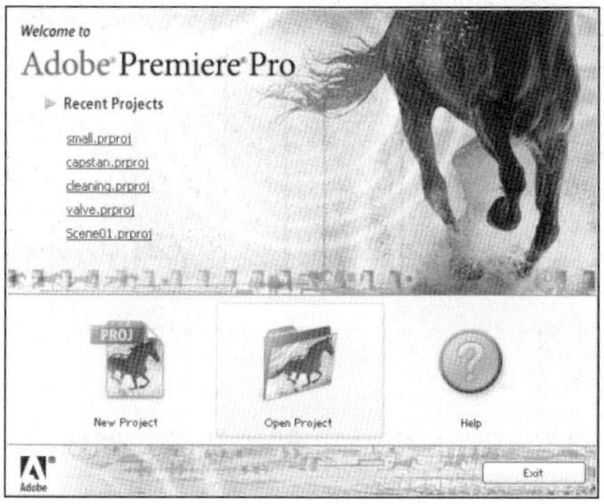

Figura 8.3.

Cuadro de diálogo de bienvenida de Adobe Premiere Pro.

3. Vaya hasta la carpeta Lesson 08, seleccione el fichero Trailer.prproj y haga clic en el botón **Abrir**. Esto provocará la apertura de un proyecto de Premiere Pro, con un fichero de vídeo AVI en la ventana de línea de tiempo Timeline. Si esta ventana no está visible, haga doble clic en el elemento Sequence 01 de la ventana del proyecto Project. También podrá ver una vista previa del fichero en la ventana Monitor.

> **Nota:** Si el programa le pregunta por la localización del fichero Trailer.avi, vaya hasta la carpeta Premiere Source y seleccione ahí el fichero.

4. Haga clic en el botón **Play**, como muestra la figura 8.4, de la ficha Secuence 01 de la ventana Monitor, para poder reproducir el vídeo AVI. Ahora añadirá marcadores de secuencia a la línea de tiempo y, después, exportará la secuencia como un fichero de tipo MPEG-2. Cuando importe el fichero en Adobe Encore DVD, éste interpretará dichos marcadores como capítulos.
5. Haga clic en el valor de tiempo actual, cámbielo al valor 03:21 y pulse la tecla **Intro**. Esto provocará que el indicador de tiempo se mueva a la posición 03:21 de la línea de tiempo.
6. Elija la opción Marker>Set Sequence Marker>Unnumbered del menú. Premiere Pro pondrá un marcador en la línea de tiempo en 03:21, como se aprecia en la figura 8.5.
7. Cambie la posición de tiempo actual al momento 12:20.
8. Elija la opción de menú Marker>Set Sequence Marker>Unnumbered.
9. Repita los pasos 7 y 8 para colocar marcadores de secuencia en las posiciones 17:19 y 21:15. (Véase la figura 8.6.)
10. Guarde el proyecto.

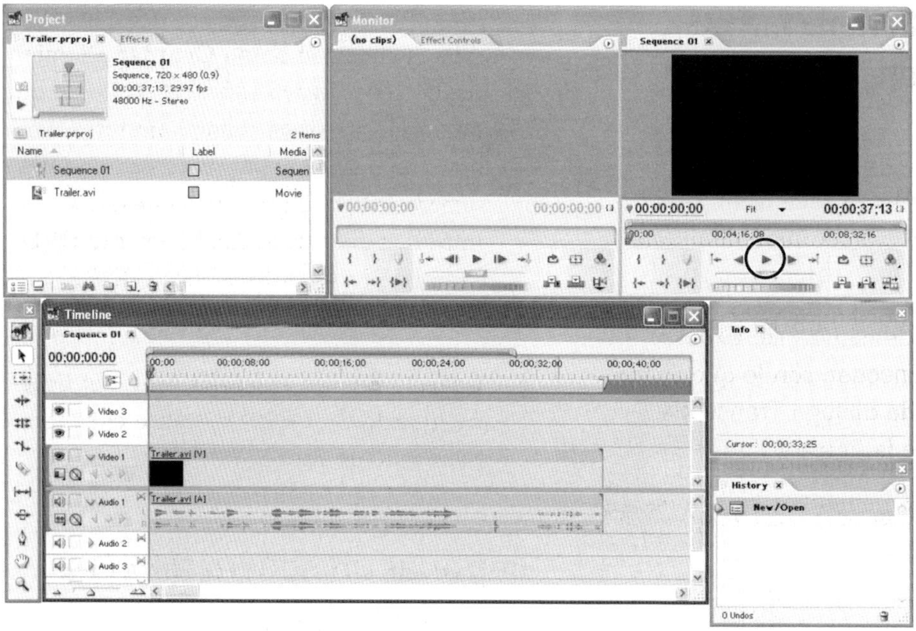

Figura 8.4.

Conjunto de ventanas que aparecerán en el programa Premiere Pro, con el detalle de la localización del botón Play en la pestaña Secuence 01 de la ventana Monitor.

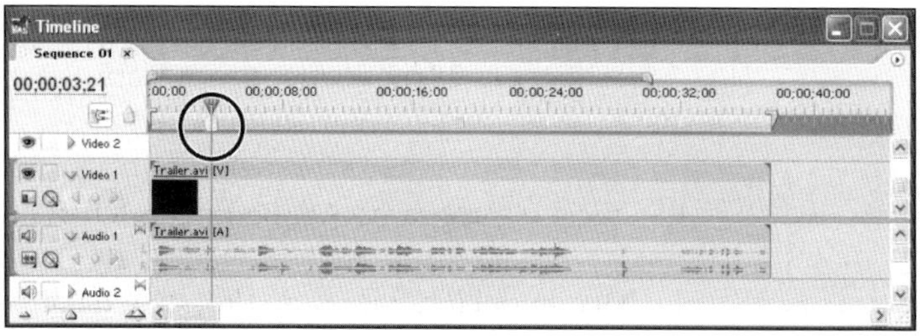

Figura 8.5.

Detalle del marcador de tiempo en la posición 03:21 de la línea de tiempo.

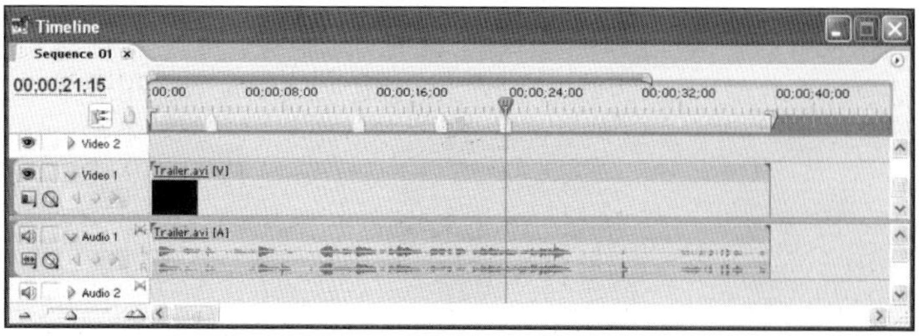

Figura 8.6.

Detalle de los marcadores de tiempo creados en la línea de tiempo.

Exportar un fichero MPEG-2 desde Premiere Pro

Lo que hará ahora será utilizar Adobe Media Encoder para exportar el fichero de vídeo como un fichero de tipo MPEG-2 desde Premiere Pro:

1. Elija la opción de menú File>Export> Adobe Media Encoder, con lo que aparecerá el cuadro de diálogo Transcode Settings. (Véase la figura 8.7.)

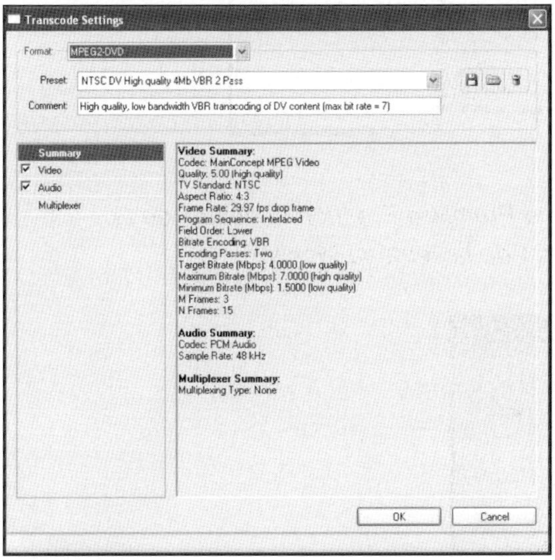

Figura 8.7.

Cuadro de diálogo Transcode Setting para la codificación del fichero de vídeo.

2. Elija la opción MPEG2-DVD de la lista desplegable Format.

3. Seleccione la opción NTSC DV High Quality 4Mb VBR 2 Pass de la lista desplegable Preset.

4. Haga clic en el botón **OK**.

5. Nombre el fichero como Trailer_markers y haga clic en el botón **Guardar**. Premiere Pro renderizará el fichero, proceso que puede tardar unos cuantos minutos. La línea de tiempo es exportada como un fichero MPEG-2 que puede después importar dentro de Adobe Encore DVD. Premiere Pro y Adobe Encore DVD utilizan el mismo codificador.

6. Cuando finalice el renderizado del fichero, guarde el proyecto y cierre el programa Premiere Pro.

Importar un fichero MPEG-2 con marcadores

Ya ha conseguido exportar un proyecto de Premiere Pro en un fichero de tipo MPEG-2, con sus marcadores de secuencia. Ahora será capaz de importar ese fichero dentro de Adobe Encore DVD, el cual reconocerá dichos marcadores como capítulos:

1. Inicie el programa Adobe Encore DVD.

2. Elija la opción File>New Project y haga clic en el botón **OK**.

3. Ahora seleccione la opción File>Import as Asset.

4. Vaya hasta la carpeta Premiere Source dentro de la carpeta Lesson_08, que es donde ha guardado el fichero MPEG-2 desde Premiere Pro. Seleccione los ficheros Trailer_markers.m2v y Trailer_markers.wav. Verá cómo aparecen ambos en la ventana de proyecto. (Véase la figura 8.8.)

Acerca de los ficheros MPEG-2

Existen una serie de ventajas y desventajas de utilizar alguno de los formatos de vídeo. Antes de exportar un fichero MPEG-2 para usarlo en Adobe Encore DVD, considérelas.

Ventajas

- Adobe Encore DVD convierte los ficheros de vídeo AVI al formato MPEG-2 antes de crear un DVD. Si no es necesario convertir los ficheros MPEG-2, puede grabar el DVD más rápidamente cuando utilice este formato.
- Un fichero MPEG-2 tiene un tamaño menor que uno AVI.
- La mayoría de las aplicaciones de edición de vídeo no pueden editar los ficheros MPEG-2, por lo que estarán más seguros.
- Puede elegir la configuración de transcodificación que quiera con los ficheros MPEG-2.

Desventajas

- Pocas aplicaciones pueden reproducir ficheros del tipo MPEG-2, por lo que si quiere distribuir dichos ficheros por separado del propio DVD, puede que los usuarios no sean capaces de reproducirlos.
- Cuando exporta una línea de tiempo en el formato MPEG-2, se crean dos ficheros por separado: un fichero M2V para el vídeo y un fichero WAV para el audio. El riesgo de perder uno de los componentes es mucho mayor que en un fichero de tipo AVI, puesto que ambos están incluidos en el mismo.
- Tan sólo puede crear capítulos en los puntos *GOP* (*Groups of Pictures*, o bien grupos de imágenes) de un fichero MPEG-2, por lo tanto no podrá vincular un botón al fotograma que nosotros queramos específicamente.

Nota: Cuando exporta una línea de tiempo desde Premiere Pro, éste creará dos ficheros: uno para el contenido de vídeo de tipo MPEG-2 y otro para el audio de tipo WAV.

5. Seleccione el fichero Trailer_markers.m2v en la ventana de proyecto.
6. Elija la opción de menú Timeline>New Timeline para crear una nueva línea de tiempo.

   Se abrirá la ventana de líneas de tiempo con el fichero Trailer_markers.m2v en la pista de vídeo, como se muestra en la figura 8.9. También se abrirá la ventana Monitor.

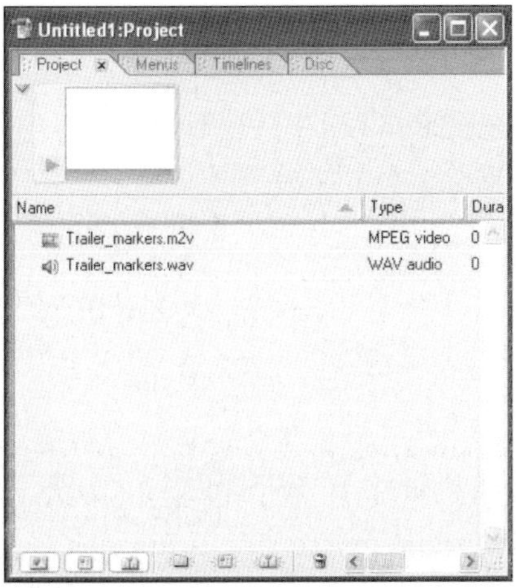

Figura 8.8.

Ventana del proyecto con los dos contenidos importados del vídeo de tipo MPEG-2, con el vídeo y el audio por separado.

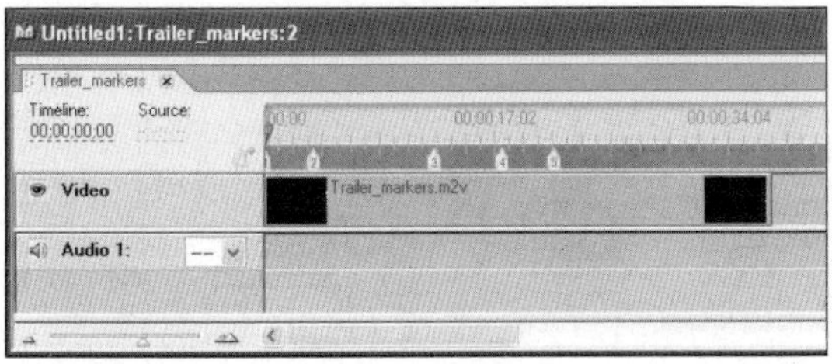

Figura 8.9.

Ventana de línea de tiempo con el fichero Trailer_markers.m2v en la línea de tiempo.

7. Haga clic en el botón **Zoom-out** de la esquina inferior izquierda de la ventana de línea de tiempo para que pueda ver la pista de vídeo al completo. Verá cómo aparecen los cuatros marcadores que ha creado en Premiere Pro como marcas de capítulo numeradas, incluso aunque los marcadores que creó en Premiere Pro estuvieran sin numerar (*unnumbered*). Adicionalmente, Adobe Encore DVD ha añadido un capítulo en el primer fotograma de la pista. Éste es el capítulo que aparece siempre en todas las líneas de tiempo en Adobe Encore DVD.

8. Arrastre el fichero Trailer_markers.wav, desde la ventana del proyecto hasta la pista de audio Audio 1, en la ventana de línea de tiempo, como se indica en la figura 8.10.

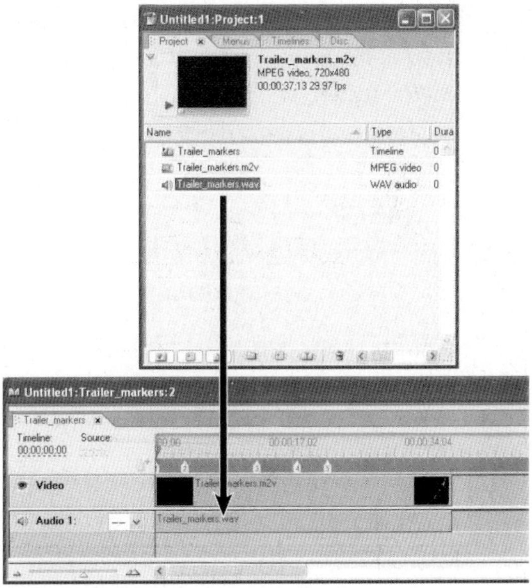

Figura 8.10.

Indicación de cómo arrastrar el fichero de audio a la pista de audio de la línea de tiempo.

9. Haga clic en el botón **Play** de la ventana Monitor para poder ver la línea de tiempo (véase la figura 8.11).

10. Guarde ahora el proyecto con el nombre Lesson_08.ncor.

Figura 8.11.

La línea de tiempo se puede ver en la ventana Monitor.

> **Truco:** Como Adobe Encore DVD es una aplicación basada sólo en ventanas, puede usarla para grabar cualquier DVD que contenga ficheros de vídeo guardados en Mac OS o en el formato QuickTime. Abra el fichero de vídeo en Premiere Pro y expórtelo como un fichero MPEG-2. Después, importe el fichero MPEG-2 en Adobe Encore DVD. Para convertir ficheros QuickTime en MPEG-2, Premiere Pro necesitará de la instalación previa de ciertos ficheros del programa QuickTime.

Vincular capítulos a los botones de diapositiva

Para dar a sus usuarios información acerca del vídeo que van a ver cuando hagan clic en un botón, añadiremos una imagen de diapositiva del vídeo encima del mismo. Cuando haya creado la diapositiva, Adobe Encore DVD la vinculará automáticamente a su capítulo:

1. Haga clic en la ventana del proyecto para tenerla activada y elija la opción File> Import del menú.

2. Vaya hasta la carpeta Lesson 08, seleccione el fichero Chapters.psd y haga clic en el botón **Abrir**. Este menú se abrirá en la ventana del editor de menús, como se ve en la figura 8.12, el cual incluye cuatro botones con forma de taza de café que se vincularán con los cuatro capítulos de la línea de tiempo. Cuando se active uno de los botones, se reproducirá el vídeo a partir del capítulo al que está vinculado.

Figura 8.12.

Menú con los botones para ver los cuatro capítulos del vídeo.

3. Sitúe las ventanas de línea de tiempo y la del editor de menús para que ambas se puedan ver a la vez en la pantalla.

4. Arrastre la marca del Capítulo 2 a la forma elíptica de la taza de café de la parte superior izquierda, como se indica en la figura 8.13. Así aparecerá una dispositiva con una imagen en la taza. Adobe Encore DVD creará automáticamente un vínculo entre el botón y la marca del capítulo de la línea de tiempo.

Figura 8.13.

Indicación de cómo arrastrar la marca de Capítulo 2 a la taza que tendrá una dispositiva de un fotograma de este capítulo.

5. Arrastre el Capítulo número 3 a la taza superior derecha, el Capítulo 4 a la taza inferior izquierda y el Capítulo 5 a la taza inferior derecha, para que quede el menú como en la figura 8.14. Cuando haga clic sobre un botón, se reproducirá el vídeo a partir del punto de la línea de tiempo asociado con la marca hasta el final de la línea de tiempo. Si quiere que reaparezca el menú Chapters después de la reproducción de cada línea de tiempo, deberá establecer la acción final en cada una de ellas.

Figura 8.14.

Cómo quedan los botones del menú después de crear las diapositivas del fotograma inicial de cada capítulo del vídeo.

6. Asegúrese de que la línea de tiempo Trailer_markers está activada. Si no lo está, haga clic en la misma dentro de la ventana del proyecto.

> **Advertencia:** No se confunda y haga clic sobre la línea de tiempo, y no sobre el fichero que ha llamado Trailer_markers.m2v.

7. Si no se ve la ficha de propiedades, elija la opción de menú Window>Properties. Así se mostrará dicha ficha con los atributos de la línea de tiempo Trailer_markers.

8. Seleccione la opción Chapters>1 del menú contextual del cuadro End Action, como muestra la figura 8.15. Así, cuando la línea de tiempo finalice, reaparecerá de nuevo el menú.

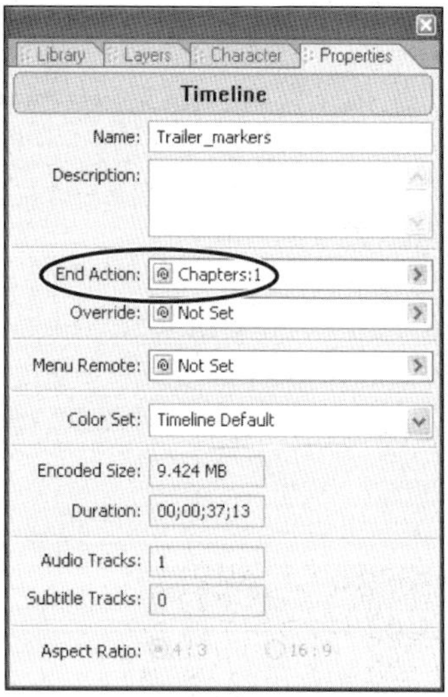

Figura 8.15.

Detalle del valor de la acción final Chapter:1 del cuadro End Action, en la ficha de propiedades de la línea de tiempo.

9. Guarde el proyecto.

Vista preliminar del proyecto

Ya ha establecido los vínculos para el menú Chapter. Antes de continuar con el proyecto, echemos un vistazo previo a esta sección para asegurarnos de que se comporta como se espera:

1. Dentro de la ventana del proyecto, haga clic con el botón derecho del ratón sobre el menú Chapters y después elija la opción Preview From Here del menú contextual.

   Así aparecerá la ventana de vista preliminar del proyecto, mostrando el menú Chapters con una de las tazas seleccionadas. Véase la figura 8.16.

Figura 8.16.

Ventana de vista preliminar del proyecto con el menú Chapters y el primer botón con forma de taza seleccionado.

2. Mueva ahora el puntero sobre las otras tazas y a continuación haga clic en una de ellas.

   Según mueve el puntero sobre una de ellas, verá cómo se iluminan en otro color.

   Cuando haga clic sobre una de las tazas, se reproducirá el vídeo desde el punto que define el capítulo asociado a cada botón y, cuando el vídeo finalice, el menú reaparecerá de nuevo.

3. Cierre la ventana de vista preliminar del proyecto.

Creación de diapositivas con formas interesantes

Adobe Encore DVD crea diapositivas rectangulares para mostrar el fotograma del vídeo. Para que se vea con una forma más interesante, como las elipses que se están usando en este proyecto, primero crearemos un rectángulo y después lo enmascararemos.

En Photoshop, cuando crea un botón de diapositiva de vídeo con una forma no rectangular, la capa de diapositiva actual debe ser rectangular. Si la capa no es rectangular, Adobe Encore DVD calcula el rectángulo más pequeño en el cual la imagen pueda caber. El vídeo conserva las consideraciones de la forma de la capa de imagen.

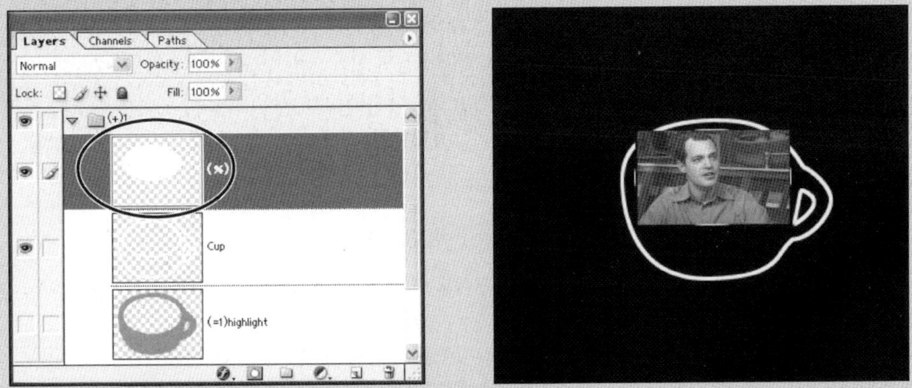

Este botón se ha creado con una capa elíptica.

Sin embargo, puede utilizar máscaras de vectores o máscaras de capa en la capa de diapositiva para crear una forma no rectangular. El tamaño de la imagen determinará el tamaño del vídeo que se muestra en el menú.

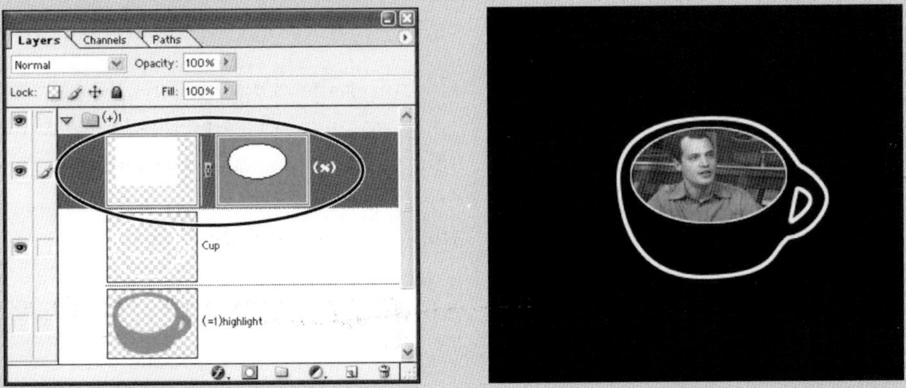

Este botón se ha creado con una capa rectangular y una máscara de vectores elíptica.

Exportar un fichero AVI desde Premiere Pro

Antes consiguió exportar un fichero MPEG-2 desde Premiere Pro y ahora hará lo mismo con el vídeo del pasaje en formato AVI:

1. Abra el programa Premiere Pro.
2. Haga clic en el botón **Open Project** del cuadro de diálogo de bienvenida.
3. Vaya a la carpeta Lesson 08, seleccione el fichero Scene01.prproj y haga clic en el botón **Abrir**. Si la línea de tiempo no está visible, haga doble clic en el elemento Sequence 01 de la ventana de proyecto.

Nota: Si se le pregunta por la localización del fichero Clip01.avi, vaya hasta la carpeta Premiere Source y seleccione allí el fichero.

4. Haga clic en el botón **Play** en la ficha Sequence 01 de la ventana Monitor. Se dará cuenta de que la línea de tiempo contiene múltiples clips de vídeo en este proyecto, como muestra la figura 8.17, luego ya está preparado para exportar.

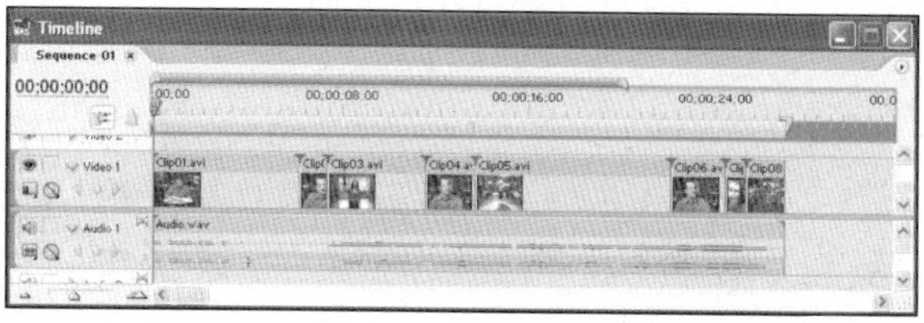

Figura 8.17.

La línea de tiempo contiene numerosos clips de vídeo.

5. Haga clic en la ventana Timeline para asegurarse de que la línea de tiempo está activa, y seleccione del menú la opción File>Export>Movie.
6. A continuación, en el cuadro de diálogo Export Movie, nombre al fichero como Scene01.
7. Haga clic en el botón **Setting**.
8. En el cuadro de diálogo Export Movie Settings, tal y como se puede ver en la figura 8.18, elija el valor Microsoft DV AVI de la lista desplegable File Type y el valor Work Area Bar de la lista desplegable Range.
9. Active las casillas de verificación Export Video y Export Audio.
10. Elija la opción Project de la lista desplegable Embedding Options, y haga clic en el botón **OK**.

    Cuando Premiere Pro renderiza un fichero de vídeo AVI, se incluirá en él la información acerca del proyecto. Como la información se guarda junto al archivo, en el futuro será capaz de abrir de nuevo el proyecto de Premiere Pro utilizando el comando `Edit Original` de Adobe Encore DVD o Adobe After Effects.

11. Haga clic en el botón **Save**.

    Si se le pregunta si quiere guardar el proyecto de Premiere Pro primero, haga clic sobre el botón **Yes** (o Aceptar).

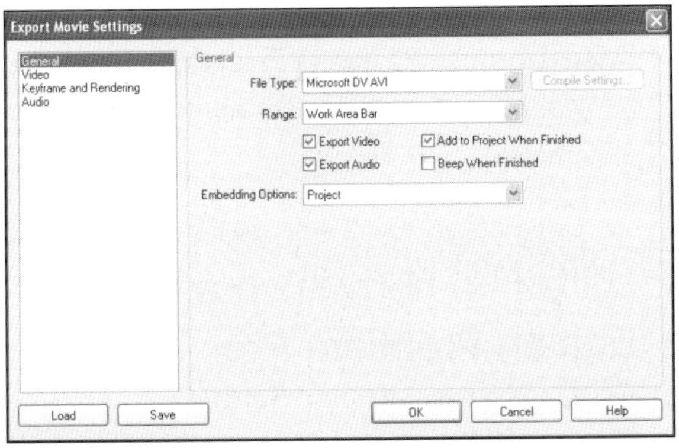

Figura 8.18.

Cuadro de diálogo Export Movie Setting con algunas opciones ya configuradas para exportar un vídeo AVI.

12. Una vez que haya finalizado el proceso de renderizado por parte de Premiere Pro, cierre el proyecto y luego salga del programa.

Usar el comando Edit Original

Cuando necesite realizar un cambio en un fichero que exportó desde Premiere Pro, utilice el comando `Edit Original` (editar el original) de Adobe Encore DVD. En este proyecto, vamos a eliminar la parte del vídeo de la mitad de la línea de tiempo:

1. Abra el proyecto de Adobe Encore DVD.
2. Elija la opción de menú File>Import as Asset, seleccione el fichero Scene01.avi y haga clic en el botón **Abrir**.
3. Seleccione el fichero Scene01.avi en la ventana del proyecto y haga clic en el botón **Create a New Timeline** () de la parte inferior. Adobe Encore DVD creará una línea de tiempo para el fichero AVI y abrirá la ventana Monitor.

Acerca de los ficheros AVI

Las ventajas y desventajas de utilizar el formato de vídeo AVI son las inversas a las del formato MPEG-2.

Ventajas

- Muchas aplicaciones reproducen ficheros AVI, luego puede distribuirlos más ampliamente si decide hacerlo de forma separada al DVD.
- Puede editar ficheros AVI en la mayoría de aplicaciones de edición de vídeo.
- Un solo fichero contiene las pistas de audio y de vídeo.
- Puede situar puntos en el tiempo para los capítulos que quiera.

Desventajas

- Debido a que Adobe Encore DVD convierte los ficheros AVI a MPEG-2 cuando crea un disco, el proceso de grabación será más largo para los proyectos que utilicen los archivos AVI.
- Los ficheros AVI normalmente tienen tamaños mayores que sus ficheros MPEG-2.
- No puede seleccionar una configuración de transcodificación para un fichero AVI.

4. Haga clic en el botón **Play** de la ventana Monitor para ver el fichero AVI. Como dijimos, ahora eliminaremos la porción del clip de vídeo que muestran las lápidas. Para recortar una parte del principio o del final del vídeo podemos utilizar Adobe Encore DVD, pero para eliminar una sección del medio necesitaremos Premiere Pro.

5. En la ventana de proyecto, seleccione el fichero Scene01.avi. (Veáse la figura 8.19.)

> **Advertencia:** Asegúrese de que selecciona el fichero de vídeo y no la línea de tiempo.

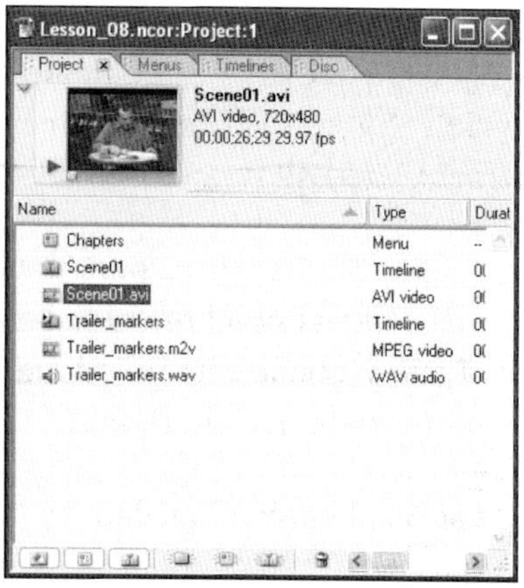

Figura 8.19.

Selección del fichero Scene01.avi en la ventana del proyecto.

6. Elija ahora del menú la opción Edit>Edit Original.

Como incrustó la información del proyecto cuando renderizó el fichero AVI en Premiere Pro, se abrirá también el proyecto mediante el cual exportó a dicho fichero de vídeo. Si el programa Premiere Pro no está ejecutándose en este mismo momento, lo hará de forma automática.

Utilizar la herramienta Ripple Edit en Premiere Pro

La herramienta Ripple Edit le permite recortar un clip de vídeo sin línea de tiempo y ajustar los clips que le siguen. Veamos cómo utilizar esta herramienta para eliminar la escena de vídeo de las lápidas:

1. Dentro de Premiere Pro, haga clic en la línea de tiempo para asegurarse de que está activada.

2. En la ventana de línea de tiempo, mueva el indicador de tiempo hasta el valor 20:19, justo antes de la escena de las lápidas, como se ve en la figura 8.20. Ahí es donde queremos que este clip en particular acabe, eliminando la escena de las lápidas.

Figura 8.20.

Indicador de tiempo de la línea de tiempo en el valor 20:19.

3. Seleccione entonces la herramienta Ripple Edit ( ) de la barra de herramientas.

4. Mueva el puntero de ratón hacia el extremo derecho, el final, del clip Clip05 de la línea de tiempo. Cuando el puntero cambie a un corchete de cierre rojo con una flecha doble ([↔]), arrástrelo hasta la posición del indicador de tiempo actual.

   Esta herramienta recortará el clip y moverá los clips consecutivos de la pista para que se ajusten al hueco que se ha dejado, como muestra la figura 8.21. Sin embargo, esta acción no tiene efecto en la pista de audio, por lo que hará falta recortar dicha pista por separado.

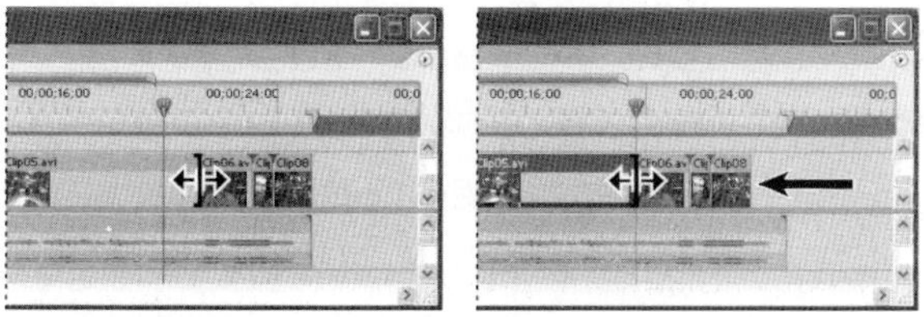

Figura 8.21.

Cómo se realiza un recorte de una parte del vídeo con la herramienta Ripple Edit, provocando que los clips del final se muevan para suplir el hueco provocado.

5. Seleccione la herramienta de selección de la barra de herramientas.

6. Coloque el puntero del ratón en el extremo derecho de la pista de audio y luego arrastre hasta que el lado derecho de la pista de audio esté alineado con el lado derecho de la pista de vídeo. (Véase la figura 8.22).

7. Guarde el proyecto.

Figura 8.22.

El mismo recorte que en la pista de vídeo aplicado a la pista de audio.

Actualización de un fichero AVI en Adobe Encore DVD

Ahora vamos a exportar el fichero de nuevo y después volveremos a Adobe Encore DVD. Veremos cómo se actualiza el fichero AVI automáticamente:

1. Asegúrese de que la línea de tiempo esté activada y luego elija la opción de menú File>Export>Movie.

2. En el cuadro de diálogo Export Movie compruebe que el nombre del fichero es Scene01.avi, y que lo está guardando en la misma carpeta que el original.

3. Haga clic en el botón **Guardar**.

4. Haga clic en **Yes** (o Aceptar) en el cuadro de diálogo que avisa de la sobrescritura del archivo con el mismo nombre.

5. Cuando finalice el renderizado de Premiere Pro, cierre el proyecto.

6. Vuelva a Adobe Encore DVD. El fichero AVI debería haberse actualizado automáticamente.

7. Reproduzca la línea de tiempo en la ventana Monitor y comprobará cómo se ha actualizado el fichero AVI en Adobe Encore DVD. Cuando reproduce la línea de tiempo en la ventana Monitor, el vídeo se verá como se editó en Premiere Pro.

Crear vínculos y comportamientos

Con los contenidos y menús ya colocados, todo lo que queda es crear los vínculos y establecer los comportamientos de los botones del menú y de las líneas de tiempo:

1. Haga clic en la ventana del proyecto para asegurase de que está activa. Después, elija la opción File>Import as Menu, seleccione el fichero Main.psd y haga clic en el botón **Abrir**. De esta forma aparecerá un nuevo menú con dos botones en la ventana del editor de menús.

2. Seleccione el botón **Excerpt** con la herramienta de selección.

3. En la ficha de propiedades, seleccione el valor Scene01>Chapter 1, como se aprecia en la figura 8.23, del menú contextual del cuadro Link. Así, cuando se active el botón **Excerpt**, se reproducirá la línea de tiempo Scene01.

4. Seleccione el botón **Chapters**.

5. En la ficha de propiedades, elija la opción Chapters>1, como se puede ver en la figura 8.24, del menú contextual del cuadro Link. Lo que conseguiremos será que, cuando se active el botón **Chapters**, aparecerá el menú con su mismo nombre, con su primer botón seleccionado.

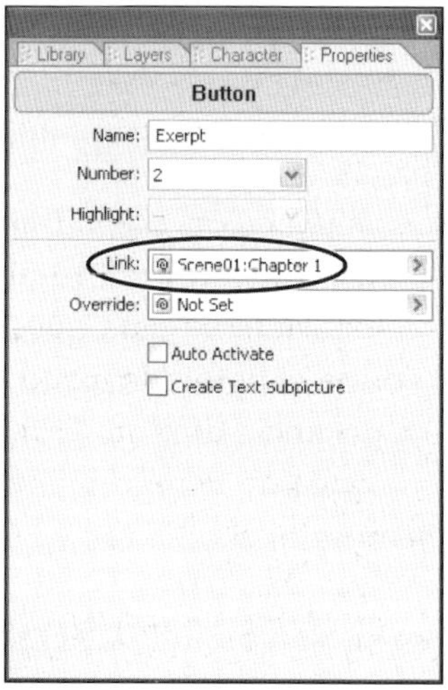

Figura 8.23.

Valor Scene01:Chapter 1 del cuadro Link para indicar el vínculo del botón Excerpt.

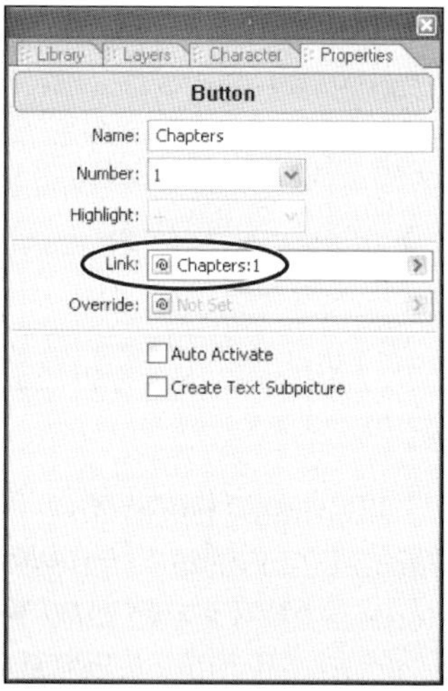

Figura 8.24.

Valor Chapters:1 del cuadro Link para indicar el vínculo del botón Chapters.

6. Haga clic en la línea de tiempo Scene01 en la ventana del proyecto para activarla.

7. Seleccione el valor Main>Chapters del menú contextual del cuadro End Action de la ficha Properties. Cuando finalice la reproducción de la línea de tiempo Scene01 se volverá al menú principal, con el botón **Chapters** seleccionado.

8. Elija la misma opción, como muestra la figura 8.25, del menú contextual del cuadro Menu Remote para que, si el usuario pulsa el botón de menu de su mando a distancia durante la reproducción de la línea de tiempo Scene01, vuelva al menú principal de nuevo.

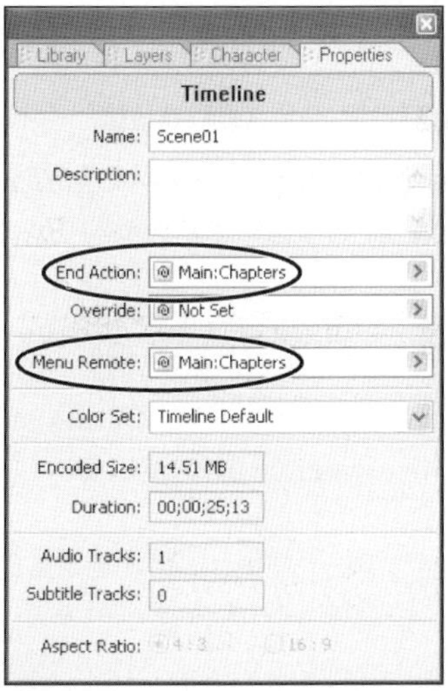

Figura 8.25.

Detalle del valor Main:Chapters en los cuadros End Action y Menu Remote, que indican que se volverá al menú principal cuando finalice la línea de tiempo o cuando se pulse el botón de menú del mando a distancia.

9. Haga clic en la pestaña Chapters de la ventana del editor de menús para hacer que dicho menú se active.

Nota: Si no existe la pestaña Chapters, haga doble clic sobre el menú Chapters en la ventana de proyecto.

10. Dentro de la ventana del editor de menús, utilice la herramienta de selección para seleccionar el botón **Back**.

11. En la ficha de propiedades, elija el valor Main>Chapters del menú contextual del cuadro Link.

12. Guarde el proyecto.

Vista preliminar del proyecto

Hasta este punto se puede decir que hemos finalizado el proyecto. Ahora especificaremos el fichero que se reproducirá la primera vez y veremos una vista previa de la navegabilidad del proyecto:

1. Dentro de la ventana del proyecto, haga clic con el botón derecho del ratón sobre el menú Main y seleccione la opción First Play del menú contextual.

2. Seleccione la opción de menú File> Preview para que aparezca la ventana de vista preliminar del proyecto mostrando el menú principal.

3. Haga clic sobre los botones del menú o use los botones del mando a distancia de la parte inferior para navegar por el proyecto.

4. Cuando haya comprobado todos los vínculos y comportamientos, cierre la ventana de vista preliminar del proyecto.

5. Guarde el proyecto.

Grabar el disco

Vamos a proceder con la creación del disco DVD:

1. En la ventana de proyecto, haga clic en la pestaña Disc.

2. Cambie entonces el nombre del disco a Lesson_08.

3. Elija el tamaño de datos del disco donde va a grabar el proyecto de la lista desplegable de más abajo.

4. Haga clic en el botón **Project Settings**. En el cuadro de diálogo con su mismo nombre puede especificar si el disco es la primera cara o la segunda de un DVD de doble cara, asignar un código de región y activar la protección de copia. Cada una de estas opciones se activará sólo si graba el proyecto en una *Digital Linear Tape* (*DLT*, cinta lineal digital) para copias masivas. Haga clic en el botón **OK** para cerrar el cuadro de diálogo.

5. Haga clic en el botón **Build Project**.

6. En el cuadro de diálogo Make DVD Disc, elija la opción Current Project de la lista desplegable Create Using, y elija también su grabadora de DVD de la lista desplegable Recorder.

7. Inserte un disco virgen en la grabadora y haga clic en el botón **Next**.

8. Revise la información de grabación en el cuadro de diálogo Make DVD Disc Summary, y si está todo correcto, haga clic en el botón **Build**.

Preguntas de repaso

1. ¿Cómo puede incluir marcadores de capítulo en un fichero MPEG-2 que se haya exportado desde Premiere Pro?

2. ¿Qué ficheros crea Premiere Pro cuando exporta un fichero MPEG-2?

3. ¿Cómo puede asegurar que va a permitir editar un proyecto de Premiere Pro en Adobe Encore DVD o After Effects después de que lo haya exportado a un fichero AVI?

4. ¿Cuándo utilizará la herramienta Ripple Edit en Premiere Pro?

Nota: Cada código de región corresponde con un área particular del mundo; un reproductor de DVD sólo podrá reproducir un disco DVD si reconoce el código de región. Por defecto están permitidas todas las regiones, por lo que si escribe directamente en un DVD, cualquier usuario podrá reproducir su disco.

5. ¿Cuáles son las ventajas de los ficheros MPEG-2?

6. ¿Qué ventajas tienen los ficheros AVI?

Respuestas del repaso

1. Añadiendo marcadores de secuencia sin numerar a la línea de tiempo en Premiere Pro. Cuándo éste importa el fichero MPEG-2, Adobe Encore DVD reconocerá los marcadores de secuencia como marcas de capítulo y, además, las numera. También añadirá un capítulo en el principio de la línea de tiempo.

2. Cuando exporta un fichero MPEG-2 desde Premiere Pro, éste crea un fichero .m2v para el contenido de vídeo y un fichero .wav para el contenido de audio.

3. Para asegurar que puede editar el proyecto original desde Adobe Encore DVD o After Effects, cuando exporte el fichero AVI, elija la opción Project de la lista desplegable Embedding Options en el cuadro de diálogo Export Movie Settings.

4. Utilice la herramienta Ripple Edit de Premiere Pro para recortar un clip de vídeo dentro de su línea de tiempo. Los clips que siguen se moverán automáticamente para ajustarse el cambio.

5. Los ficheros MPEG-2 tienen un tamaño menor que los ficheros AVI. Cuando utiliza los ficheros MPEG-2, puede grabar directamente el DVD más rápido, puesto que Adobe Encore DVD no necesita convertirlos. Los ficheros son más seguros, pues no pueden editarse tan fácilmente en las aplicaciones de edición de vídeo. Además, puede elegir la configuración de transcodificación que se usará.

6. Puede reproducir los ficheros AVI en una amplia variedad de aplicaciones, en contra de los ficheros MPEG-2, y puede editarlos con otras aplicaciones que no sean Premiere Pro. Cuando guarda un fichero AVI, se guarda todo el proyecto en un único archivo. Además, puede situar los capítulos en cualquier fotograma que quiera del vídeo en los ficheros AVI.

Capítulo 9

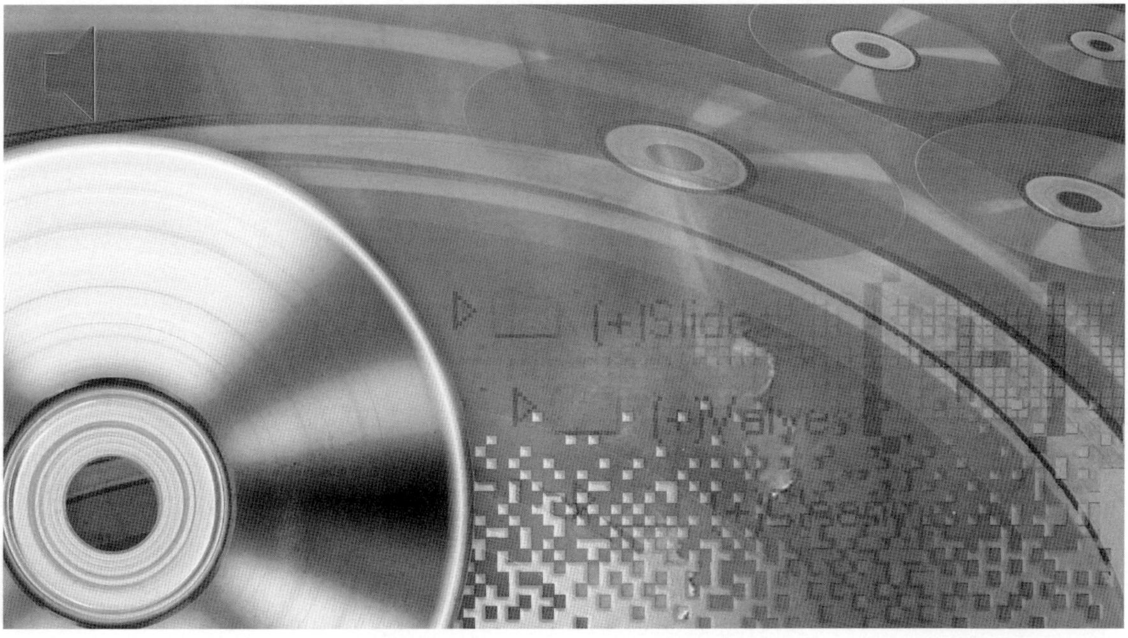

Trabajando con Adobe After Effects

Disponga del poder de Adobe After Effects es sus proyectos de DVD. Añada efectos especiales en After Effects, importe el fichero dentro de Adobe Encore DVD y vuelva de nuevo a After Effects en cualquier momento para realizar cambios adicionales.

Combine Adobe Encore DVD con Adobe After Effects para aprovechar las características de ambas aplicaciones. Podrá importar ficheros AVI que haya creado en After Effects dentro de Adobe Encore DVD y volver a After Effects para editarlos en cualquier momento.

En este capítulo aprenderá a realizar lo siguiente:

- Importar un fichero de After Effects como un contenido.
- Volver a After Effects para editar el fichero original.
- Incrustar un vínculo de proyecto en Adobe Encore DVD.
- Hacer que se repita un menú animado en Adobe Encore DVD.
- Quitar los elementos innecesarios de un menú importado de Photoshop.

Empecemos

En este capítulo aprenderá a usar una película de After Effects como un fondo para un menú de Adobe Encore DVD y lo emparejará con un menú de Photoshop para proveerle de subimágenes.

Utilizará ficheros de imágenes y vídeo que están incluidos en el DVD que se adjunta con el libro. Debe asegurarse de conocer la localización los archivos que necesita, en particular dentro de la carpeta Lesson 09. Para más información, diríjase al apartado Copia de archivos del principio del libro.

Vista previa del proyecto de Adobe Encore DVD finalizado

Para ver lo que creará en este capítulo:

1. Inicie el programa Adobe Encore DVD.
2. Elija luego la opción de menú File>Open Project.
3. En el cuadro de diálogo Open, busque la carpeta Lesson 09, luego haga doble clic en la carpeta Lesson_09_end, seleccione el archivo Lesson_09_end.ncor y haga clic en el botón **Abrir**.
4. Seleccione la opción File>Preview para abrir la ventana de vista preliminar del proyecto, con un menú repetitivo dentro de ella. (Véase la figura 9.1.)

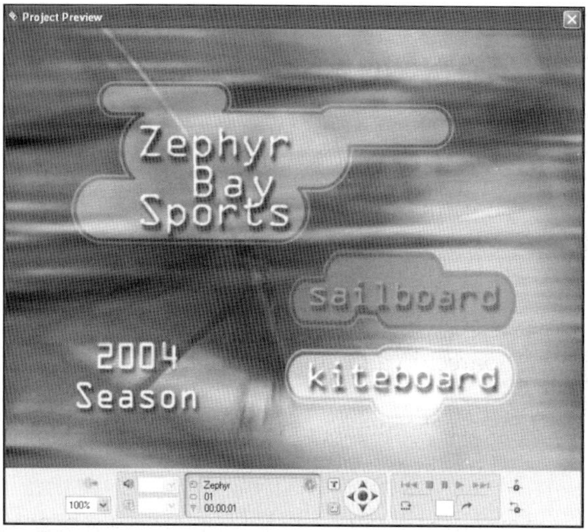

Figura 9.1.

Ventana de vista preliminar del proyecto con un menú repetitivo dentro de ella.

5. Cierre la ventana de vista preliminar del proyecto y la ventana del proyecto Lesson_09_end.

Importar un menú de Photoshop

Lo primero que haremos será importar un menú de Photoshop en nuestro proyecto:

1. Seleccione la opción de menú File>New Project y haga clic en el botón **OK** para aceptar el estándar de televisión NTSC (americano).

2. Vaya ahora a la opción de menú File> Import as Menu, busque entonces la carpeta Lesson 09 e importe el fichero Zephyr.psd. Así aparecerá el menú en Adobe Encore DVD.

3. Haga clic en el menú de la ventana del editor de menús y abra la ficha Layers. Verá cómo el menú incluye un conjunto de capas para el texto del título, una capa de fondo y dos conjuntos de capas adicionales, las cuales Adobe Encore DVD reconoce como botones. (Véase la figura 9.2.)

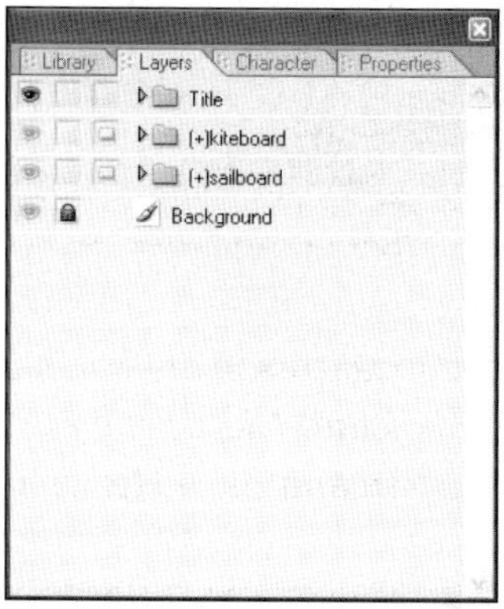

Figura 9.2.

Ficha Layers con las capas y conjuntos de capas del menú importado.

4. Haga clic sobre el botón **Show Selected Subpicture Highlight**, como muestra la figura 9.3, en la parte inferior de la ventana del editor de menús, para ver las subimágenes de los botones. Éstas se definieron en Photoshop y Adobe Encore DVD las reconoce porque los nombres de las capas donde están definidas comienzan con el texto (=1).

5. Active la ficha Character haciendo clic en su pestaña. Después elija la fuente OCR A Std, el estilo de fuente Medium y un tamaño de 36 puntos, tal y como se ve en la figura 9.4. También active el botón **Align Center** para la alineación del texto centrado.

Figura 9.3.

Detalle de la localización del botón Show Selected Subpicture Highlight de la parte inferior de la ventana del editor de menús.

Figura 9.4.

Ficha Character con un conjunto de propiedades del texto que se va a escribir.

6. Con la herramienta de texto elegida, haga clic en un punto de inserción en la ventana del editor de menús y escriba 2004, pulse la tecla **Intro** y después escriba Season.

7. Con la herramienta de Selección, mueva el bloque de texto que acaba de crear al área inferior izquierda del menú.

8. Con el bloque de texto aún seleccionado, elija la opción de menú Object>Drop Shadow, acepte los valores por defecto del cuadro de diálogo que aparecerá y haga clic en el botón **OK**. Podrá ver algo parecido a lo que aparece en la figura 9.5.

9. Guarde luego el proyecto con el nombre Lesson_09.ncor.

Figura 9.5.

Menú con el nuevo texto escrito.

Modificar un fichero de Photoshop en After Effects

Ahora importaremos el mismo fichero de Photoshop dentro de After Effects y lo guardaremos con diez segundos de duración:

1. Abra After Effects.

2. After Effects se abrirá con un nuevo proyecto sin nombre.

3. Elija la opción de menú File>Save As y entonces guarde el proyecto con el nombre Lesson_09.aep en la misma carpeta donde se encuentre el fichero Lesson_09.ncor.

4. Seleccione la opción Composition>New Composition, con lo que se abrirá el cuadro de diálogo Composition Settings.

5. Establezca ahora la duración al valor 00:00:04:00 (cuatro segundos), como se aprecia en la figura 9.6, deje los otros valores como están y haga clic en el botón **OK**. Aparecerá el elemento Comp1 en la ventana de proyecto, aunque no usará esta composición. Eso sí, cuando importa el fichero de Photoshop en After Effects, la duración de la nueva composición, y de cada una de sus capas, será de ocho segundos.

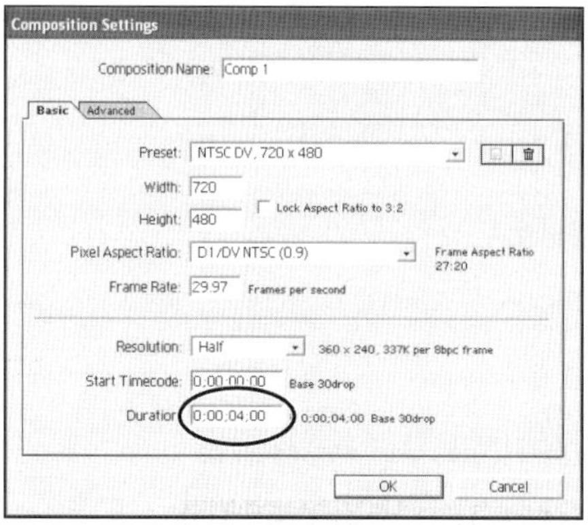

Figura 9.6.

Cuadro de diálogo Composition Settings de After Effects, con el valor de la duración destacado.

6. Seleccione Comp1 en la ventana del proyecto y elija la opción Edit>Clear. Ahora, la ventana del proyecto estará vacía.

7. Seleccione la opción de menú File>Import>File.

8. Seleccione el fichero **Zephyr.psd** y elija el valor Composition de la lista desplegable Import As (véase la figura 9.7). Haga clic en el botón **Abrir**. La ventana del proyecto tendrá ahora una carpeta y una composición, ambos llamados Zephyr.psd (After Effects 5.5) o Zephyr Comp 1 (After Effects 6.0). La carpeta contiene las capas individuales y la composición es una combinación de las capas ensambladas.

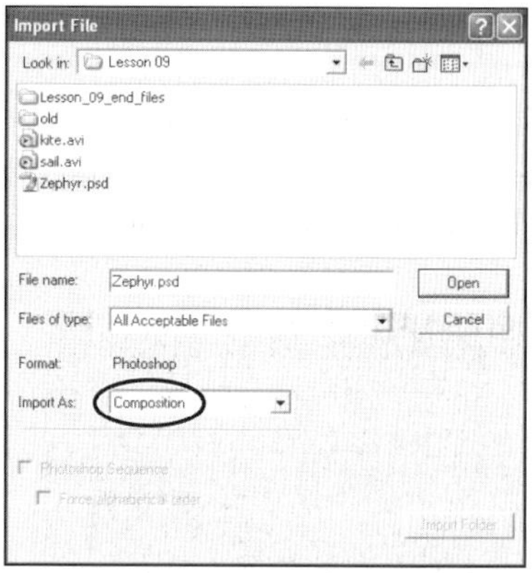

Figura 9.7.

Cuadro de diálogo Import File de After Effects con el valor de la lista desplegable Import As destacado.

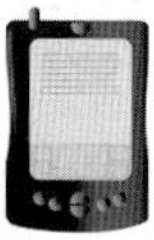

Nota: Si sólo hay un fichero en la ventana del proyecto, como muestra la figura 9.8, es que no ha importado el fichero de capas Photoshop como una composición, véase el paso 7. Borre el fichero y reimpórtelo como una composición.

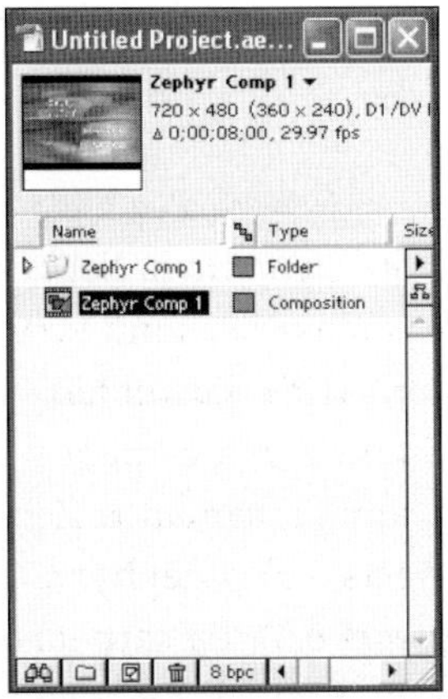

Figura 9.8.

Ventana del proyecto con la selección de la composición Zephyr Comp 1.

9. En la ventana del proyecto, haga doble clic sobre el icono de la composición (no la carpeta) Zephyr.psd o bien Zephyr Comp 1. Verá cómo se abren las ventanas de línea de tiempo Timeline y la de composición Composition, tal y como se muestra en la figura 9.9. Cada capa y conjunto de capas de Photoshop está en una línea separada en la línea de tiempo.

10. Seleccione la opción Composition> Composition Settings.

11. Asegúrese de que en la lista desplegable Preset está el valor NTSC DV 720x480 (After Effects 5.5), como en la figura 9.10, o el valor NTSC 720x480 (After Effects 6.0), y que la duración es de 00:00:04:00 (cuatro segundos). Después, haga clic en el botón **OK**.

12. Guarde el proyecto.

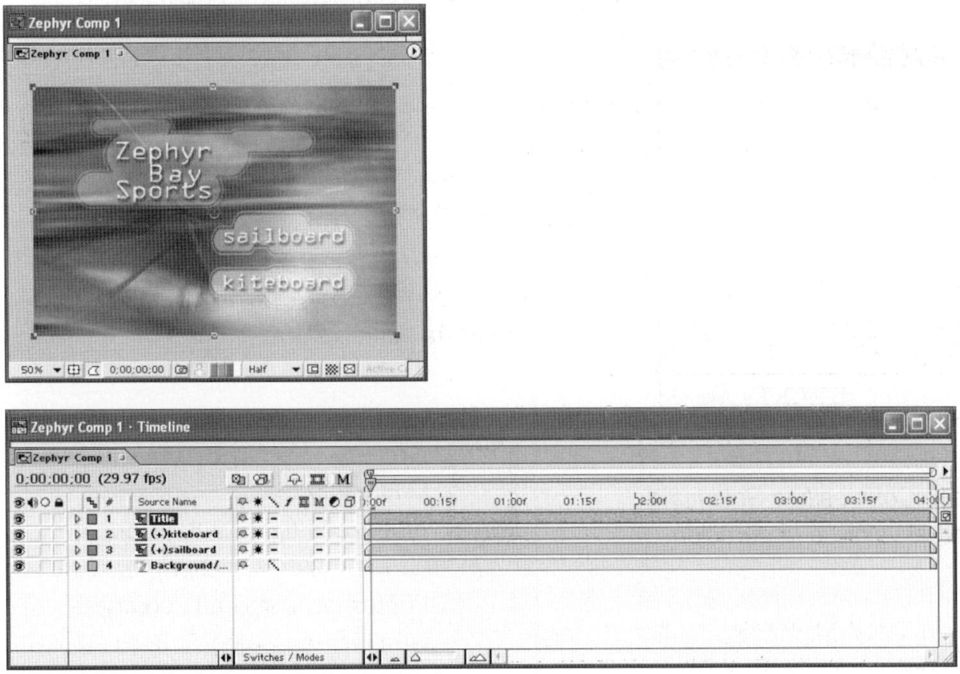

Figura 9.9.

Ventanas Composition (arriba) y Timeline (debajo).

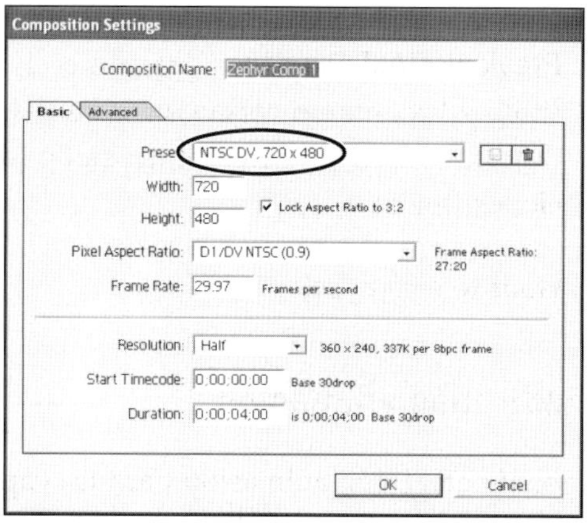

Figura 9.10.

Cuadro de diálogo Composition Settings con el valor NTSC DV 720x480 en la lista desplegable Preset.

Animar un fichero de menú en After Effects

Ya ha importado un menú estático de Photoshop, y ahora lo animará para que los botones y el título se muevan durante los cuatro segundos en los que el menú se reproducirá:

1. En la ventana de línea de tiempo, mueva el indicador de tiempo actual al valor 01:00 (un segundo).

2. Seleccione después las tres primeras capas en la línea de tiempo (pulse la tecla **Control** para la selección múltiple de capas).

3. Pulse la tecla **P** para mostrar la propiedad Position de cada una de las capas seleccionadas. (Véase la figura 9.11.)

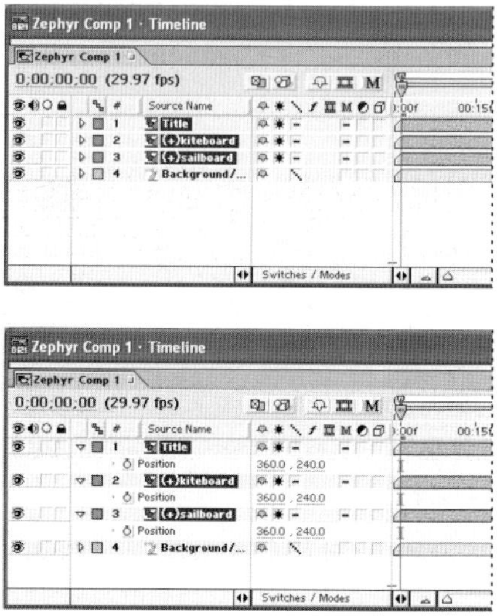

Figura 9.11.

Las capas seleccionadas con la propiedad de posición.

4. Haga clic en los iconos de los cronómetros (véase la figura 9.12) que hay cerca de las propiedades de posición para crear un fotograma clave para la posición de cada capa.

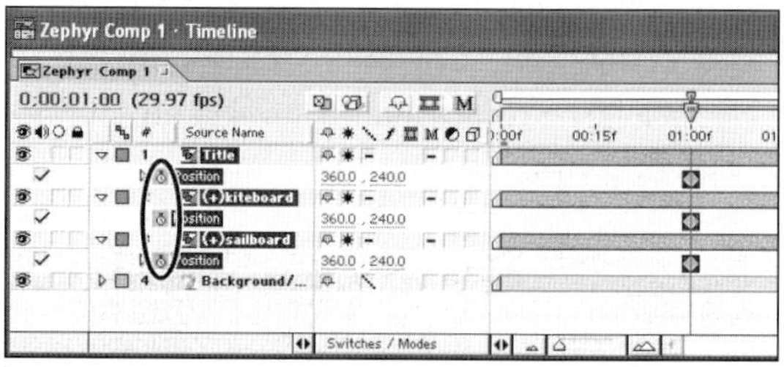

Figura 9.12.

Iconos de los cronómetros en cada capa seleccionada.

5. Lleve de nuevo el indicador de tiempo actual al valor 00:00.

6. Seleccione la capa de título (*Title*) y cambie su posición a 930, 240, como se muestra en la figura 9.13.

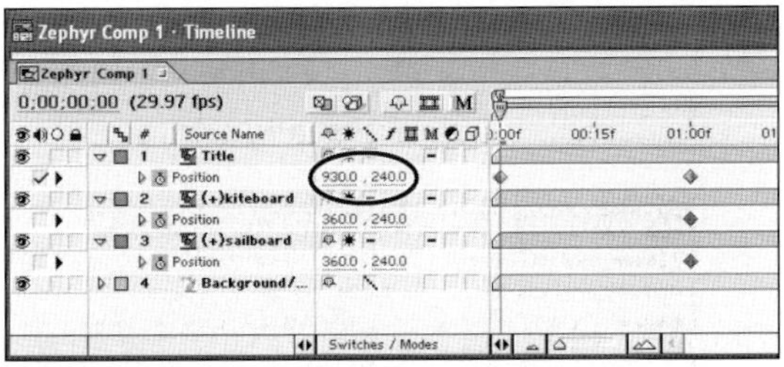

Figura 9.13.

Nuevo valor para la posición de la capa Title.

> **Truco:** Puede cambiar la posición manualmente seleccionando y arrastrando el título en la ventana de composición, o bien, puede hacer clic en los números de la línea de tiempo y escribir los nuevos valores.

7. Mueva la capa Kiteboard a la posición 710, 240 y la capa Sailboard a la misma posición, tal y como se aprecia en la figura 9.14.

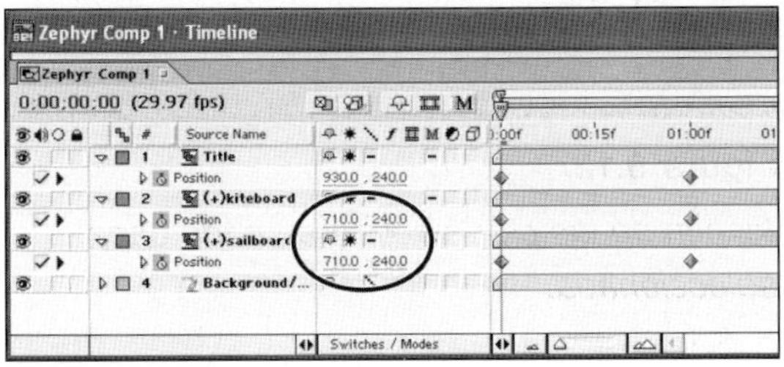

Figura 9.14.

Nuevos valores de posición para las capas Kiteboard y Sailboard.

8. Elija la opción de menú Composition>Preview>RAM Preview. Verá cómo el título y los botones entran en la pantalla desde la derecha y se paran en sus posiciones finales.

9. Guarde el proyecto.

Añadir más animación

Acaba de crear una animación para las capas que hace que estén fuera de la pantalla 0 segundos y entran después por la derecha. Ahora añadirá fotogramas clave para moverlas fuera de la pantalla de nuevo:

1. Dentro de la línea de tiempo, mueva el indicador de tiempo actual al valor 03:00 (tres segundos).

2. Pulse la tecla **Control** para hacer clic en la palabra Position, debajo del nombre de la capa, para las tres primeras capas. (Véase la figura 9.15.)

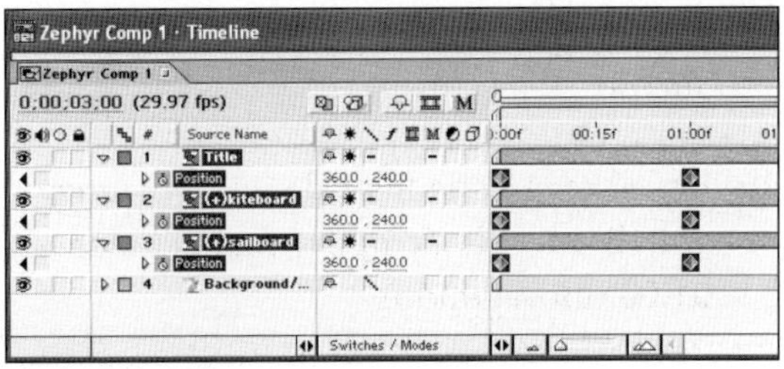

Figura 9.15.

Se selecciona la posición de las tres primeras capas de la línea de tiempo.

3. Seleccione entonces la opción del menú Animation>Add Keyframe. Así se añadirá un nuevo fotograma clave a cada capa, el cual tendrá el mismo valor 01:00 en las

tres. Lo que queremos es que las capas estén en la misma posición desde 01:00 a 03:00.

4. Haga clic en un área vacía de la línea de tiempo para desactivar los fotogramas clave en 03:00. Después, pulse la tecla **Mayús** para seleccionar los tres fotogramas clave en la posición 01:00, como se muestra en la figura 9.16. Elija la opción de menú Animation>Toggle Hold Keyframe. Así ha asegurado que las tres capas no cambiarán de posición hasta el siguiente fotograma clave.

5. Haga clic en un área vacía de la línea de tiempo para deseleccionar los fotogramas clave y luego mueva el indicador de tiempo actual al último fotograma de la composición, en 03:29.

6. Cambie la posición de la capa de título a la izquierda, en -40, 240.

7. Mueva entonces la capa Kiteboard a la posición -280, 240, y lo mismo con la capa Sailboard. (Véase la figura 9.17.)

8. Elija la opción Composition>Preview> RAM Preview del menú. Verá cómo las capas entran por la pantalla desde la derecha, se paran dos segundos y después continúan moviéndose hacia la izquierda hasta que desaparecen.

9. Guarde el proyecto.

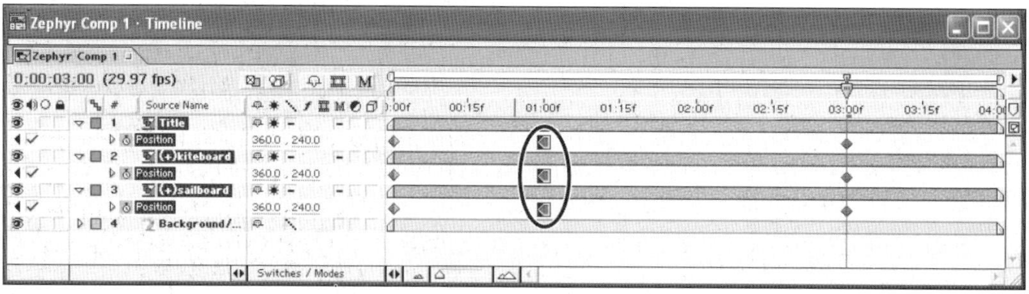

Figura 9.16.

Selección de los tres fotogramas clave de la posición 01:00.

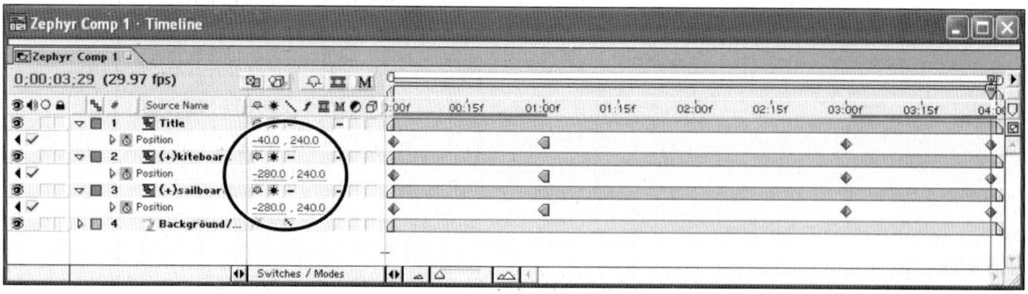

Figura 9.17.

Nuevas posiciones para las capas Kiteboard y Sailboard.

Ajuste de los fotogramas clave para añadir interés

Para hacer la animación un poco más interesante cambiaremos los fotogramas clave para que el título y los botones se muevan en diferentes momentos. Los tiempos se sugieren en estas instrucciones, pero la exactitud de los mismos en los fotogramas clave no es importante. Puede experimentar con diferentes valores de tiempos utilizando el comando `RAM Preview` para ver los resultados:

1. Para la capa Title, arrastre el segundo fotograma clave, actualmente en el segundo 1, hasta el octavo fotograma (00:08), como se indica en la figura 9.18.
2. Para la capa Kiteboard, mueva el primer fotograma clave (actualmente en el segundo 0) al fotograma 9 (00:09), y el segundo fotograma clave (ahora en el segundo 1) al fotograma 18 (00:18).
3. Para el conjunto de capas Sailboard, mueva el primer fotograma clave (ahora en el segundo 0) al fotograma 19 (00:19) y deje el segundo en el primer segundo (01:00). Los cambios quedarán como en la figura 9.19.
4. Mueva los últimos dos fotogramas clave de cada capa con el fin de crear salidas y entradas más interesantes. (Véase la figura 9.20.)

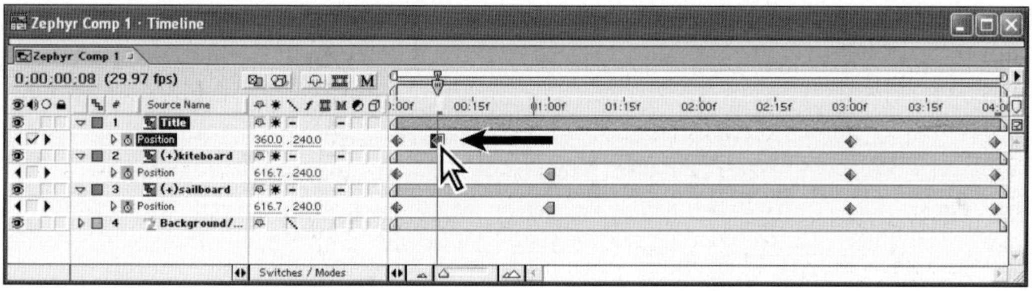

Figura 9.18.

Cómo arrastrar el fotograma clave de la capa título a la posición del fotograma 8.

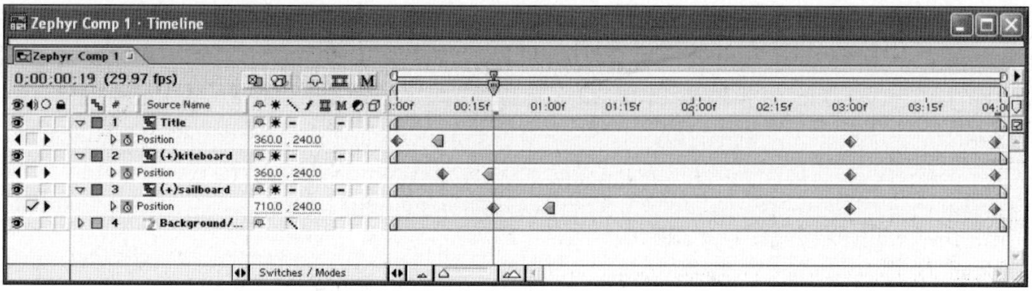

Figura 9.19.

Nuevas posiciones para los fotogramas clave de las capas de la línea de tiempo.

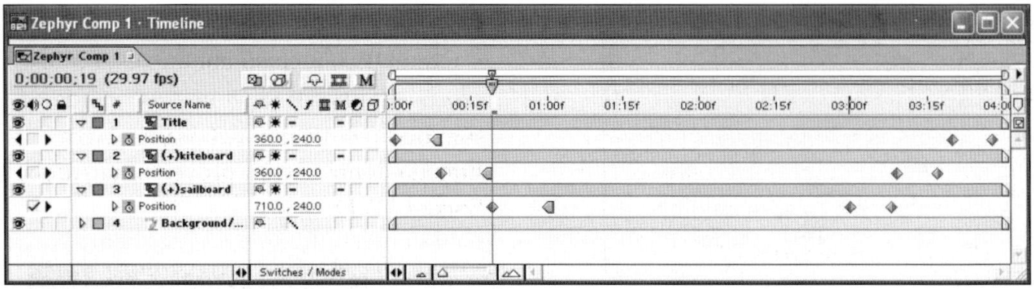

Figura 9.20.

Se mueven los últimos fotogramas clave de las capas.

> **Advertencia:** Asegúrese de que no cambia el orden de los fotogramas clave en la capa.

5. Vaya de nuevo a la opción de menú Composition>Preview>RAM Preview. Verá que el título y los botones se mueven dentro de la pantalla desde la derecha, a intervalos, y salen de la pantalla siguiendo los fotogramas clave que haya creado.

6. Guarde el proyecto de After Effects.

Renderizar una animación en After Effects

Ya estamos preparados para crear la animación en After Effects:

1. Vaya al menú y entonces elija la opción Composition>Make Movie. Si se le pregunta por el nombre de la animación, llámela Zephyr_background.avi y guárdela en una carpeta. Aparecerá después la ventana Render Queue y nuestro proyecto aparecerá en la cola.

2. Haga clic en el valor que hay después de Render Settings de su proyecto. (Véase la figura 9.21.)

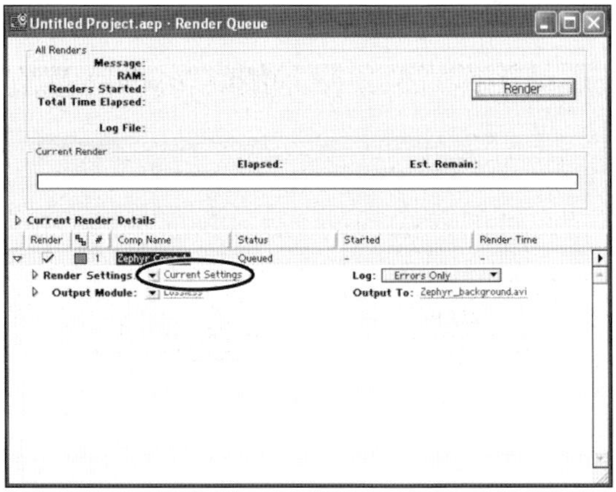

Figura 9.21.

Valor que hay después de Render Settings en la ventana Render Queue de After Effects.

3. Elija el valor Best de la lista desplegable Quality y Full de la lista desplegable Resolution, como muestra la figura 9.22. Después, haga clic en el botón **OK**.

4. Haga clic en el siguiente valor a Output Module, como se ve en la figura 9.23, en la ventana Render Queue.

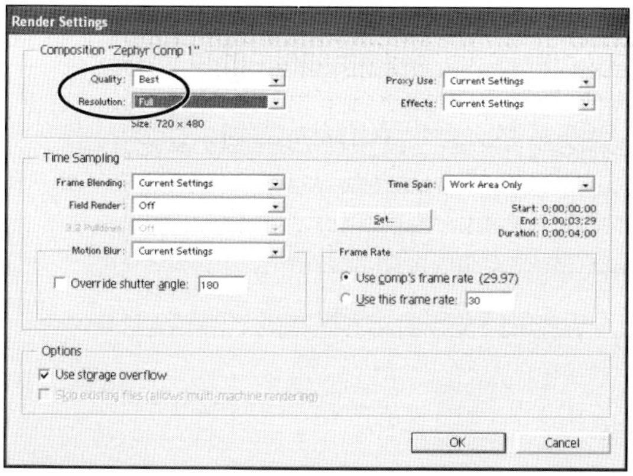

Figura 9.22.

Valores que tiene que indicar en las listas desplegables Quality y Resolution del cuadro de diálogo Render Settings.

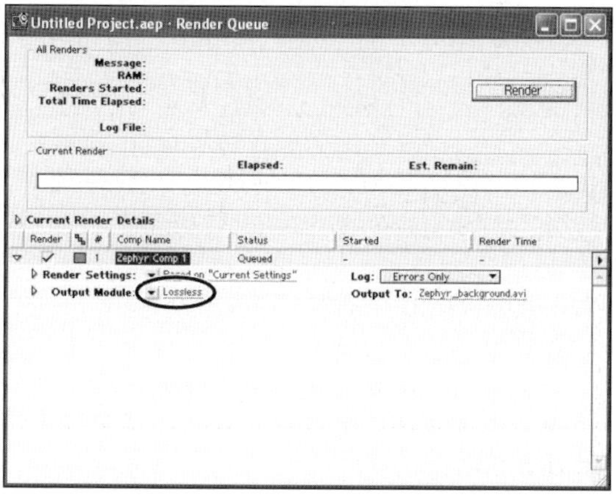

Figura 9.23.

Elemento al que hacer clic a la derecha de Output Setting en la ventana Render Queue.

5. En el cuadro de diálogo Output Module Settings, elija el valor Project Link and Copy de la lista desplegable Embed, véase la figura 9.24.

   El incrustar un vínculo de proyecto asegura que puede volver al fichero de After Effects para editarlo desde Adobe Encore DVD, incluso aunque esté colocando un fichero de animación renderizada (no el propio fichero de After Effects) dentro de su proyecto de Adobe Encore DVD.

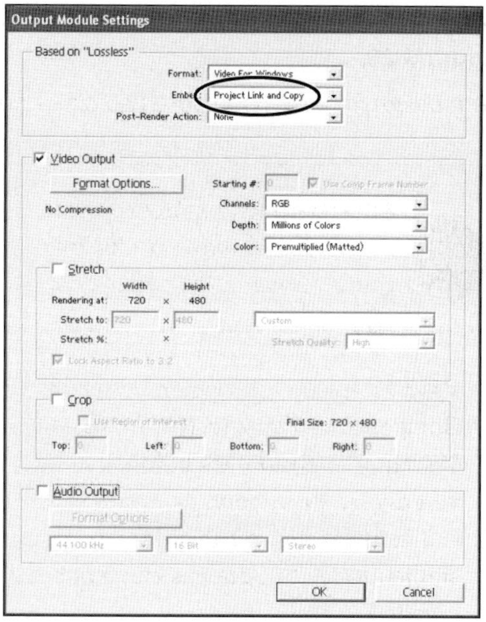

Figura 9.24.

Detalle del valor de la lista desplegable Embed.

6. Haga clic en el botón **Format Options**, como se puede observar en la figura 9.25, en la sección Video Output del cuadro de diálogo Output Module Settings.

7. Elija ahora el valor No Compression de la lista desplegable Compressor (véase la figura 9.26), y haga clic en el botón **OK**.

   Haga clic de nuevo en el botón **OK** para cerrar el cuadro de diálogo Output Module Settings.

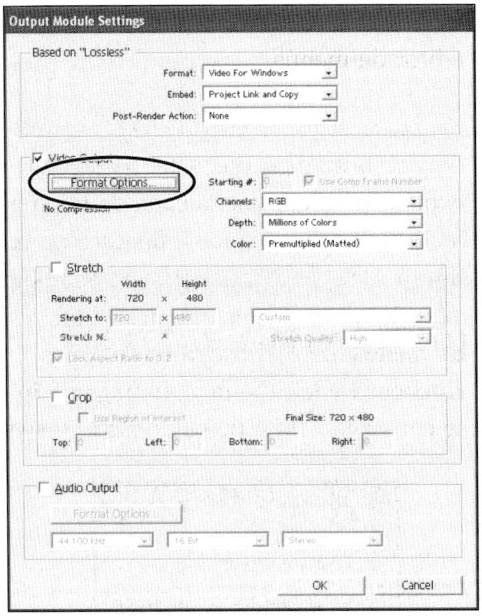

Figura 9.25.

Botón Format Options del cuadro de diálogo Output Module Setting.

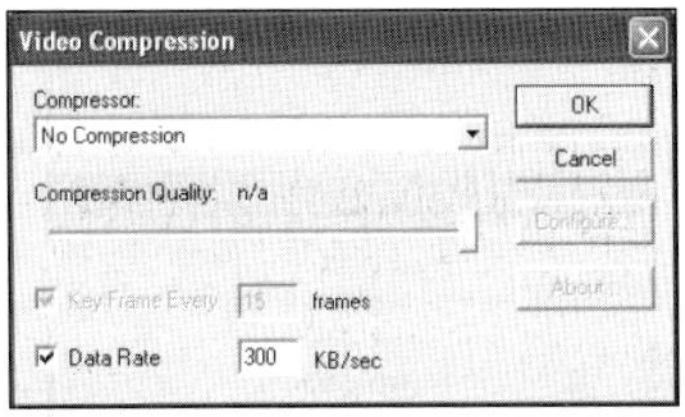

Figura 9.26.

Cuadro de diálogo Video Compression.

8. Haga clic en el valor que hay después de Output To en la ventana Render Queue (véase la figura 9.27). Si aún no ha nombrado el fichero, hágalo con el nombre Zephyr_background.avi e indíquele una carpeta.

9. Haga clic en el botón **Render** y, si se le pregunta si quiere guardar el proyecto, haga clic en el botón **OK**. After Effects empezará el proceso de renderizado que, dependiendo de su sistema, puede tardar unos cuantos minutos.

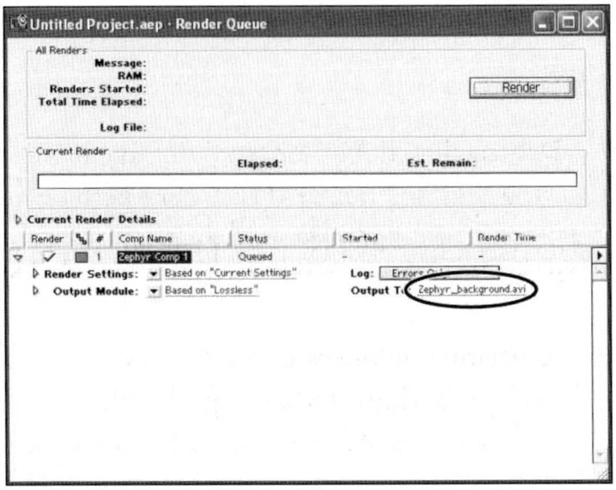

Figura 9.27.

Detalle del valor que hay después del elemento Output To de la ventana Render Queue.

10. Deje abierta la ventana Render Queue y no cambie los valores.

11. Guarde el proyecto After Effects y luego ciérrelo.

Advertencia: Es importante cerrar el proyecto After Effects.

Importar una animación After Effects dentro de Adobe Encore DVD

Ahora vamos a importar la animación dentro de Adobe Encore DVD como un contenido más. Aunque utilizará la animación en el menú, sólo habrá un componente en el mismo. El fichero Photoshop que importará ofrecerá el esquema de trabajo para el menú, por lo que las subimágenes se quedarán intactas:

1. Dentro de Adobe Encore DVD, haga clic en la ventana del proyecto para activarla y elija la opción de menú File>Import as Asset.

2. Seleccione entonces el fichero AVI, Zephyr_background.avi, que acaba de renderizar en After Effects y haga clic en el botón **Abrir**.

3. En la ventana de proyecto, haga doble clic en el menú Zephyr para abrir la ventana del editor de menús y, después, haga clic en la pestaña Layers o elija la opción de menú Window>Layers para abrir la ficha de capas. (Véase la figura 9.28.)

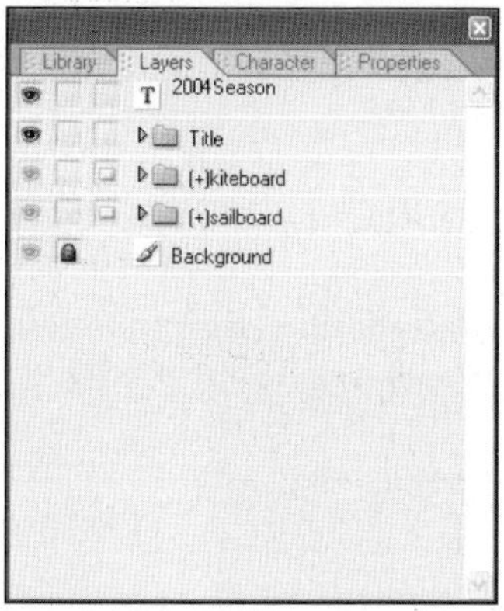

Figura 9.28.

Ficha Layers con la información de las capas del menú importado.

4. En la ficha Layers, seleccione el conjunto de capas Title y elija la opción Edit>Clear del menú. Así logará que desaparezca el título del menú dentro de la ventana del editor de menús.

5. Haga clic en la flecha que hay después del conjunto de capas Kiteboard para expandirlo y elimine la capa de texto que incluye, Kiteboard, como aparece en la figura 9.29. Verá cómo el texto Kiteboard desaparece de la ventana del editor de menús, pero el conjunto de capas Kiteboard y la capa de subimagen aún se conservan en la ficha Layers.

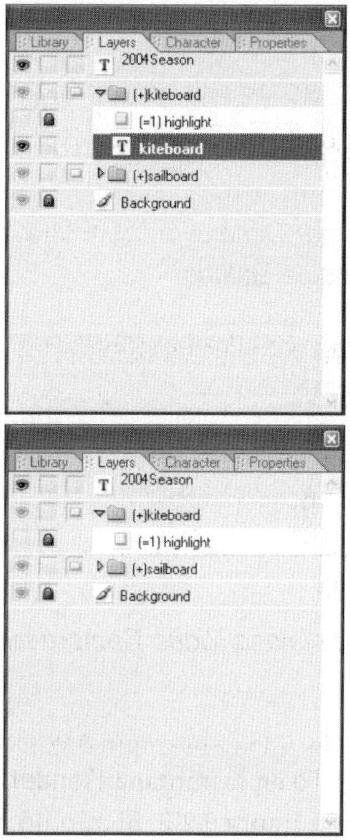

Figura 9.29.

Haremos desaparecer la capa de texto Kiteboard del conjunto de capas con su mismo nombre.

6. De la misma forma, elimine la capa de texto del conjunto de capas Sailboard.

Los propios conjuntos de capas y las subimágenes que incluyen deberían conservarse en la ficha Layers.

7. Haga clic en el botón **Show Selected Subpicture Highlight**, en la parte inferior de la ventana del editor de menús, para ver las subimágenes, véase la figura 9.30.

Figura 9.30.

Detalle de la localización del botón Show Selected Subpicture Highlight de la ventana del editor de menús para mostrar las subimágenes.

8. Pulse la tecla **Alt** mientras arrastra el fichero Zephyr_background.avi desde la ventana del proyecto hasta la del editor de menús, tal y como se indica en la figura 9.31. En apariencia, parece que no hay cambios en la ventana del editor de menús, debido a que el texto está fuera de la pantalla en el segundo 0, en el inicio de la animación. Sin embargo, el fondo se ha reemplazado por el contenido de vídeo que ha creado antes en After Effects. El fotograma inicial de la animación debería encajar perfectamente con el fondo de menú.

Advertencia: Si aparece un botón, elimínelo, así como la nueva línea de tiempo que se ha creado en la ventana de proyecto. La próxima vez, asegúrese de que presiona la tecla **Alt** cuando arrastre el fichero dentro de la ventana del editor de menús.

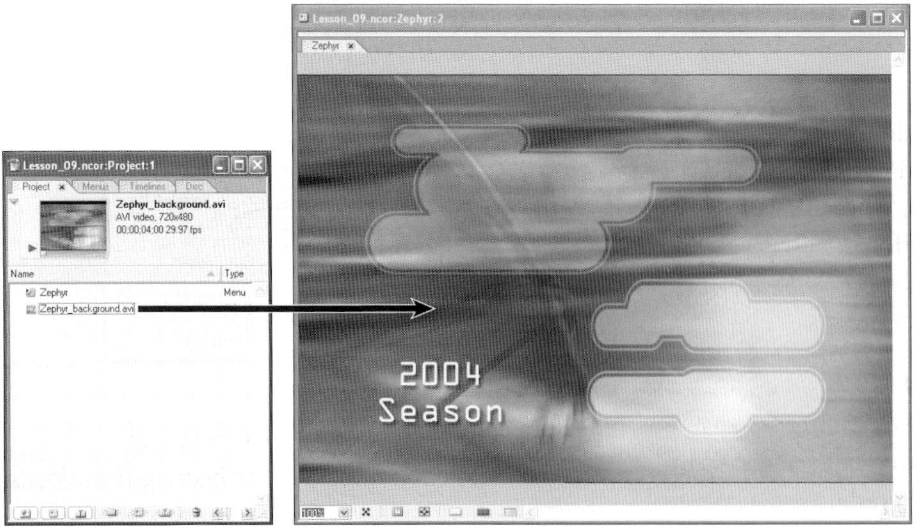

Figura 9.31.

Indicación de cómo arrastrar el archivo de vídeo con la animación de fondo del menú al mismo que aparece en la ventana el editor de menús.

9. Seleccione el menú Zephyr en la ventana del proyecto y abra la paleta Properties. Debería ver entonces el nombre del fichero Zephyr_background.avi en el cuadro de texto Video, como se muestra en la figura 9.32. Si no es así, repita de nuevo el arrastre, con atención a que ha estado pulsando la tecla **Alt** durante el mismo.

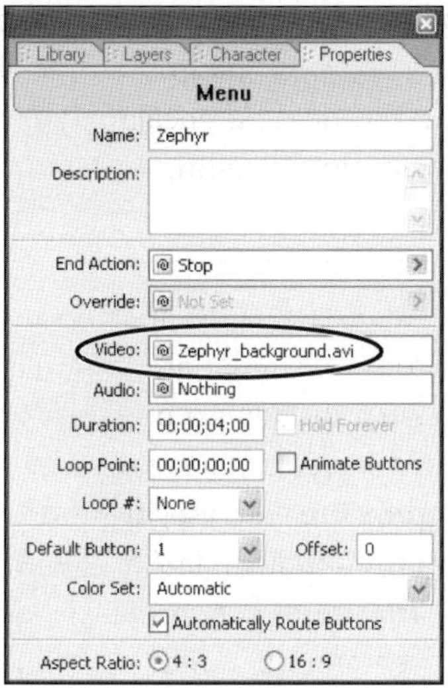

Figura 9.32.

Detalle del valor del cuadro de texto Video de la ficha de propiedades del menú, con el nombre del vídeo creado en After Effects.

10. Elija la opción de menú File>Render Motion Menus. Para que se pueda ver un menú animado, Adobe Encore DVD debe renderizarlo primero. Si no lo hace así, Adobe Encore DVD lo mostrará como un menú estático.

11. Elija la opción File>Preview, para ver cómo se mueve el menú. El vídeo de fondo se reproducirá una vez, para acabar con una pantalla en negro.

12. Cierre la ventana de vista preliminar del proyecto y guarde el proyecto de Adobe Encore DVD.

Activar un menú animado

Ya que ha animado el menú en After Effects, ahora especificará el comportamiento del mismo en Adobe Encore DVD:

1. Seleccione el menú Zephyr de la ventana del proyecto.

2. En la ficha de propiedades, deje la duración en cuatro segundos (04:00) y elija el valor Forever en la lista desplegable Loop #, tal y como se muestra en la figura 9.33. Así, el vídeo se reproducirá hasta que alcance el final y, después, se repetirá de nuevo hasta que realice una selección en el menú.

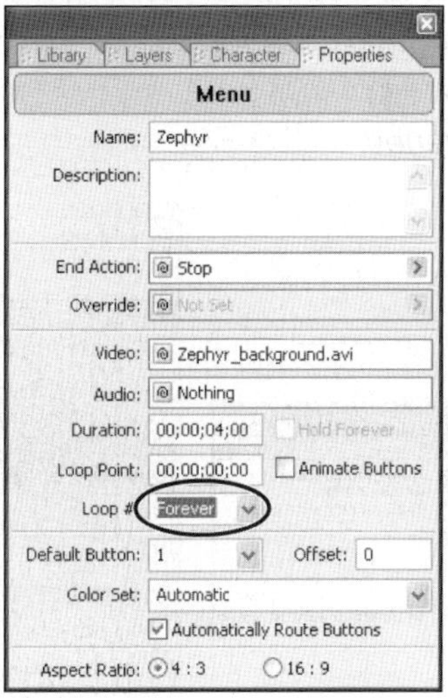

Figura 9.33.

Detalle del valor Forever de la lista desplegable Loop #, para hacer que se repita siempre la reproducción del menú.

3. Seleccione la opción de menú File>Render Motions Menus. Si dicha opción está desactivada, vaya al paso siguiente.

4. Elija la opción File>Preview.

5. Cierre la ventana de vista preliminar del proyecto y guárdelo.

Editar un fichero en After Effects

Lo siguiente que veremos es cómo hacer las repeticiones del vídeo más interesantes. Podrá editar fácilmente el fichero original en After Effects y actualizarlo en Adobe Encore DVD, sin que para ello se vean afectadas las subimágenes:

1. Dentro de Adobe Encore DVD, seleccione el fichero Zephyr_background.avi en la ventana de proyecto. (Véase la figura 9.34.)

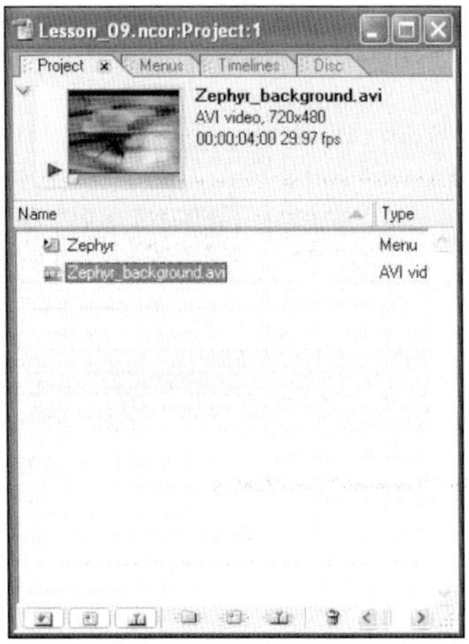

Figura 9.34.

Selección del fichero Zephyr_background.avi en la ventana del proyecto.

2. Elija la opción de menú Edit>Edit Original y verá cómo se abre el proyecto original que utilizó para crear el fichero AVI en After Effects.

> **Nota:** Si se le pregunta si quiere abrir la versión del proyecto original, haga clic en el botón **Yes** (o Aceptar). Así se abrirá una versión sin nombre del fichero de After Effects.

3. Ahora, dentro de la ventana de línea de tiempo, seleccione la capa Background/Zephyr.psd.

4. Seleccione la opción de menú Edit>Duplicate, con lo que aparecerá una nueva capa duplicada, como se puede ver en la figura 9.35, directamente encima de la capa de fondo.

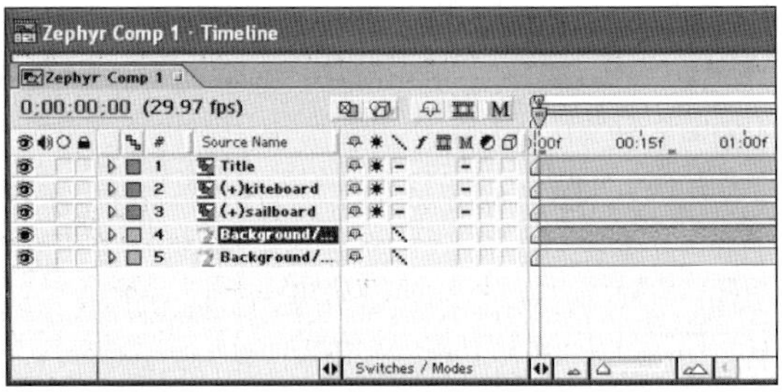

Figura 9.35.

Se ha creado una nueva capa, duplicado de la capa Background/Zephyr.psd.

5. Con la nueva capa seleccionada, elija del menú la opción Layer>Transfer Mode>Add (After Effects 5.5) o Layer>Blending Mode>Add (After Effects 6.0).

6. Con la nueva capa aún seleccionada, pulse la tecla **T** para mostrar la propiedad de opacidad (Opacity) de la capa (véase la figura 9.36).

7. Establezca una opacidad del 40 por ciento.

8. Arrastre el indicador de tiempo actual de la ventana de línea de tiempo hasta el valor de dos segundos (02:00).

9. Haga clic en el icono del cronómetro que hay junto al valor de opacidad para crear un fotograma clave.

10. Arrastre el indicador de tiempo a la izquierda diez fotogramas (01:20).

11. Establezca la opacidad al 0 por 100. Se habrá creado un fotograma clave automáticamente, tal y como aparece en la figura 9.37.

12. Mueva el indicador de tiempo hacia la posición (02:10) y establezca luego la opacidad al 0 por 100. Los fotogramas clave que acaba de crear harán que la nueva capa aparezca y desaparezca, creando un destello en la animación.

13. Seleccione entonces del menú la opción Composition>Preview>RAM Preview.

14. Para finalizar guarde el proyecto After Effects.

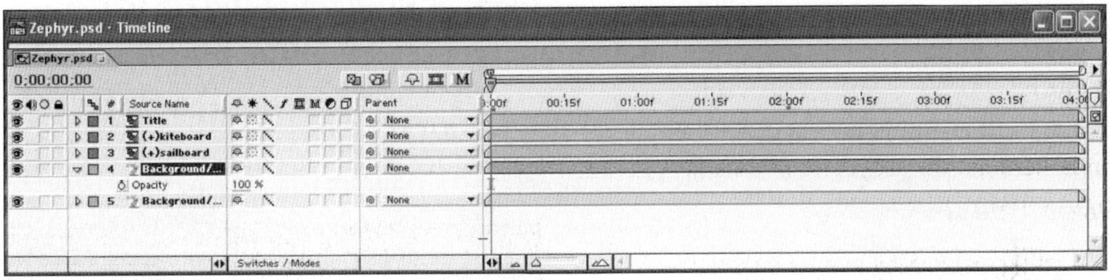

Figura 9.36.

Ahora se ve la información de opacidad de la capa seleccionada.

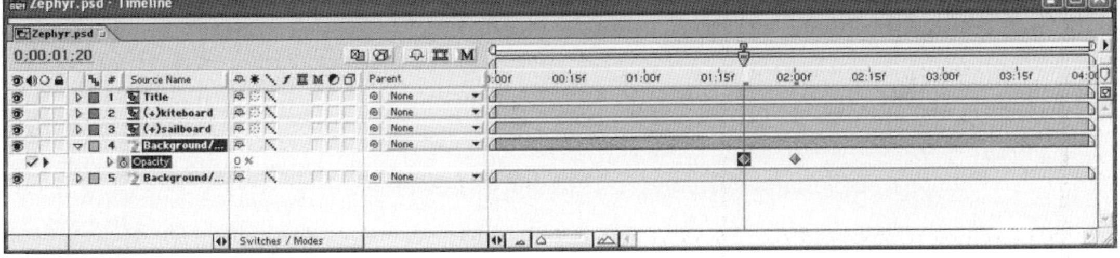

Figura 9.37.

Creación de un nuevo fotograma clave en la línea de tiempo.

Renderizar la animación

Ahora vamos a renderizar la animación de nuevo antes de volver a Adobe Encore DVD. Si la ventana Render Queue está abierta y muestra un módulo de salida con la misma configuración que la animación que renderizó originalmente, sólo tiene que hacer clic en el botón **OK** para sobrescribir el fichero ya existente, y después guardar y cerrar el proyecto. Si dicha ventana no aparece, o no muestra la configuración original, siga entonces los siguientes pasos para el proceso de renderizado:

1. Haga clic en la ventana de línea de tiempo para hacerla activa y elija la opción de menú Composition>Make Movie. Si se le pregunta por el nombre de la animación, llámela Zephyr_background.avi e indíquele un nombre de carpeta. Así verá cómo se abre la ventana Render Queue.
2. Haga clic en el valor que hay después de Render Settings.
3. Use la misma configuración que antes: Best para Quality y Full para Resolution. Haga clic en el botón **OK**.
4. Haga doble clic en Output Module y haga luego un simple clic en el botón **Format Options** de la sección Video Output.
5. Elija el valor No Compression de la lista desplegable Compressor y haga clic en el botón **OK**.
6. Elija el valor Project Link and Copy de la lista desplegable Embed dentro del cuadro de diálogo Output Module y haga clic en el botón **OK**.
7. Haga clic en el nombre de fichero auque hay después de Output To y escriba Zephyr_background.avi si no estaba nombrado así.
8. Un cuadro de diálogo de aviso nos preguntará si queremos reemplazar el fichero Zephyr_background.avi, a lo que haremos clic en el botón **Yes** (o Aceptar) para sobreescribir el original.
9. Haga clic en el botón **Render**. Si se le pregunta si quiere guardar el proyecto, haga clic en el botón **OK**.
10. Cuando haya finalizado el renderizado del fichero, guarde y cierre el proyecto.

Vuelta a Adobe Encore DVD

El fichero que acaba de editar en After Effects se actualizará en Adobe Encore DVD. Deberá renderizar el menú animado para poder ver el efecto completo. Debido a que el fichero tiene el mismo nombre, lo que hará será revincularlo dentro del menú antes de renderizar los menús animados:

1. Vuelva a Adobe Encore DVD y, en la ventana del proyecto, seleccione el menú Zephyr.
2. En la ficha Properties, haga clic en el cuadro de texto Video y pulse la tecla **Supr**. La ventana del editor de menús se volverá negra y el cuadro de texto Video tendrá la palabra nothing.
3. Arrastre ahora el látigo del cuadro Video en la ficha Properties hasta el fichero Zephyr_background.avi en la ventana de proyecto.

4. Elija ahora la opción File>Render Motion Menus.

   Aunque ha actualizado el fichero de After Effects, Adobe Encore DVD no reconoció los cambios. Por lo tanto, el comando Render Motion Menus estaba deshabilitado. Para renderizar el menú animado de nuevo, y que el fichero aparezca correctamente en la vista preliminar, ha sido necesario borrar previamente el vínculo del cuadro Video y recrearlo.

5. Seleccione la opción File>Preview.

6. Mueva el puntero de ratón sobre los botones para comprobar que aparecen las subimágenes.

7. Cierre la ventana de vista preliminar del proyecto.

8. Guarde el proyecto.

Crear vínculos a los contenidos

Ahora vincularemos los botones del menú con las líneas de tiempo. Lo primero será importar los vídeos y crear las líneas de tiempo:

1. Seleccione la opción de menú File>Import as Asset, e importe los ficheros Kite.avi y Sail.avi.

2. Seleccione los ficheros AVI en la ventana de proyecto y elija la opción de menú Timeline>New Timeline.

3. Haga clic en la pestaña Menus de la ventana del proyecto y seleccione el menú Zephyr.

4. Seleccione el botón **Kiteboard** en el panel inferior de la ficha, como se puede ver en la figura 9.38 y, en la ficha Properties, elija el valor Kite>Chapter 1 del menú contextual del cuadro Link.

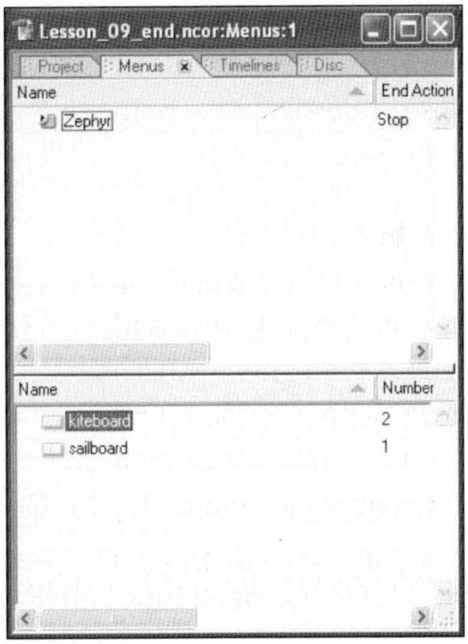

Figura 9.38.

Selección del botón Kiteboard del menú Zephyr en el panel inferior de la ficha Menus de la ventana del proyecto.

5. Vincule el botón **Sailboard** al valor Sail> Chapter 1. (Véase la figura 9.39.)

6. Haga clic en la pestaña Timelines de la ventana del proyecto.

7. Seleccione las líneas de tiempo Kite y Sail. En la ficha de propiedades, elija el valor Zephyr>Default del menú contextual del cuadro End Action.

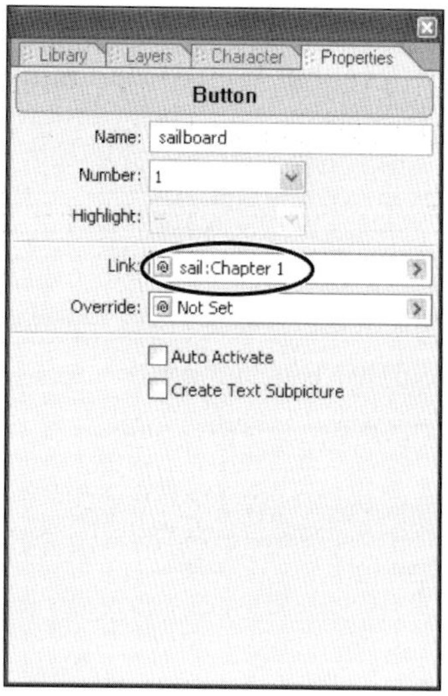

Figura 9.39.

Detalle del vínculo para el botón Sailboard en la ficha de propiedades.

8. Guarde el proyecto.

9. Elija la opción de menú File>Render Motion Menus. Si dicha opción aparece como deshabilitada, vuelva entonces al paso cuatro.

10. Ahora elija File>Preview.

11. En la ventana de vista preliminar de proyecto, compruebe los vínculos y las acciones finales. Cuando haya finalizado, cierre la ventana.

Grabar el DVD

Crearemos el DVD con el comando Build DVD:

1. Elija la opción de menú File>Build DVD> Make DVD Disc.

2. Seleccione el valor Current Project de la lista desplegable Create Using e indique su modelo de grabadora de DVD.

3. Inserte un disco virgen y haga clic en el botón **Next**.

Preguntas de repaso

1. ¿Cómo puede editar un fichero de After Effects desde Adobe Encore DVD?

2. ¿Qué es un menú animado?

3. ¿Qué valores debe elegir en After Effects para permitir editar el original en Adobe Encore DVD?

4. Si está usando un menú animado de After Effects, ¿cómo puede incluirle subimágenes?

Respuestas del repaso

1. Seleccione el fichero AVI en la ventana de proyecto de Adobe Encore DVD y elija la opción Edit>Edit Original.

2. Un menú animado es, a grandes rasgos, un menú que se mueve. Puede usar un fichero de vídeo como fondo o para los botones de su menú, o añadir un fichero de audio para que se reproduzca mientras se muestra un menú.

3. Para permitir volver a su proyecto After Effects desde Adobe Encore DVD, debe elegir la opción Project Link de la lista desplegable Embed en el cuadro de diálogo Output Module Setting antes de

renderizar la animación. Para abrir dicho cuadro de diálogo, haga doble clic en Output Module en la ventana Render Queue.

4. Para incluir subimágenes con After Effects, cree un fichero de Photoshop que las incluya como capas en su fichero de vídeo.

Capítulo 10

Crear una proyección de diapositivas a partir de imágenes estáticas

Los DVD pueden exhibir imágenes estáticas como si fuesen vídeo. Con Adobe Encore DVD puede crear un menú para cada imagen y permitir al usuario navegar a través de la presentación de diapositivas, o crear una línea de tiempo con las imágenes como una proyección de diapositivas que avance automáticamente.

Como extra a la entrega de vídeo digital de alta calidad, un DVD también puede ser una manera eficiente de presentar imágenes estáticas. Por ejemplo, puede utilizar Adobe Encore DVD para crear presentaciones de diapositivas repetitivas para mostrar en *stands* de exposición o para la cartera de un artista o fotógrafo. Puede incluso crear presentaciones de dispositivas desde otras ya existentes. En esta capítulo aprenderá a:

- Crear una presentación de diapositivas desde un conjunto de menús.
- Copiar botones desde un menú a otro.
- Añadir un fichero de audio a un menú.
- Crear una línea de tiempo desde un conjunto de imágenes estáticas.
- Recortar clips de vídeo para que coincidan con un fichero de audio.
- Organizar los contenidos en carpetas.

Empecemos

En este capítulo creará presentaciones mediante los ficheros de imagen y vídeo que se incluyen en el DVD adjunto a este libro. Debe conocer la localización exacta para este capítulo, dentro de la carpeta Lesson 10. Para más ayuda, vea la sección Copia de archivos de las primeras páginas del libro.

Ver el proyecto de Adobe Encore DVD finalizado

Para echar un vistazo al proyecto finalizado:

1. Inicie el programa Adobe Encore DVD.
2. Elija luego la opción de menú File>Open Project.
3. En el cuadro de diálogo Open, vaya hasta la carpeta Lesson 10, seleccione el fichero Lesson_10_end.ncor y haga clic en el botón **Abrir**.
4. Seleccione la opción File>Preview. Verá cómo se abre la ventana de vista preliminar del proyecto con un menú dentro de ella, como muestra la figura 10.1, el cual tendrá dos botones.
5. Haga clic en el botón **Meet the Executive Team** y vaya haciendo clic en el botón **Next** en los dos primeros menús, como se ve en la figura 10.2, para progresar a

través de la presentación. Haga clic en el botón **Menu** en la última diapositiva para volver al menú principal.

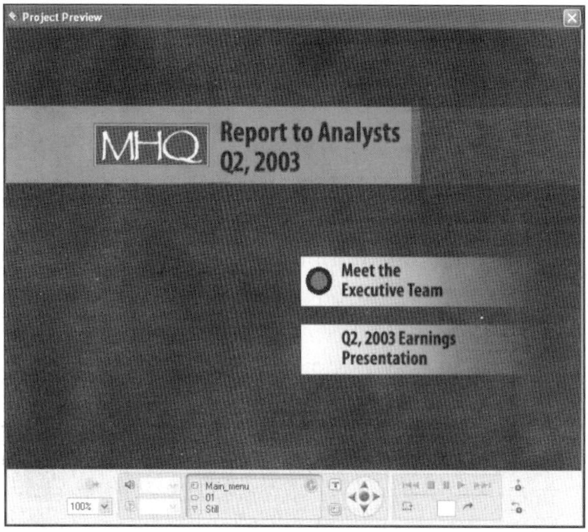

Figura 10.1.

Ventana de vista preliminar del proyecto con el menú principal.

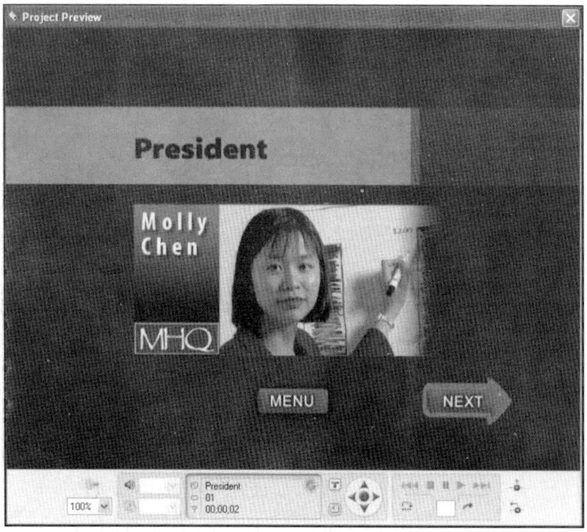

Figura 10.2.

Primera pantalla de la presentación en la ventana de vista preliminar del proyecto.

6. Haga clic en el botón **Q2 2003 Earnings Presentation** para ver cómo se reproduce una presentación, como se puede apreciar en la figura 10.3, con sus diapositivas cambiando en el tiempo mientras se escuchan unas entradas de audio.

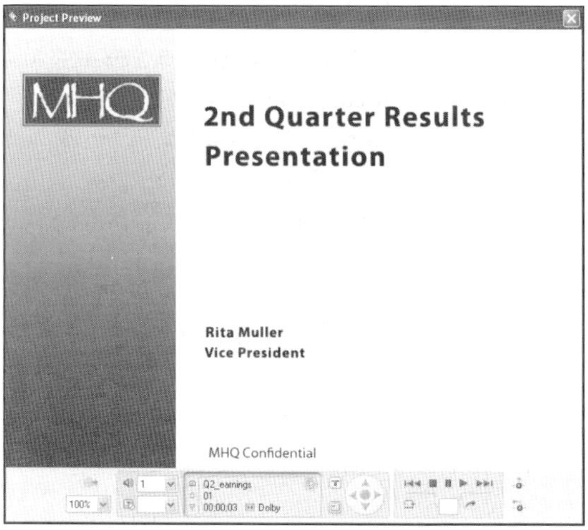

Figura 10.3.

Segunda presentación de diapositivas en la ventana de vista preliminar del proyecto.

7. Cierre la ventana de vista preliminar del proyecto y la propia ventana del proyecto Lesson_10_end.

Ensamblar componentes para una presentación

La primera presentación que creará usará un método que ofrece un buen camino para mostrar imágenes estáticas. Cada imagen se encuentra en un menú por separado, con botones de navegación que permitirán al usuario moverse hacia la siguiente imagen, la anterior o hacia el menú principal.

Veamos cómo importar los menús y botones dentro de Adobe Encore DVD:

1. En Adobe Encore DVD, elija la opción de menú File>New Project y haga clic sobre el botón **OK** para aceptar el estándar americano de televisión NTSC.

2. Seleccione la opción File>Import as Menu, vaya hasta la carpeta Lesson 10 y seleccione los ficheros Main.psd, CFO.psd, Marketing.psd y President.psd. Así habrá importado el menú principal con tres menús de la presentación. Éstos son imágenes de una capa a las que podremos añadir botones en Adobe Encore DVD. El menú principal es un menú de varias capas de Adobe Photoshop, con botones que han sido creados en Photoshop.

Nota: Este método es una buena manera de mostrar una cartera de imágenes estáticas. También podría adaptarla para crear una especie de concurso con varias opciones a elegir.

3. En la ventana del proyecto, haga clic con el botón derecho del ratón sobre el fichero Main.psd y elija la opción Set as First Play del menú contextual. De esta forma, cuando se inserte el DVD en el reproductor, aparecerá el menú principal.

4. Cierre el fichero Main.psd en la ventana del editor de menús haciendo clic en la X, como se muestra en la figura 10.4, de su pestaña. Todavía se verán los menús de la presentación President, CFO y Marketing en la ventana del editor de menús. El usuario seleccionará los botones de cada menú para mostrar la siguiente diapositiva, la anterior o para volver al menú principal. Nosotros usaremos los botones que ya se han creado previamente, los cuales son ficheros de capas de Photoshop. Como no son parte de un menú de Photoshop, primero deberemos importarlos dentro de la biblioteca para conservar las capas. Si importa los ficheros como contenidos, los ficheros de Photoshop se quedarán en una sola capa.

Figura 10.4.

Detalle de la localización del botón con forma de X para cerrar una ficha.

5. Seleccione la opción de menú Window> Library para abrir la ficha de la biblioteca.

6. Haga clic en el botón **Add Item** ( ) de la parte inferior de la ficha. Véase la figura 10.5.

7. Vaya hasta la carpeta Lesson 10, seleccione los ficheros Menu_button.psd, Next_button.psd y Pre_button.psd, y luego haga clic en el botón **Abrir**.

Así habremos añadido los tres botones a la biblioteca.

Figura 10.5.

Detalle de la localización del botón Add Item en la parte inferior de la ficha Library.

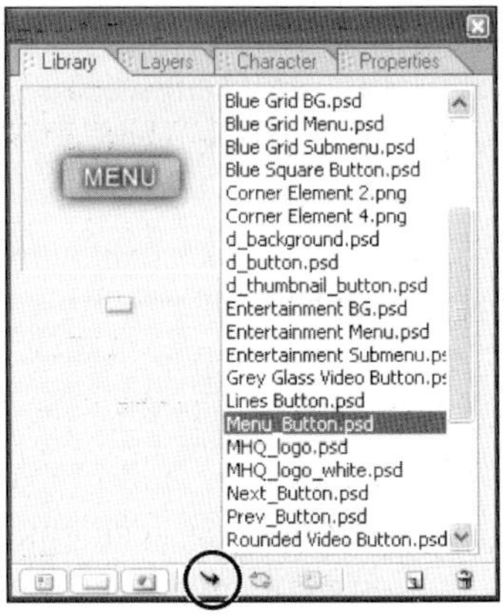

Figura 10.6.

Detalle de la situación del botón Place en la parte inferior de la ficha Library.

Organizando un menú de presentación

Vamos a añadir los botones a uno de los menús:

1. Dentro de la ficha Library, seleccione uno de los botones que acaba de importar. Con uno de los menús de presentación abierto en la ventana del editor de menús, haga clic en el botón **Place**, tal como se aprecia en la figura 10.6, de la parte inferior de la ficha Library. El botón que ha seleccionado aparecerá en el menú.

2. Utilice el mismo botón **Place** para añadir los otros dos botones al menú.

3. Haga clic sobre el botón **Show Safe Area** ( ) de la parte inferior de la ventana del editor de menús para mostrar los márgenes del área de seguridad. (Véase la figura 10.7.)

Figura 10.7.

El menú con los tres botones importados y mostrando los márgenes del área de seguridad.

4. Con la herramienta de selección, mueva los tres botones a la parte inferior del menú, siempre dentro de los márgenes. Los tres botones tienen diferentes dimensiones verticales (es decir, diferentes alturas), por lo que necesitará alinearlos a través de sus centros verticales.

5. Seleccione los tres botones y elija la opción de menú Object>Align>Middle. Asegúrese ahora de que el espacio entre los botones es uniforme.

> **Nota:** Los resultados del comando Object>Align>Middle son distintos a los del comando Object>Align>Center. Si accidentalmente elije este comando, vaya a la opción Edit>Undo y elija esta vez el primer comando mencionado.

6. Con los tres botones seleccionados, elija la opción de menú Object>Distribute>Horizontally, para que queden como se ve en la figura 10.8. Ahora crearemos un vínculo para el botón **Menu**, copiaremos los botones al resto de menús de presentación y el botón **Menu** tendrá el mismo comportamiento en cada uno de ellos.

Figura 10.8.

Los tres botones seleccionados, alineados verticalmente y distribuidos horizontalmente en uno de los menús de la presentación.

7. Seleccione el botón **Menu** de la ventana del editor de menús.

8. En la ficha Properties, elija ahora el valor Main>Presentation button, como se ve en la figura 10.9, en el menú contextual del cuadro Link.

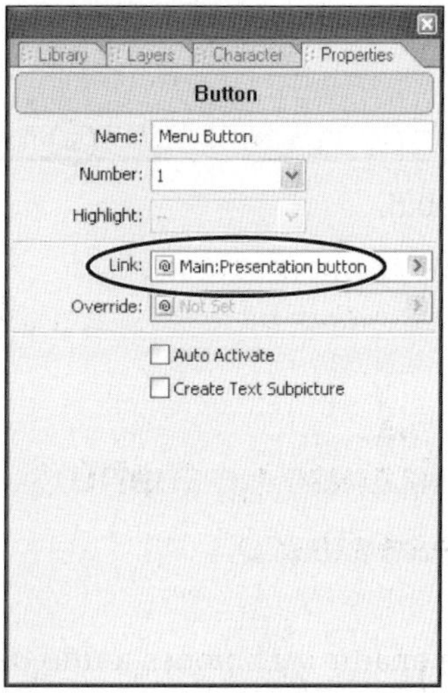

Figura 10.9.

Detalle del valor Main:Presentation button del cuadro Link.

9. Guarde el proyecto y póngale el nombre Lesson_10.ncor.

Copiar los botones al resto de menús

En una presentación de diapositivas, normalmente se quiere que los botones de navegación aparezcan en la misma posición en cada diapositiva. Adobe Encore DVD permite copiar fácilmente objetos en la misma posición de un menú a otro.

Copie y pegue los tres botones a los otros dos menús de presentación:

1. Seleccione los tres botones y elija la opción de menú Edit>Copy.

2. Haga clic en la pestaña de otro menú de presentación en la ventana del editor de menús.

3. Elija ahora la opción Edit>Paste y verá cómo aparecen los tres botones en la misma posición que ocupaban en el primer menú. (Véase la figura 10.10.)

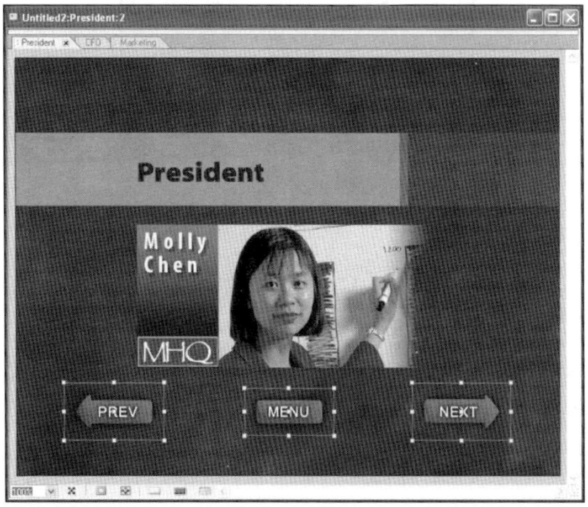

Figura 10.10.

Los tres botones que se han copiado y pegado en este nuevo menú aparecen en la misma posición que en el otro menú.

4. Haga clic en la pestaña del menú que queda en la ventana del editor de menús.

5. Seleccione de nuevo la opción Edit> Paste, con lo que verá otra vez los botones colocados en la misma posición.

6. Haga clic en el menú para deseleccionar los botones. Después, seleccione sólo el botón **Menu**. En la ficha de propiedades, fíjese que el botón **Menu** sigue conservando su valor de vínculo en el cuadro Link.

7. Guarde el proyecto.

Vincular los menús unos con otros

El botón **Menu** se comporta de la misma manera en cada menú de presentación, pero los botones **Prev** (anterior) y **Next** (siguiente) deberían tener diferentes comportamientos, dependiendo del menú. Los menús de la presentación deberían aparecer en el orden President, CFO y Marketing:

1. Haga clic en la pestaña President en la ventana del editor de menús.

   Ésta será la primera diapositiva, por lo que no necesitaremos el botón **Prev**.

2. Seleccione el botón **Prev** con la herramienta de selección y elija la opción Edit>Clear.

   Verá cómo se elimina. El botón **Menu** ya está vinculado, por lo que sólo queda establecer el vínculo para el botón **Next** del menú.

3. Seleccione el botón **Next**. En la ficha Properties, elija luego el valor CFO>Next Button, como muestra la figura 10.11, del menú contextual del cuadro Link.

4. Haga clic en la pestaña CFO en la ventana del editor de menús.

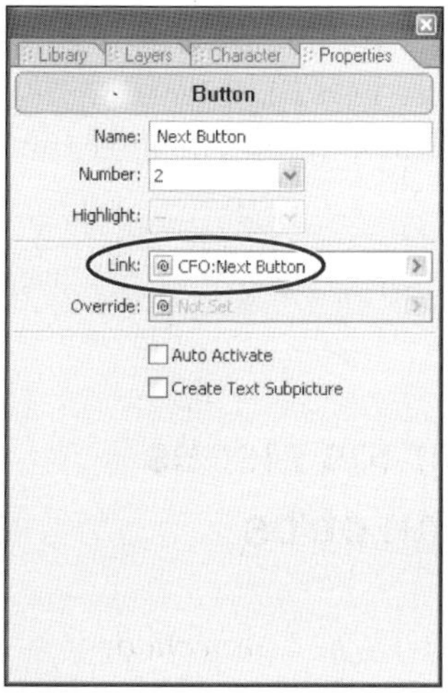

Figura 10.11.

Detalle del valor CFO:Next Button del cuadro Link en las propiedades del botón Next.

5. Seleccione el botón **Prev**. Después, en la ficha Properties, seleccione de la lista desplegable del cuadro Link el valor President>Next Button.

6. Seleccione el botón **Next** y vincúlelo al valor Marketing>Menu Button.

7. Haga clic en la pestaña Marketing de la ventana del editor de menús. Como ésta es la última diapositiva, no necesitaremos el botón **Next**.

8. Seleccione el botón **Next** con la herramienta de selección y elija la opción Edit>Clear.

9. Seleccione el botón **Prev** y vincúlelo al valor CFO>Next Button.

10. Dentro de la ventana de proyecto, haga doble clic en el menú Main para abrir el menú principal en la ventana del editor de menús.

11. Seleccione el botón **Meet the Executive Team** y vincúlelo al valor President>Next Button, como muestra la figura 10.12. Cuando el usuario inicie la presentación, lo primero que aparecerá será el menú President. Compruebe con la vista preliminar que todos los vínculos funcionan como se espera.

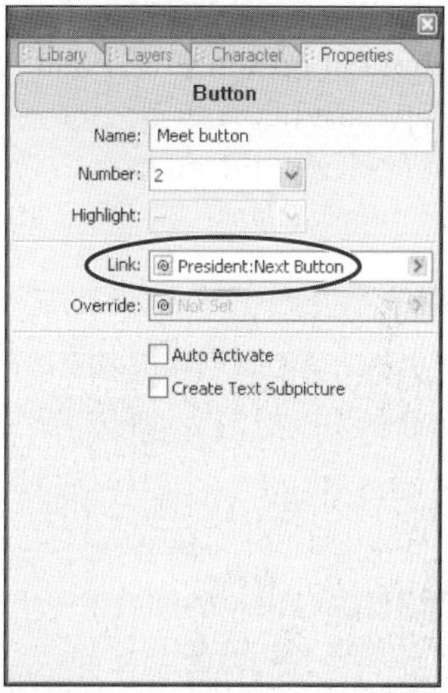

Figura 10.12.

Detalle del valor President:Next Button del cuadro Link en las propiedades de un botón.

12. Elija del menú la opción File>Preview.

13. Haga clic en el botón **Meet the Executive Team** y, después, haga clic en los botones de navegación que acaba de crear para moverse a través de la presentación. Asegúrese de comprobar los botones **Prev** y **Menu** así como el botón **Next**. (Véase la figura 10.13.)

14. Cuando haya finalizado, cierre la ventana de vista preliminar del proyecto y guarde el proyecto.

Figura 10.13.

La ventana de vista preliminar del proyecto con el botón Next activado en uno de los menús.

Añadir audio al menú

Ahora añadiremos una pista de audio a cada menú de la presentación:

1. Haga clic con el botón derecho del ratón sobre la ventana del proyecto y seleccione la opción Import as Asset.

2. Vaya hasta la carpeta Lesson 10, seleccione los ficheros CFO.wav, Marketing.wav y President.wav, y haga clic en el botón **Abrir**.

3. Haga clic en la pestaña President de la ventana del editor de menús y abra la ficha Properties. Fíjese que la casilla de verificación Hold forever (mantener siempre), tal y como se aprecia en la figura 10.14, está seleccionada al lado del cuadro de texto Duration. Con la configuración actual necesita hacer clic en un botón de navegación para cambiar de diapositiva o para volver al menú.

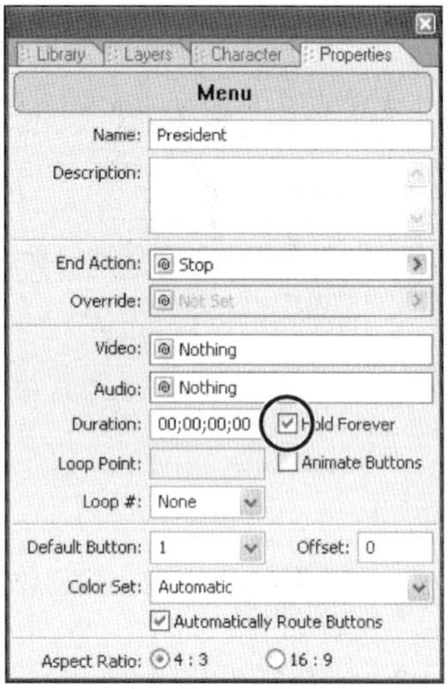

Figura 10.14.

Detalle de la situación de la casilla de verificación Hold Forever, en la ficha de propiedades del menú President.

4. Arrastre el fichero President.wav de la ventana del proyecto hasta el menú President de la ventana del editor de menús.

5. Haga clic en el menú President en la ventana del proyecto para activarlo. En la ficha de propiedades, fíjese que el fichero President.wav está en el cuadro Audio, como se aprecia en la figura 10.15, y que la duración del menú ha cambiado a la del fichero WAV.

6. Arrastre el fichero CFO.wav y el fichero Marketing.wav dentro de los menús con sus respectivos nombres, en la ventana del editor de menús.

Figura 10.15.

Detalle del valor del cuadro Audio de la ficha de propiedades del menú, con el nombre del fichero de audio que acaba de arrastrarle.

Probar un fichero de audio

Ahora que ha vinculado los ficheros de audio a los menús, veamos una vista preliminar de esta parte del proyecto:

1. Dentro de la ventana del proyecto, haga clic con el botón derecho del ratón sobre el menú President y luego elija la opción Preview From Here del menú contextual. Aparecerá el menú President y se reproducirá el fichero de audio. Cuando éste finalice, la pantalla se volverá entonces negra.

2. Cierre la ventana de vista preliminar de proyecto.

Evidentemente, no queremos que la ventana se vuelva negra cuando finalice el fichero de audio, dejando a los usuarios sin opciones de navegación. Para solucionarlo puede seguir uno de estos caminos:

- Haga que el menú se repita. Si el fichero de audio contiene sólo música, ésta es una buena opción. Sin embargo, en este proyecto, la voz de fondo se repetirá en cada vuelta y puede llegar a ser irritante.

- Haga que el menú se repita y establezca el punto de repetición después de que haya finalizado la voz de fondo. Un inconveniente es que los botones de navegación no se activarán hasta que se haya alcanzado el punto de repetición.

- Establezca la acción final para que se vincule con la siguiente dispositiva.

- Establezca una duración más larga para la dispositiva y, después, establezca una acción final, con la suposición de que el usuario no está prestando atención a la presentación.

Establecer acciones finales para los menús de presentación

La última opción parece que es la mejor para este proyecto. Vamos a cambiar la duración y establecer una acción final para todos los menús a la vez:

1. Dentro de la ventana del proyecto, haga clic en la pestaña Menus, como se aprecia en la figura 10.16, para mostrar sólo los menús del proyecto.

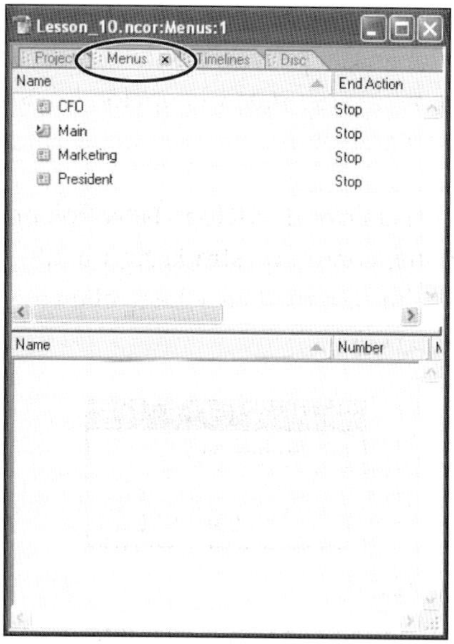

Figura 10.16.

Detalle de la localización de la pestaña Menus en la ventana del proyecto, para poder ver sólo los menús del mismo.

2. Con la tecla **Control** pulsada, seleccione los menús CFO, Marketing y President en la ficha de menús.

3. En la ficha Properties, elija ahora el valor Main>Presentation Button del menú contextual del cuadro End Action. Si el usuario no elije un botón antes de que finalice la duración, aparecerá el menú principal, con el botón **Presentation** seleccionado.

4. En la misma ficha Properties, escriba el valor 00:01:00:00 para la duración, en el cuadro de texto Duration. El usuario tendrá un minuto para realizar una selección antes de que vuelva al menú principal. Estos comportamientos se han establecido para todos los menús que ha creado. (Véase la figura 10.17.)

5. Seleccione File>Preview para comprobar la duración y los comportamientos de las acciones finales.

6. Cierre la ventana de vista preliminar del proyecto.

7. Guarde el proyecto.

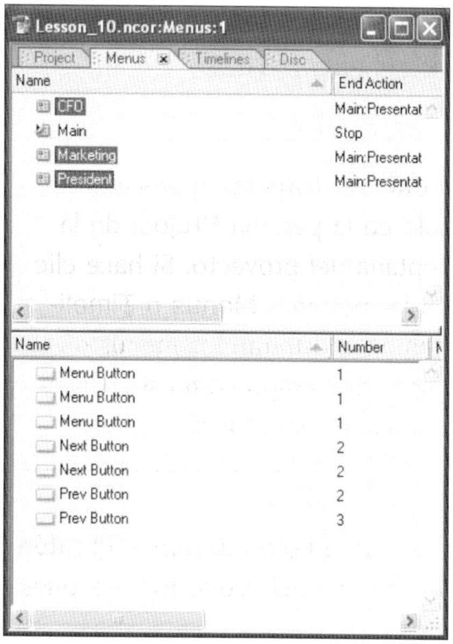

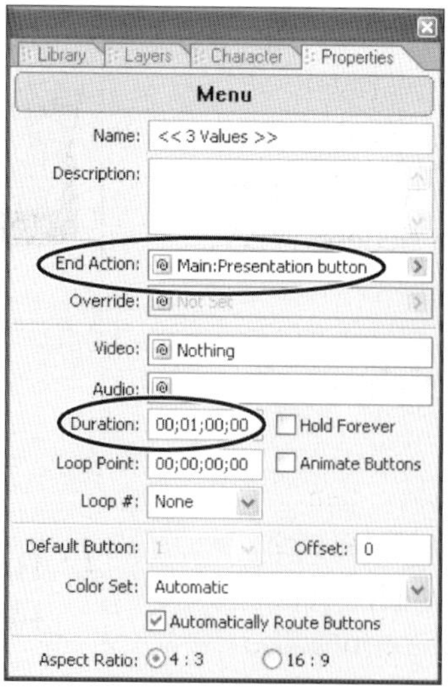

Figura 10.17.

Detalle de los nuevos valores para cambiar el comportamiento de los tres menús seleccionados.

Acerca de la creación de presentaciones con líneas de tiempo

En la primera parte del capítulo hemos creado una presentación de diapositivas mediante un menú separado para cada una de las imágenes estáticas. Este método permite al espectador controlar el ritmo de la presentación, así como volver a las imágenes previas. Sin embargo, tiene que incluir un menú por separado para una nueva imagen y no puede incluir una pista continua de audio en toda la presentación.

Si en lugar de eso utiliza líneas de tiempo, la navegación está más limitada, pero tendrá más control sobre cómo se verá la presentación. Nosotros determinamos la duración de cada imagen y podemos incluir una o varias pistas continuas de audio.

Lo siguiente que haremos es recrear una presentación de diapositivas de un negocio. Las imágenes estáticas que usaremos en esta parte del capítulo fueron creadas originalmente en una aplicación de generación de presentaciones y, después, exportadas en imágenes TIFF separadas. Las diapositivas se grabaron con una resolución de 720x540 píxeles (la resolución por defecto). El audio se grabó y se exportó como un fichero WAV.

Organizar sus contenidos

En este parte del capítulo vamos a usar contenidos múltiples. Para preservar del desorden a la ventana del proyecto, usaremos carpetas para organizar los contenidos:

1. Haga clic en la pestaña Project en la ventana del proyecto para dejarla activada, y elija del menú la opción File>New Folder.

2. En el cuadro de diálogo New Folder Name, como muestra la figura 10.18, escriba `Executive` y haga clic en el botón **OK**.

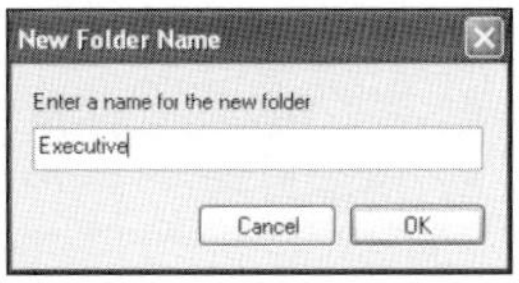

Figura 10.18.

Cuadro de diálogo New Folder Name para dar un nombre a la carpeta que está a punto de crear en la ventana del proyecto.

3. Seleccione todos los contenidos y menús de la ventana del proyecto menos el menú Main, y arrástrelos dentro de la carpeta Executive. Ahora, dicha carpeta contendrá todos los ficheros que ha utilizado para crear la primera presentación de diapositivas, y verá la ventana como aparece en la figura 10.19.

Nota: Las carpetas aparecerán sólo en la pestaña Project de la ventana del proyecto. Si hace clic en las pestañas Menus o Timelines, se mostrarán los menús o líneas de tiempo como si estuvieran almacenadas todas juntas.

4. Haga clic con el botón derecho del ratón sobre la ventana del proyecto y después

seleccione la opción New Folder del menú contextual.

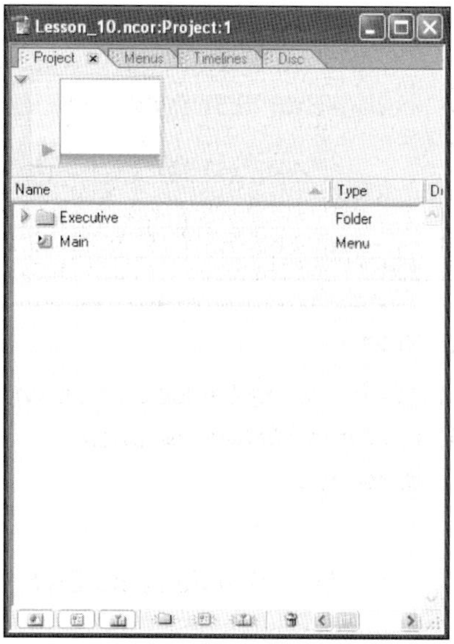

Figura 10.19.

Así quedará la ventana del proyecto con todos los elementos de la primera presentación (menos el menú principal) dentro de la carpeta Executive.

Truco: Podemos crear una nueva carpeta eligiendo la opción de menú File>New Folder o con el botón derecho del ratón sobre la ventana del proyecto, seleccionando la opción New Folder del menú contextual. A menudo, existen múltiples formas de realizar una tarea. Utilice el método que prefiera.

5. En el cuadro de diálogo New Folder Name, escriba la palabra `Presentation` y haga clic en el botón **OK**. La carpeta Presentation que acaba de crear guardará los contenidos que usará para crear la segunda presentación.
6. Haga doble clic sobre la carpeta Presentation para abrirla.
7. Seleccione la opción de menú File>Import as Asset.
8. Seleccione el fichero Q2_Earnings.wav y haga clic en el botón **Abrir**. El fichero que acaba de importar se añadirá a la carpeta Presentation de la ventana del proyecto.
9. Elija de nuevo la opción File>Import as Asset.
10. Vaya hasta la carpeta Presentation del disco, dentro de la carpeta Lesson 10, y seleccione todos los ficheros que hay en ella (desde Slide1.tif hasta Slide6.tif). Después, haga clic en el botón **Abrir**.
11. Si todavía no está abierta, expanda la carpeta Presentation de la ventana del proyecto haciendo clic en el triángulo que hay a su izquierda. Fíjese que los ficheros que acaba de importar se encuentran todos en dicha carpeta. (Véase la figura 10.20.)

Nota: Si no estaba activada la carpeta Presentation en la ventana del proyecto cuando estaba importando los ficheros, arrástrelos ahora dentro de la misma.

12. Guarde el proyecto.

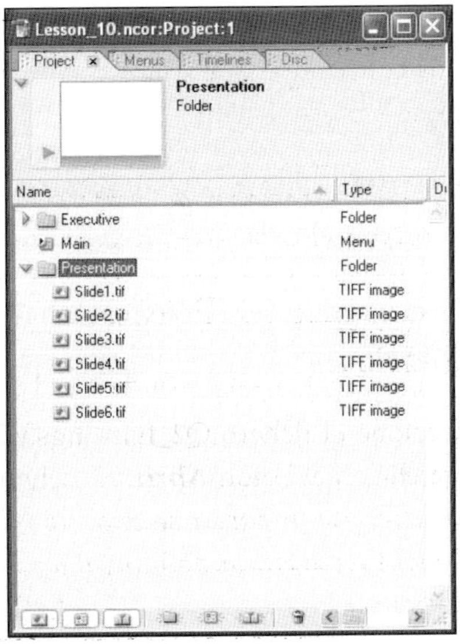

Figura 10.20.

Todos los ficheros que acabamos de importar están dentro de la carpeta Presentation de la ventana del proyecto.

Crear una línea de tiempo desde imágenes estáticas

Esta presentación de diapositivas será una sola línea de tiempo compuesta de un conjunto de imágenes exportadas desde una aplicación de generación de diapositivas. Ahora, colocaremos las imágenes y alargaremos o recortaremos su duración para que coincida con el audio de la misma:

1. Seleccione el fichero Q2_Earnings.wav de la ventana del proyecto y haga clic en el botón **Create New Timeline** en la parte inferior de la misma.

   Verá cómo se crea una nueva línea de tiempo con el fichero de audio en la pista Audio 1, tal y como se muestra en la figura 10.21. Lo primero será ajustar la duración por defecto de todas las imágenes estáticas del proyecto.

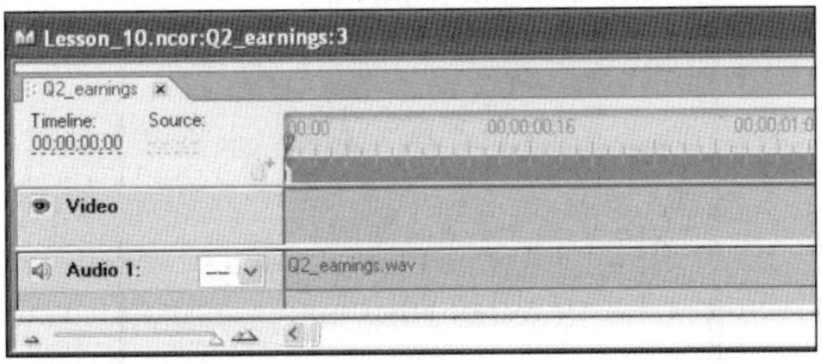

Figura 10.21.

Ventana de líneas de tiempo con una nueva creada a partir del fichero de audio Q2_Earnings.wav.

2. Seleccione la opción de menú Edit> Preferences>Timelines.

3. Escriba el valor 8 en el cuadro de texto Default Still Length, como se puede ver en la figura 10.22 y haga clic en el botón **OK**. Así, cada imagen permanecerá en la pantalla ocho segundos por defecto.

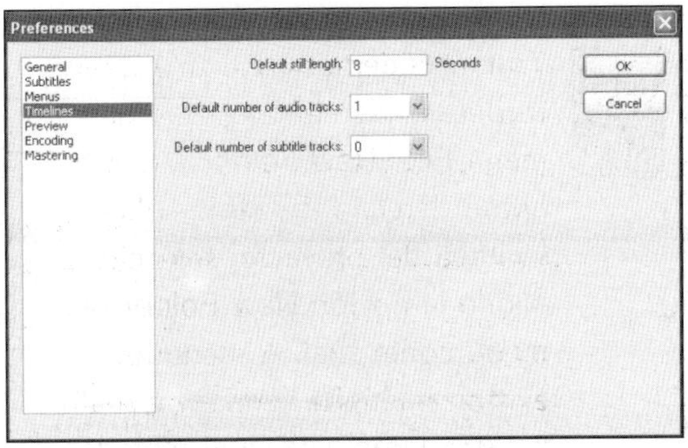

Figura 10.22.

Cuadro de diálogo de las preferencias de las líneas de tiempo, con un valor de 8 segundos para la duración de cada una de las imágenes.

4. Arrastre el fichero Slide1.tif desde la ventana del proyecto hasta la pista de vídeo en la línea de tiempo.

   Verá cómo aparece dicho fichero en la línea de tiempo con una duración de ocho segundos. Necesitará arrastrar el deslizador del *zoom*, tal y como se puede ver en la figura 10.23, de la ventana de líneas de tiempo para mostrar el clip al completo.

5. Haga clic en el botón **Play** de la ventana Monitor y escuche la pista de audio. Cuando la voz diga "next slide" (siguiente diapositiva), sobre el momento 06:10, pulse el botón **Pause**.

> **Advetencia:** Asegúrese de que el audio está activado y que los altavoces o los auriculares están bien enchufados a su ordenador.

6. Ponga el puntero del ratón sobre el extremo derecho del clip Slide1.tif. Cuando el cursor se convierta en un corchete de cierre con una doble flecha, haga clic y arrastre dicho extremo al indicador de tiempo actual, como se indica en la figura 10.24. Con esto, ha acortado la diapositiva para que la siguiente aparezca cuando oigamos las palabras "next slide" en el audio.

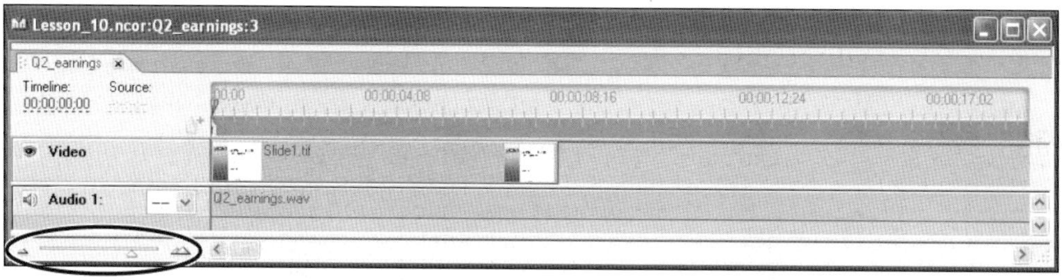

Figura 10.23.

Detalle de la localización del deslizador del zoom en la ventana de la línea de tiempo, y en ésta la imagen que acabamos de arrastrar con una duración de ocho segundos.

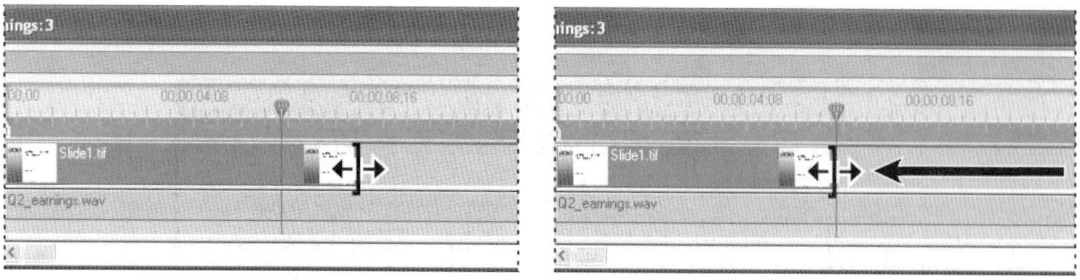

Figura 10.24.

Indicación de cómo acortar la línea de tiempo de la primera diapositiva para que acabe cuando se oigan unas ciertas palabras en el audio (en el indicador de tiempo actual).

7. Arrastre ahora el fichero Slide2.tif a la pista de audio, justo a la derecha del clip Slide1.tif.

8. Haga clic en el botón **Play** de la ventana Monitor y escuche de nuevo la pista de audio. Cuando oiga otra vez las palabras "next slide", cerca de la posición 21:27, pulse el botón de pausa.

9. De nuevo, ponga el puntero del ratón sobre el extremo derecho del clip Slide2.tif, y cuando el icono del puntero cambie de nuevo al corchete de cierre con la flecha doble, haga clic y arrastre hasta el indicador de tiempo actual, como de indica en la figura 10.25.

   Ahora, lo que hemos hecho es alargar el tiempo de muestra de la diapositiva para que así no aparezca una pantalla en negro antes de la siguiente. Fíjese que se ha establecido una marca de capítulo en la línea de tiempo cuando se cambia de diapositiva. Estos capítulos nos pueden servir para una sencilla navegación cuando se reproduzca el DVD, haciendo clic en los botones **Next** (siguiente) o **Previous** (anterior) del mando a distancia.

10. Repita los pasos del 7 al 9 para las imágenes Slide3.tif, Slide4.tif, Slide5.tif y Slide6.tif. Las transiciones de las diapositivas serán aproximadamente de 30, 44 y 53 segundos (no es necesario precisar en este proyecto).

11. Recorte el último clip Slide6.tif hasta el final de la pista de audio. (Véase la figura 10.26.)

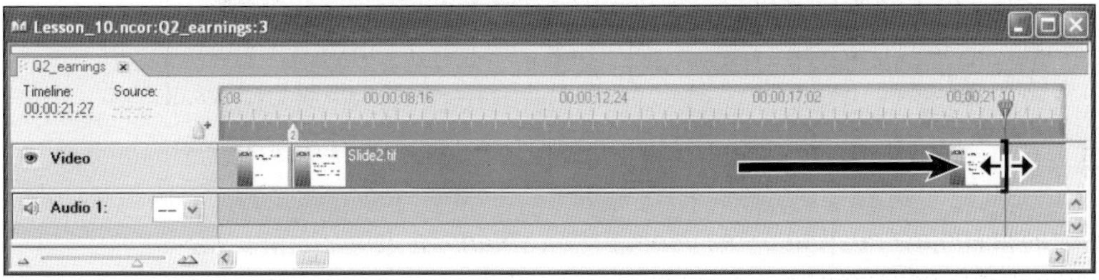

Figura 10.25.

Indicación de cómo alargar un clip para que su final coincida con el indicador de tiempo actual.

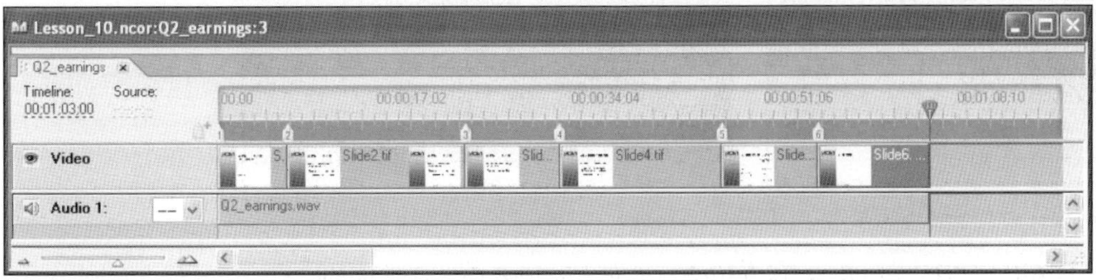

Figura 10.26.

Todas las imágenes en la línea de tiempo; la última está a la par con el fin de la pista de audio.

> **Truco:** Si quiere que todas las diapositivas tengan la misma duración, establezca un valor para la misma en las preferencias, cree una nueva línea de tiempo y arrástrelas todas a la vez a la pista de vídeo. Aparecerán en orden alfanumérico en una sola línea de tiempo. Es importante crear primero la línea de tiempo porque, de lo contrario, aparecerá cada diapositiva en su propia línea de tiempo independiente.

12. En la ventana del proyecto, haga ahora clic con el botón derecho en la línea de tiempo Q2_earnings, no en el fichero Q2_earnings.wav, y seleccione la opción Preview From Here del menú contextual.

13. Vea lo que ocurre para asegurarse de que las diapositivas van cambiando junto con lo que se va escuchando en la pista de audio. En la ventana de vista preliminar del proyecto, el audio debería dar un ligero salto en los puntos de transición, pero en el disco final no nos encontraremos con ese problema.

14. Cierre la ventana de vista preliminar del proyecto y guárdelo.

Establecer los comportamientos para la presentación

Ya se ha creado la línea de tiempo, y queda por establecer sus comportamientos:

1. Seleccione la línea de tiempo Q2_earnings de la ventana del proyecto.

2. En la ficha de propiedades, seleccione el valor Main>Meet Button del menú contextual del cuadro End Action y lo mismo con el cuadro Menu Remote. (Véase la figura 10.27.)

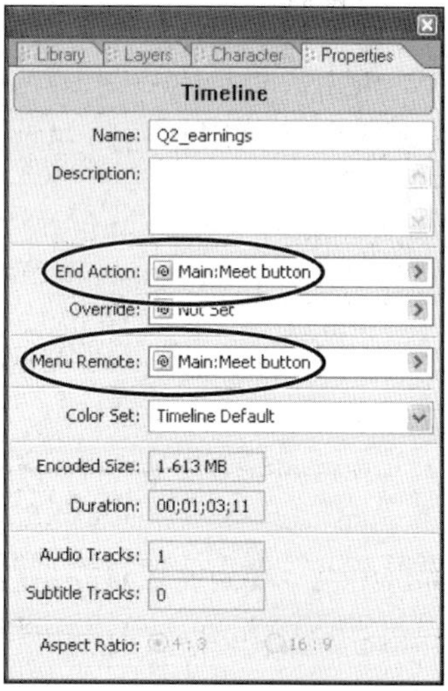

Figura 10.27.

Detalle de los valores de comportamiento para la línea de tiempo en la ficha de propiedades.

3. Haga clic en la pestaña Menus de la ventana del proyecto y seleccione el menú Main.

4. Haga clic en el botón **Presentation** que está en el panel inferior de la ficha Menus. (Véase la figura 10.28.)

5. Dentro de la ficha Properties, seleccione el valor Q2_earnings>Chapter 1 del menú contextual del cuadro Link. (Véase la figura 10.29.)

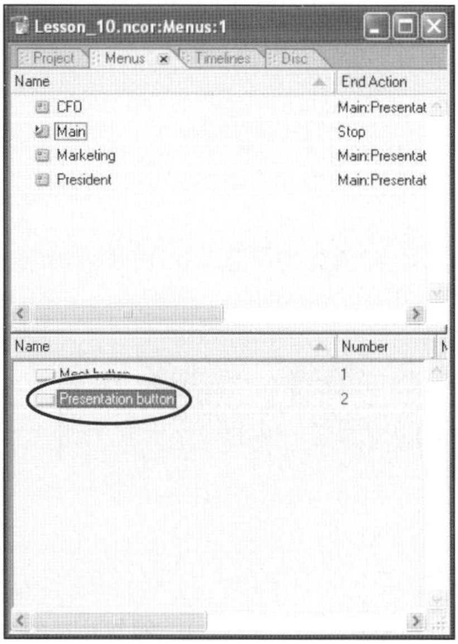

Figura 10.28.

Detalle de la selección del botón Presentation del menú Main en la ficha Menus.

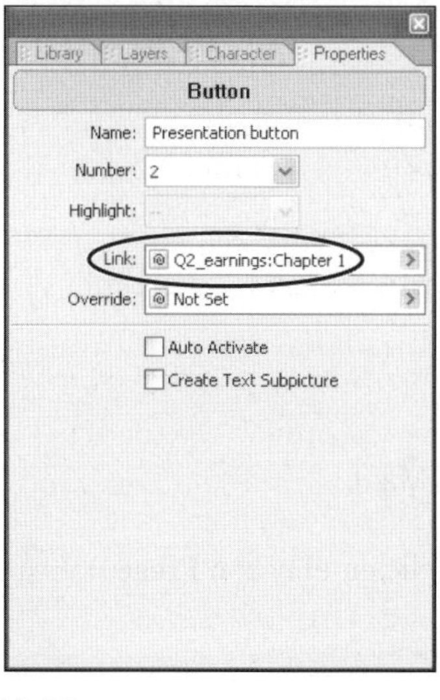

Figura 10.29.

Detalle del valor del vínculo para el botón Presentation del menú Main.

Vista preliminar del proyecto

Verificaremos ahora que los vínculos se comportan como esperamos:

1. Elija la opción de menú File>Preview.
2. Compruebe que cada botón está vinculado a la línea de tiempo o menú apropiados, y que las acciones finales también son las apropiadas.
3. Guarde el proyecto.

Grabar el DVD

Grabaremos el DVD utilizando el comando `Build DVD`:

1. Seleccione la opción de menú File>Build DVD>Make DVD Disc.
2. Elija el valor Current Project de la lista desplegable Create Using y especifique su modelo de grabadora:
3. Inserte un disco virgen y haga clic en el botón **Next**.

Preguntas de repaso

1. ¿Cuáles son las ventajas y desventajas de crear una presentación de diapositivas con menús?
2. ¿Cuáles son las ventajas y desventajas de crear una presentación de diapositivas con una línea de tiempo?

3. ¿Cómo puede asegurar que los botones estarán en el mismo lugar en múltiples menús?

4. ¿Cómo puede especificar cuánto tiempo estará en pantalla un menú?

5. ¿Cómo puede organizar los contenidos en la ventana de proyecto?

Respuestas del repaso

1. Una presentación compuesta de menús le da al espectador un mayor control con la navegación y el tiempo de cada transición. Sin embargo, puede ser algo pesado tener que crear un menú individual para una presentación con muchas imágenes y no se puede tener el control sobre la visualización de las diapositivas. Además, no puede incluir una pista de audio que se reproduzca continuamente a través de toda la presentación.

2. Controla exactamente cómo se verá la presentación cuando crea una línea de tiempo y puede añadir una pista de audio continua para toda ella. Sin embargo, los espectadores tienen menos control sobre la navegación y la duración de visualización de las diapositivas.

3. Coloque los botones en un menú, selecciónelos y cópielos. Luego péguelos dentro del resto de menús. Adobe Encore DVD los colocará entonces en la misma posición que ocupaban cuando los copió.

4. Para especificar cuánto tiempo se verá un menú en la pantalla, selecciónelo en la ventana del proyecto y especifique un valor en el cuadro de texto Duration de la ficha de propiedades.

5. Puede crear carpetas en la ventana del proyecto para organizar los contenidos de un proyecto complejo. Para crear una, elija la opción de menú File>New Folder. Después, arrastre los contenidos dentro de la carpeta, o selecciónela antes de importar los contenidos para que se añadan automáticamente.

Capítulo 11

Añadir pistas de audio y subtítulos

La mayoría de proyectos de DVD están diseñados para más de un tipo de audiencia. Puede añadir pistas de audio y de subtítulo para diferentes idiomas, accesibles a través de los menús que creará en Adobe Encore DVD.

En los capítulos anteriores hemos trabajado principalmente con menús, vínculos y comportamientos. En este capítulo nos centraremos en las líneas de tiempo.

Con Adobe Encore DVD puede añadir en sus DVD hasta ocho pistas de audio y 32 pistas de subtítulos. La mayoría de reproductores de DVD sólo pueden reproducir una pista de audio y de subtítulos a la vez, pero ofreciendo múltiples pistas le dará más opciones a su audiencia y le permitirá llegar a mucha más gente.

En este capítulo aprenderá a hacer lo siguiente:

- Añadir una pista de audio a una línea de tiempo.
- Asignar un lenguaje a una pista de audio.
- Designar la pista de audio activa.
- Vincular botones a las pistas de audio.
- Añadir pistas de subtítulos a la línea de tiempo.
- Escribir subtítulos directamente en la ventana Monitor.
- Importar subtítulos desde un *script* de texto.
- Asignar un lenguaje a una pista de subtítulos.
- Cambiar la duración o la sincronización de unos subtítulos.
- Vincular botones a los subtítulos.

Antes de empezar

En este capítulo irá añadiendo ficheros de audio y pistas de subtítulos a una línea de tiempo, mediante los ficheros de audio, imágenes y vídeo que se incluyen con el DVD que se adjunta con este libro.

La localización exacta de los mismos es en la carpeta Lesson 11, pero si tiene dudas de cómo localizarlos, vea el apartado Copia de archivos de las primeras páginas de esta obra.

Asegúrese de que está activado el audio en su ordenador, y que los altavoces o auriculares están bien conectados, para sí poder escuchar los ficheros de audio con los que trabajará.

Vistazo al proyecto de Adobe Encore DVD acabado

Para ver lo que vamos a conseguir hacer en este capítulo, veamos el proyecto finalizado:

1. Inicie Adobe Encore DVD.
2. Elija luego la opción de menú File>Open Project.
3. Dentro del cuadro de diálogo Open, vaya hasta la carpeta Lesson 11, seleccione el fichero Lesson_11_end.ncor y haga clic sobre el botón **Abrir**.
4. Elija la opción de menú File>Preview para ver la ventana de vista preliminar de proyecto. Ésta estará compuesta de un menú con dos botones. (Véase la figura 11.1.)

Figura 11.1.

Ventana de vista preliminar del proyecto con el menú principal del proyecto del capítulo.

5. Haga clic en el botón **Languages** y continúe haciendo clic sobre los dos botones de idioma que apreciará. Podrá ver cómo se reproduce el mismo vídeo pero con voces de fondo en distintos idiomas. Haga clic en el botón **Back** para volver al menú principal.
6. Haga clic en el botón **Subtitles**.
7. Haga clic sobre los dos botones que hay en el nuevo menú para reproducir el mismo vídeo con y sin subtítulos en inglés. (Véase la figura 11.2.)

Figura 11.2.

Ventana de vista preliminar del proyecto con la reproducción de un vídeo con subtítulos.

8. Cierre las ventana Project Preview y la ventana del proyecto Lesson_11_end.

Incluir pistas de audio al proyecto

Las pistas de audio ambientan el vídeo, lo hacen más comprensible o, simplemente, hacen que sea más atractivo. Puede utilizar pistas de música, voces de fondo, sonidos naturales o cualquier otro sonido que pueda capturar con una grabadora. En este apartado añadiremos dos pistas de audio en distintos idiomas para una sola pista de vídeo. El espectador podrá elegir entonces entre los dos idiomas.

Lo primero es importar los contenidos:

1. Dentro de Adobe Encore DVD, elija la opción de menú File>New Project.

   Haga entonces clic sobre el botón **OK** para aceptar el estándar de televisión americano NTSC.

2. Vaya a la opción File>Import as Asset, busque la carpeta Lesson 11, seleccione los ficheros English.wav y Rose.avi y haga clic sobre el botón **Abrir**.

   El fichero Rose.avi incluye una pista de sonido con una voz de fondo en holandés. El fichero English.wav es de audio e incluye la voz de fondo en inglés.

3. Seleccione File>Import as Menu, vaya a la carpeta Lesson 11, seleccione el fichero Language.psd y haga clic sobre el botón **Abrir**. Este menú ofrece al espectador la elección entre dos idiomas. (Véase la figura 11.3.)

Figura 11.3.

El menú que se acaba de importar incluye dos botones para elegir entre dos idiomas para el sonido.

Añadir pistas de audio

Cuando crea una línea de tiempo para el fichero Rose.avi, su pista de audio también aparecerá en ella.

Vamos a añadirle ahora una pista de audio para el fichero English.wav que acabamos de importar:

1. Dentro de la ventana del proyecto, seleccione el fichero Rose.avi y vaya a la opción de menú Timeline>New Timeline.

Truco: Sólo se puede reproducir una pista de audio al mismo tiempo. Si quiere que se oiga música mientras habla una voz de fondo, por ejemplo, o que los comentarios del director se escuchen sobre la banda sonora, necesitará mezclar las dos pistas de audio en otra aplicación, como Adobe Premiere Pro o Adobe Audition™, y guardar el fichero como una sola pista de audio para utilizarla en Adobe Encore DVD.

Se creará así una línea de tiempo para las pistas de vídeo y audio del fichero Rose.avi, apareciendo también la ventana Monitor.

2. Haga clic sobre el botón **Play** de la ventana Monitor para ver cómo se reproduce el vídeo con una voz que hace comentarios en holandés.

3. Seleccione el valor nl-Dutch de la lista desplegable a la derecha del nombre Audio 1, como se ve en la figura 11.4, en la ventana de la línea de tiempo.

4. Vaya a la opción de menú Timeline>Add Audio Track. Aparecerá así una nueva pista de audio llamada Audio 2.

5. Arrastre el fichero English.wav de la ventana de proyecto dentro de la pista Audio 2, como se puede apreciar en la figura 11.5, en la ventana de la línea de tiempo.

   De esta manera, aparecerá el fichero English.wav dentro de la nueva pista de audio.

   El icono del altavoz ( ), que aparece a la izquierda de Audio 2, indica que ella es la pista de audio activa.

6. Seleccione la opción en-English de la lista desplegable a la derecha del nombre Audio 2, como se ve en la figura 11.6, en la línea de tiempo.

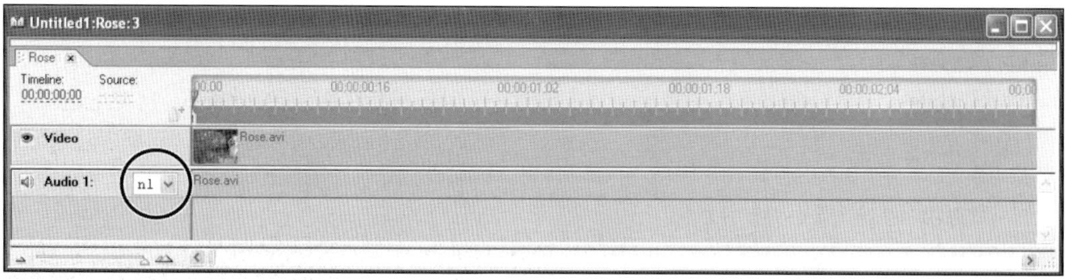

Figura 11.4.

Detalle de la situación de la lista desplegable que hay a la derecha del nombre de la pista de audio Audio 1.

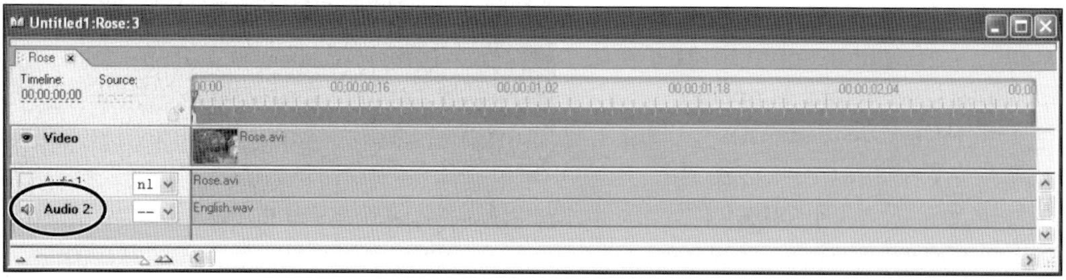

Figura 11.5.

Detalle del nombre de la nueva pista Audio 2 en la ventana de líneas de tiempo.

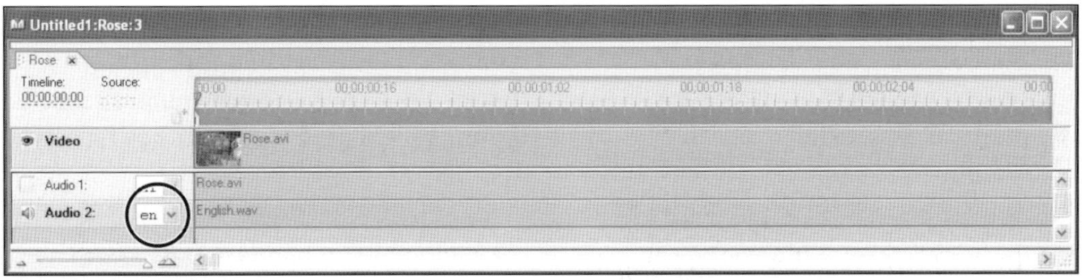

Figura 11.6.

Detalle de la lista desplegable a la derecha del nombre de pista de audio Audio 2.

7. Haga clic de nuevo en el botón **Play** de la ventana Monitor. La banda sonora está en inglés, ya que el fichero English.wav es la pista de audio activa. Para hacer que la pista de audio holandesa (*Dutch*) sea la activa, haga clic en la caja que hay antes del nombre Audio 1 para que aparezca el icono del altavoz.

8. Guarde entonces el proyecto con el nombre Lesson_11.ncor.

Vista preliminar de las pistas de audio

Ahora podemos comprobar las dos pistas de audio mientras vemos el clip de vídeo:

1. En la ventana del proyecto, haga clic con el botón derecho del ratón sobre la línea de tiempo Rose y seleccione la opción Preview From Here del menú contextual. Aparecerá así la ventana de vista preliminar del proyecto y se reproducirá la línea de tiempo Rose, incluso aunque no se haya establecido como la primera reproducción. Se reproducirá la primera pista de audio, que en este caso, es la banda sonora holandesa.

Truco: Use el comando Preview From Here para empezar la visualización de su proyecto justo en el lugar que quiere, sin tener que navegar por otros menús.

2. Dentro de la ventana Project Preview, haga clic en el botón **Mute Audio** (🔊), como se aprecia en la figura 11.7, para intercambiar el audio entre activado y desactivado.

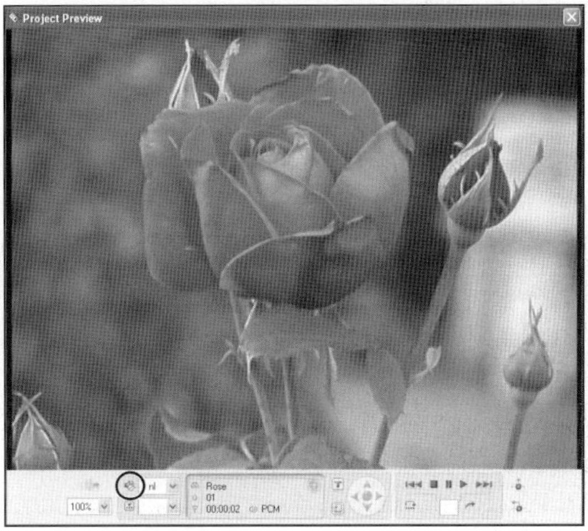

Figura 11.7.

Localización del botón Mute Audio de la ventana de vista preliminar de proyecto.

3. Seleccione el valor 2 en de la lista desplegable que hay después del botón **Mute Audio**, como se ve en la figura 11.8, para cambiar el audio al inglés.

Figura 11.8.

Detalle de la localización de la lista desplegable que hay después de botón Mute Audio en la ventana de vista preliminar de proyecto.

4. Cierre la ventana Project Preview.

Vincular botones a las pistas de audio

Ya hemos añadido las pistas de audio,ahora las vincularemos con los botones del menú Language:

1. Abra el menú Language en la ventana del editor de menús, si es que no estaba abierto aún.

2. Con la herramienta de Selección, haga clic con el botón derecho del ratón sobre el botón **Dutch** y seleccione el valor Lint To del menú contextual. Así aparecerá el cuadro de diálogo Specify Link. (Véase la figura 11.9.)

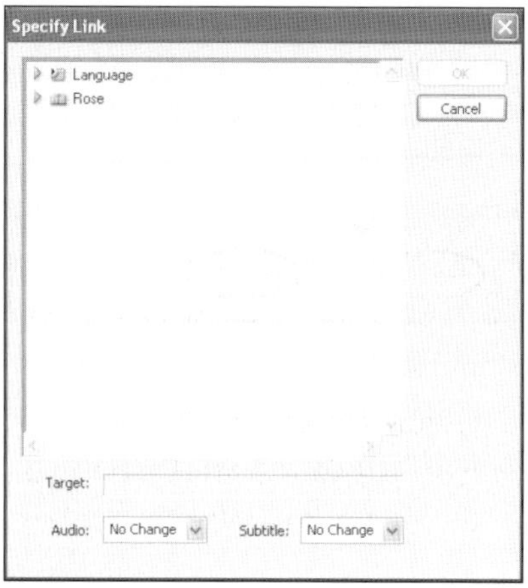

Figura 11.9.

Cuadro de diálogo Link To para indicar los posibles vínculos de un botón.

3. Seleccione la línea de tiempo Rose y, después, el valor 1 de la lista desplegable Audio en la parte inferior del cuadro de diálogo. Elija también el valor Off de la lista desplegable Subtitles. El cuadro de diálogo quedará como se puede ver en la figura 11.10. Haga entonces clic en el botón **OK**.

Cuando el espectador active el botón **Dutch**, se escuchará la primera pista de audio junto con la reproducción del libro. Será más tarde cuando añada una capa de subtítulos, pero ahora no queremos que aparezca cuando el usuario active el botón **Dutch** en el menú Language, por lo que hemos elegido el valor Off en la lista desplegable de subtítulos.

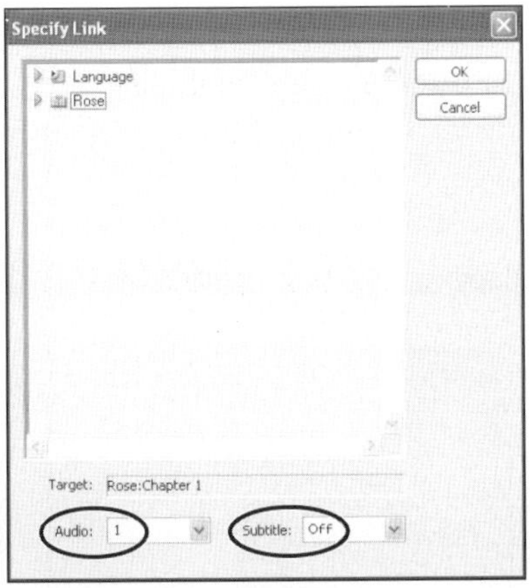

Figura 11.10.

Detalle de los valores 1 y Off de las listas desplegables Audio y Subtitles en la parte inferior del cuadro de diálogo Specify Link.

4. Con la herramienta de selección, haga clic con el botón derecho del ratón sobre el botón **English** y seleccione el valor Link To del menú contextual. Se abrirá de nuevo el cuadro de diálogo Specify Link.

5. Seleccione la línea de tiempo Rose y, luego, seleccione el valor 2 de la lista desplegable Audio, en la parte inferior del cuadro de diálogo, y haga clic sobre el botón **OK**. Cuando el espectador active el botón **English** se reproducirá la línea de tiempo Rose con la segunda banda sonora.

6. Seleccione la línea de tiempo Rose en la ventana del proyecto.

7. Dentro de la ficha Properties, seleccione el valor Language>Dutch del menú contextual del cuadro End Action. Así, cuando el vídeo finalice, reaparecerá el menú Language con el botón **Dutch** seleccionado.

8. Elija el valor Language>Dutch del menú contextual del cuadro Menu Remote. Cuando el espectador presione el botón de menú del mando a distancia mientras se esté reproduciendo el vídeo, aparecerá de nuevo el menú Language con el botón **Dutch** seleccionado. Los valores de los comportamientos se pueden ver mejor en la figura 11.11.

Figura 11.11.

Detalle de los valores de comportamiento Language:Dutch en los cuadros End Action y Menu Remote de la ficha de propiedades de la línea de tiempo.

9. Guarde el proyecto.

Añadir un menú principal

En este proyecto, los espectadores podrán elegir cualquiera de los lenguajes de la banda sonora o de los subtítulos. Nosotros añadiremos un menú principal que ayude a los espectadores a navegar al menú Language, y definiremos el comportamiento entre el menú principal en el menú Language:

1. Seleccione la opción de menú File>Import e importe el fichero Roses_main.psd. El fichero será un menú como el de la figura 11.12.

Figura 11.12.

Ventana del editor de menús con el menú principal que se acaba de importar.

2. Dentro de la ventana del editor de menús, seleccione el botón **Languages** del menú Roses_main.

3. En la ficha Properties, seleccione el valor Language>Dutch del menú contextual del cuadro Link. Cuando el espectador active el botón **Language** aparecerá el menú con su mismo nombre, con el botón **Dutch** seleccionado.

4. Haga clic en la pestaña Language de la ventana del editor de menús.

5. Seleccione ahora el botón **Back** del menú Language y, en la ficha de propiedades, elija del menú contextual del cuadro Link el valor Roses_main>Subtitles. (Véase la figura 11.13). Cuando el espectador active el botón **Back**, aparecerá el menú Roses_main con el botón **Subtitles** seleccionado.

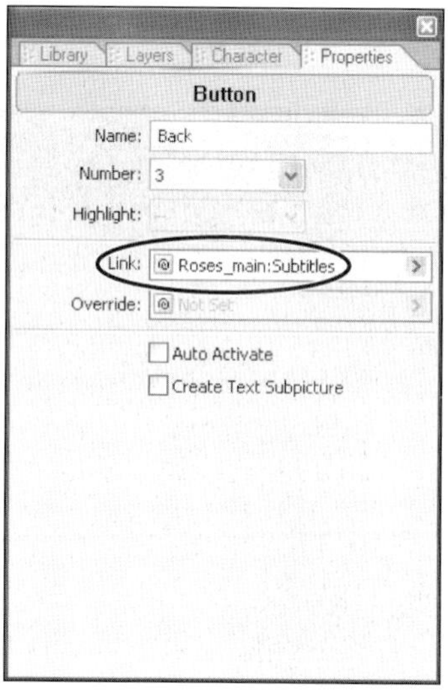

Figura 11.13.

Detalle del valor Roses_main:Subtítles del cuadro Link en la ficha de propiedades del botón Back en el menú Languages.

6. En la ventana del proyecto, haga clic con el botón derecho del ratón sobre el menú Roses_main, y elija el valor Set as First Play del menú contextual.

   De esta forma, cuando se inserte el DVD en el reproductor, lo primero que se verá en la pantalla será el menú Roses_main.

7. Seleccione del menú la opción File> Preview.

8. Haga clic en el botón **Languages** y, después, en los botones **Dutch** o **English**.

Debería escucharse la pista de audio correspondiente a ambos botones.

Fíjese que la lista desplegable que hay a la derecha del botón **Mute Audio**, como se aprecia en la figura 11.14, muestra el número de pista y el código de lenguaje que ha especificado (nl o en).

Figura 11.14.

Detalle del valor de la lista desplegable a la derecha del botón Mute Audio en la parte inferior de la ventana Project Preview, con el valor del número de pista de audio que se está escuchando y su código de idioma.

9. Haga clic en el otro botón de idioma para reproducir el correspondiente idioma y para comprobar que se volverá al menú Language después de la finalización de la línea de tiempo.

10. Cierre la ventana de vista preliminar de proyecto.

11. Guarde el proyecto.

Añadir una pista de subtítulos

Los subtítulos son palabras que aparecen sobre la pantalla. Los puede usar para permitir que los espectadores sigan un diálogo, incluso cuando no concuerda con el idioma que se está escuchando en la banda sonora. También puede usar los subtítulos para enfatizar algunos puntos de la pista de audio. En este proyecto crearemos una pista de subtítulos en inglés para acompañar el vídeo.

Lo primero es añadir la pista de subtítulos en inglés. Una forma de hacerlo es escribir directamente en la ventana Monitor:

1. Haga clic en la línea de tiempo Rose para asegurarse de que está activada.

2. Vaya a la opción de menú Timeline>Add Subtitle Track, con lo que aparecerá una nueva pista de subtítulos bajo las pistas de audio.

3. Elija el valor en-English de la lista desplegable que hay después del nombre Subtitle 1, como se ve en la figura 11.15, en la ventana de la línea de tiempo.

4. Mueva el indicador de tiempo actual al principio de la línea de tiempo.

5. Haga clic en el botón **Play** de la ventana Monitor y haga lo mismo con el botón **Pause** cuando empiece a escuchar una voz de fondo.

Nota: Si la ventana Monitor no está abierta, vaya al menú y elija la opción Windows>Monitor.

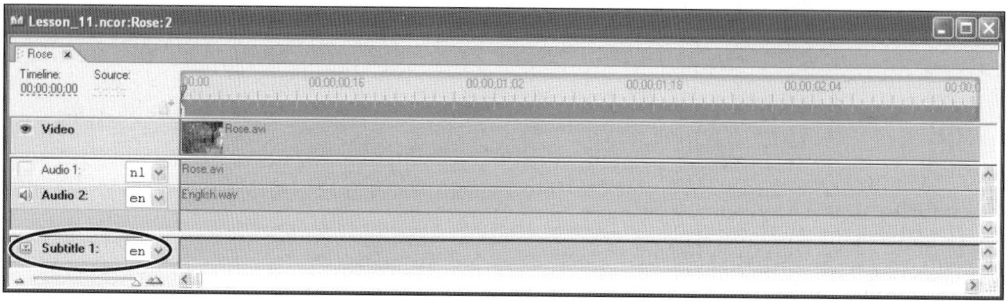

Figura 11.15.

Detalle del nombre de la pista de subtítulos y de su valor de idioma en la lista desplegable que le acompaña.

6. Mueva el indicador de tiempo actual hasta el punto en la línea de tiempo donde se escucha la voz de fondo, aproximadamente sobre el valor 01:20. (Véase la figura 11.16.)

7. Utilizando la herramienta de texto, haga clic en un punto de inserción en la parte inferior del vídeo, dentro de la ventana Monitor.

8. Elija del menú la opción Windows> Character para abrir la ficha Character.

9. Seleccione la fuente Myriad Pro, el estilo Regular y el tamaño 40, así como la opción de alineación centrada, como se ve en la figura 11.17.

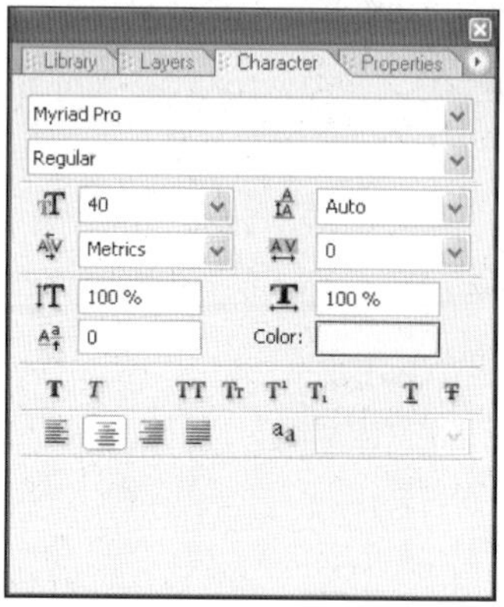

Figura 11.17.

Configuración del texto que vamos a escribir para los subtítulos en la ficha Character.

10. Escriba el texto This is one of the most classic y pulse la tecla **Intro**.

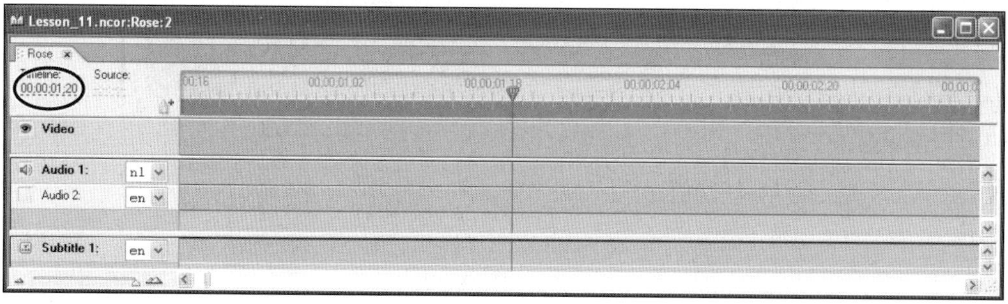

Figura 11.16.

Detalle del valor de la posición del indicador de tiempo actual en la línea de tiempo.

11. Siga ahora escribiendo roses that I have developed. Las dos líneas de texto se verán sobre el vídeo, como se muestra en la figura 11.18.

Figura 11.18.

El texto escrito aparece sobre el vídeo en la ventana Monitor.

12. Pulse la tecla **Control** y verá cómo el puntero del ratón cambia a un icono de una flecha negra (▶). Arrastre el bloque de texto para que quede centrado en el fotograma.

Si se fija, aparecerá una barra en la pista Subtitle 1 en la ventana de líneas de tiempo y se verá en ella el texto que acabamos de escribir, como puede apreciar en la figura 11.19. La barra no llega hasta el final de la línea de tiempo pero ocupa unos cuantos segundos.

13. Mueva el indicador de tiempo actual a la posición 00:00 y haga clic en el botón **Play** de la ventana Monitor.

Aparecerá así el subtítulo en la pantalla cuando empiece a escucharse la voz de fondo, y desaparecerá después de unos segundos.

14. Guarde el proyecto.

Modificar el proyecto

Ahora podemos cambiar el color de los subtítulos para asegurarnos de que serán visibles con el cambio de colores del vídeo. También podemos alterar la sincronización y duración de un subtítulo después de haberlo creado:

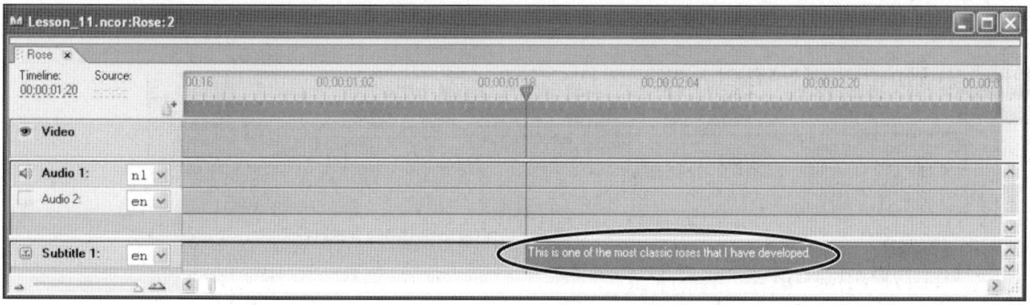

Figura 11.19.

Detalle de la nueva barra en la línea de tiempo creada con el texto del subtítulo que acabamos de escribir.

1. Mueva el indicador de tiempo actual hasta el punto en el que haya pasado la primera barra de subtítulo (sobre el valor 06:00).

2. En la ventana Monitor, y con la herramienta de texto, escriba It has deep pink blooms y pulse la tecla **Intro**.

3. Escriba and a strong fragance. Quedará algo como lo que se puede ver en la figura 11.20.

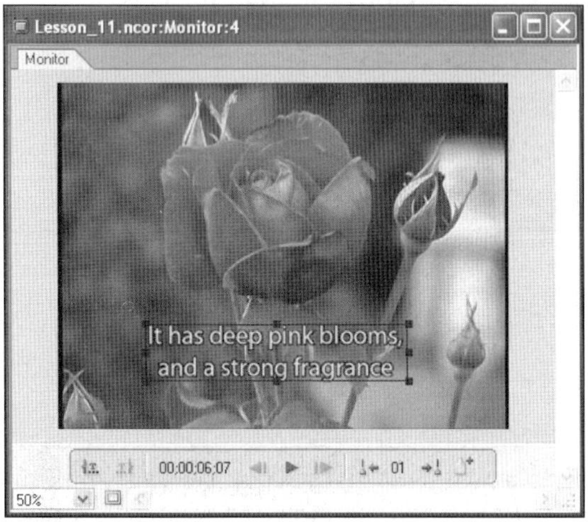

Figura 11.20.

El nuevo subtítulo se puede ver y escribir directamente en la ventana Monitor.

4. En la ventana Monitor, utilice la herramienta de Selección para colocar el bloque de texto del subtítulo.

5. En la ficha de propiedades, elija el valor Group 2 de la lista desplegable Color Group (véase la figura 11.21), y, después, elija el valor Group 3. Verá así cómo cambia el color del subtítulo. Si éste se mezcla con la imagen de vídeo, puede cambiarle el color para asegurar su legibilidad. Si se necesitan más cambios de color, puede ir a la opción de menú Edit>Color Sets>Timeline para editar los colores.

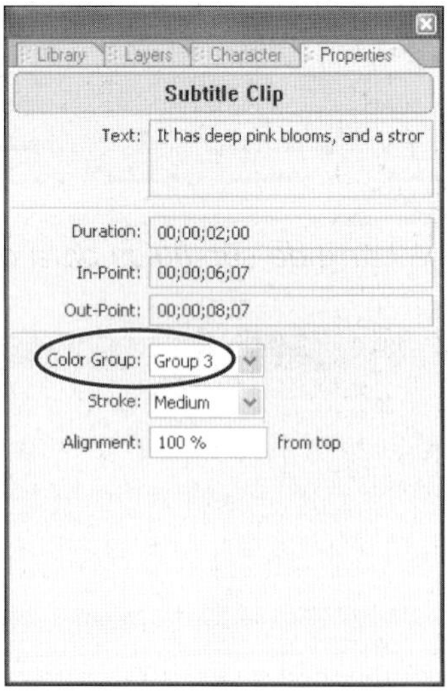

Figura 11.21.

Detalle del valor del grupo de colores de los subtítulos en su ficha de propiedades.

6. Recoloque la segunda barra en la pista Subtitle 1 arrastrándola hacia la derecha, como se puede ver en la figura 11.22, para que empiece en el valor de tiempo 06:15. Una vez creados, puede mover los subtítulos para que aparezcan en diferentes partes del vídeo.

7. Coloque el puntero del ratón sobre el extremo izquierdo de la barra de subtítulo. Cuando el icono del mismo cambie a un corchete de apertura con una doble flecha, arrastre el borde de la barra al punto 06:00. Así cambiará el punto de entrada del subtítulo, por lo que aparecerá en la pantalla un poco más de tiempo, como se puede ver en la figura 11.23.

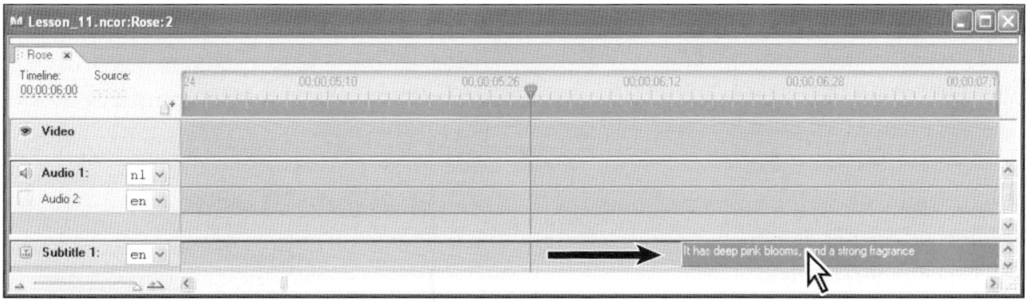

Figura 11.22.

Arrastrar la barra de subtítulos para que comience en otro punto de la línea de tiempo.

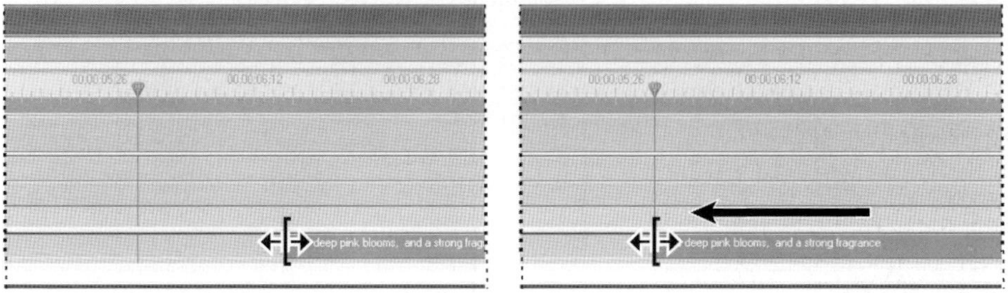

Figura 11.23.

Indicación de cómo arrastrar el punto de entrada de una línea de tiempo hacia un momento anterior en la línea de tiempo.

Puede cambiar el punto de salida de la misma manera, colocando el puntero del ratón sobre el borde derecho hasta que se convierta en un corchete de cierre con una flecha doble y arrastrándolo hacia el nuevo punto de salida.

8. En la ventana del proyecto, haga clic con el botón derecho del ratón sobre la línea de tiempo Rose, y elija la opción Preview From Here en el menú contextual.

9. Según se vaya reproduciendo la línea de tiempo, haga clic en el botón **Toggle Subtitle Display on or off** (), justo debajo del botón **Mute Audio**, como aparece en la figura 11.24, para activar o desactivar la aparición de los subtítulos.

Figura 11.24.

Detalle de la localización del botón Toggle Subtitle Display en la parte inferior de la ventana Project Preview.

10. Cierre la ventana Project Preview.

11. Seleccione las barras de la pista Subtitle 1 y vaya a la opción de menú Edit>Clear. Verá cómo se habrán borrado los subtítulos que habíamos escrito.

12. Guarde el proyecto.

Importar los subtítulos desde un script de texto

Acabamos de escribir los subtítulos directamente en la ventana Monitor, pero hacerlo para un vídeo largo o complejo puede llegar a ser una tarea muy tediosa. Es mucho más eficiente importar los subtítulos desde un fichero de texto:

1. Haga clic en la línea de tiempo Rose para hacerla activa, y seleccione la opción de menú Timeline>Import Subtitles>Text Script.

2. En el cuadro de diálogo Open, seleccione el fichero English_subtitles.txt y después haga clic en el botón **Abrir**.

3. En el cuadro de diálogo Import Subtitles (Text Script), seleccione ahora una fuente Myriad Pro, un estilo Regular y un tamaño de 40 puntos. Haga clic también sobre el botón de opción **Align Center**.

4. En la sección Subtitle Settings del cuadro de diálogo, elija el valor 1 y en-English de las listas desplegables de Track, y haga clic en el botón **OK**. Como ve en la figura 11.25, el cuadro de diálogo muestra una vista previa, incluyendo los márgenes del área de seguridad. Cuando haga clic en el botón **OK**, Adobe Encore DVD situará los subtítulos en la pista Subtitle 1. Fíjese en la ventana de la línea de tiempo para ver cómo se han distribuido los subtítulos sobre ella.

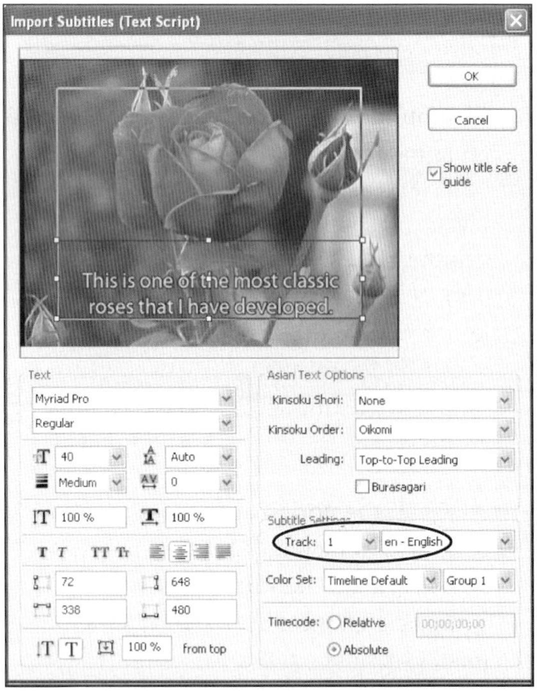

Figura 11.25.

Cuadro de diálogo Import Subtitles (Text Script) con el detalle de la localización de las listas desplegables del cuadro Track, que indican en qué pista e idioma irán los subtítulos.

5. Haga clic en el botón **Play** de la ventana Monitor y verá cómo se reproduce el vídeo, al igual que aparecerán los subtítulos en la pantalla. Si se fija, hay una palabra mal escrita en el tercer subtítulo, por lo que vamos a editarlo.

> **Nota:** Si no es capaz de ver la ventana Monitor, seleccione del menú la opción Window> Monitor.

6. Mueva el indicador de tiempo actual a la posición 12:00.

   El subtítulo que necesita editar aparecerá en la pantalla.

7. Utilizando la herramienta de Texto, cambie la palabra Ths por This, como se muestra en la figura 11.26. Después, coja la herramienta de Selección para desactivar la de Texto, y haga clic fuera del bloque de texto, dentro de la ventana Monitor.

   Al igual que podemos editar los subtítulos que hemos importado como un *script* de texto, también se puede variar la duración y sincronización de los mismos.

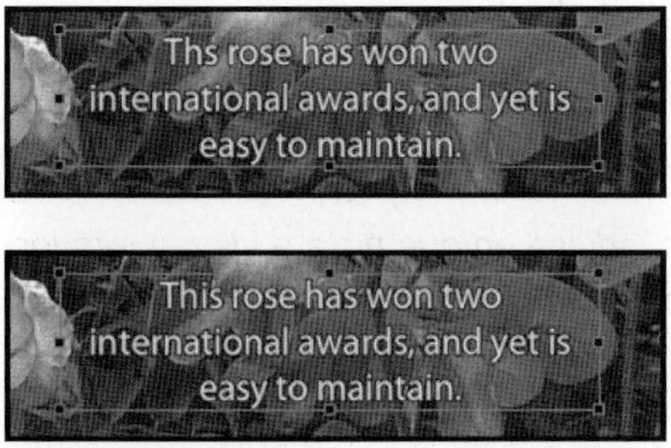

Figura 11.26.

Se ha editado un subtítulo para cambiar una palabra mal escrita.

8. Guarde el proyecto.

Acerca de los scripts de subtítulos

Como hemos podido ver, podemos importar subtítulos dentro de Adobe Encore DVD si los hemos preparado primero en un fichero de texto. Un *script* de subtítulos incluye una línea por separado para cada subtítulo, compuesta por el código de tiempo inicial (el momento en el que el subtítulo aparecerá), el código de tiempo final (el momento en el que desaparecerá) y el propio texto del subtítulo. Para poder ver un *script* de subtítulos, desde los cuales modelar el nuestro propio, abra el fichero English_subtitles.txt de la carpeta Lesson 11 en un editor de texto cualquiera, como el Bloc de Notas de Windows.

Vincular botones a las pistas de subtítulos

Ahora vamos a vincular las pistas de subtítulos a un menú, para que sus espectadores puedan elegir si quieren ver los subtítulos o no:

1. Haga clic en la ventana de proyecto y después seleccione del menú la opción File>Import as Menu. Importe el fichero Subtitle.psd.

2. Con la herramienta de selección, haga clic con el botón derecho del ratón sobre el botón **Dutch** en la ventana del editor de menús, y seleccione la opción Link To del menú contextual. De esta manera aparecerá el cuadro de diálogo Specify Link.

3. Seleccione la línea de tiempo Rose, elija el valor 1 de la lista desplegable Audio y el valor Off para la lista desplegable Subtitle, como se ve en la figura 11.27, y haga clic en el botón **OK**. Cuando el usuario active el botón **Dutch**, el vídeo se verá con la banda sonora en holandés y no aparecerán los subtítulos en la pantalla.

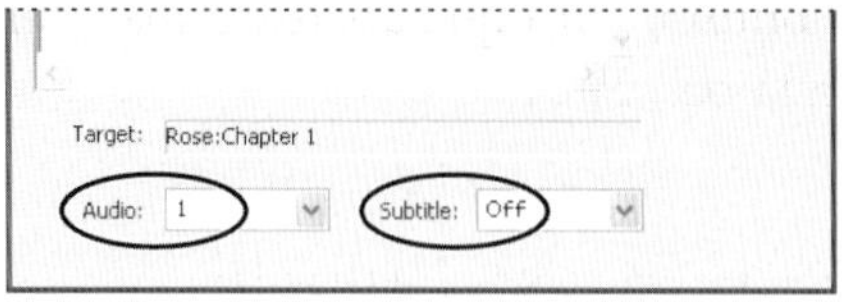

Figura 11.27.

Detalle de los valores 1 y Off para las listas desplegables Audio y Subtitle del cuadro de diálogo Specify Link.

4. Haga clic con el botón derecho del ratón sobre el botón **English Subtitles** y elija el valor Link To del menú contextual.

5. Seleccione la línea de tiempo Rose y el valor 1 (véase la figura 11.28) para las listas desplegables Audio y Subtitle. Después, haga clic en el botón **OK**. Así, cuando el espectador active el botón **English Subtitles**, se reproducirá el vídeo con el sonido en holandés y los subtítulos en inglés.

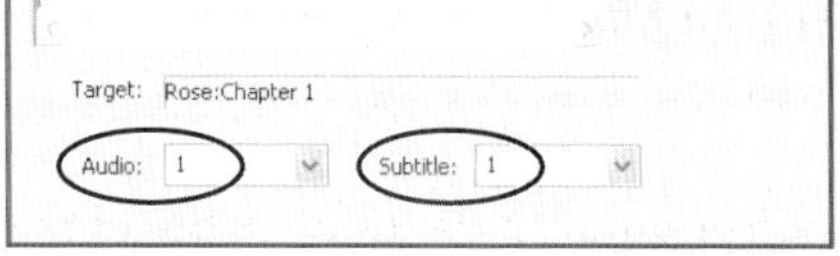

Figura 11.28.

Detalle de los valores 1 y 1 para las listas desplegables Audio y Subtitle del cuadro de diálogo Specify Link.

6. Pulse **Mayús** para seleccionar los dos botones en la ventana del editor de menús.

7. En la ficha Properties, elija la opción Subtitle>Dutch, tal y como se puede ver en la figura 11.29, del menú contextual del cuadro Override. Anteriormente, hemos establecido la acción final de la línea de tiempo para que volviese al menú Language pero, como acabamos de establecer este nuevo valor de anulación, cuando los espectadores reproduzcan el vídeo utilizando uno de estos botones, volverán al menú de los subtítulos cuando áquel acabe de verse.

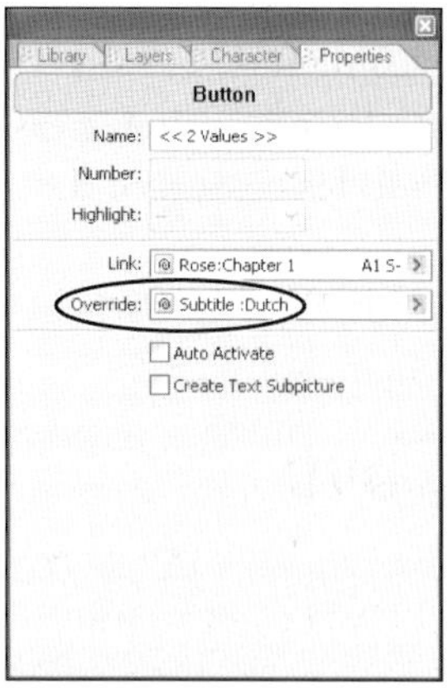

Figura 11.29.

Detalle del valor de anulación para los botones del menú Subtitles.

8. Seleccione ahora el botón **Back** del menú Subtitles.

9. En la ficha Properties, seleccione el valor Roses_main>Languages del menú contextual del cuadro Link.

10. Haga clic en la pestaña Roses_main de la ventana del editor de menús.

11. Seleccione el botón **Subtitles**.

12. En la ficha Properties, elija la opción Subtitle>Dutch del menú contextual del cuadro Link.

13. Guarde el proyecto.

Vista preliminar del proyecto

Comprobaremos que el proyecto se comporta como se espera, antes de grabarlo en disco:

1. Seleccione la opción File>Preview.

2. Haga clic en los botones para navegar a través de los menús. Compruebe que se reproducen las pistas de audio y de subtítulos cuando les corresponda.

3. Cierre la ventana Project Preview.

Grabar el DVD

Para grabar el DVD utilizaremos el comando `Build DVD`:

1. Seleccione la opción de menú File>Build DVD>Make DVD Disc.

2. Elija el valor Current Project de la lista desplegable Create Using e indique un modelo de grabadora de DVD.

3. Inserte un disco virgen y haga clic en **Next**.

Preguntas de repaso

1. ¿Cómo añade una pista de audio a una línea de tiempo?

2. ¿Cómo asigna un idioma a una pista de audio?

3. ¿Cuántas pistas de audio pueden reproducirse a la vez?

4. Nombre dos formas de añadir texto de subtítulos a un vídeo.

5. ¿Cómo puede cambiar la duración de un subtítulo, para que aparezca más tiempo en la pantalla?

Respuestas del repaso

1. Seleccione la línea de tiempo y elija la opción Timeline>Add Audio Track del menú. Arrastre el fichero de audio dentro de la nueva pista de audio.

2. Elija el idioma de la lista desplegable que hay al lado del nombre de la pista de audio en la línea de tiempo.

3. Sólo se puede reproducir una pista de audio al mismo tiempo. Si quiere que se escuchen a la vez música con una voz de fondo, deberá fusionar los ficheros de audio en una aplicación de edición de audio antes de importar el fichero final en Adobe Encore DVD.

4. Puede escribir el texto directamente en la ventana Monitor o importar un *script* de texto.

5. Sitúe el puntero del ratón sobre el borde final de la barra del subtítulo, hasta que se convierta en un corchete de cierre con una flecha doble. Arrastre entonces desde dicho punto a otro un poco más alejado.

Apéndice

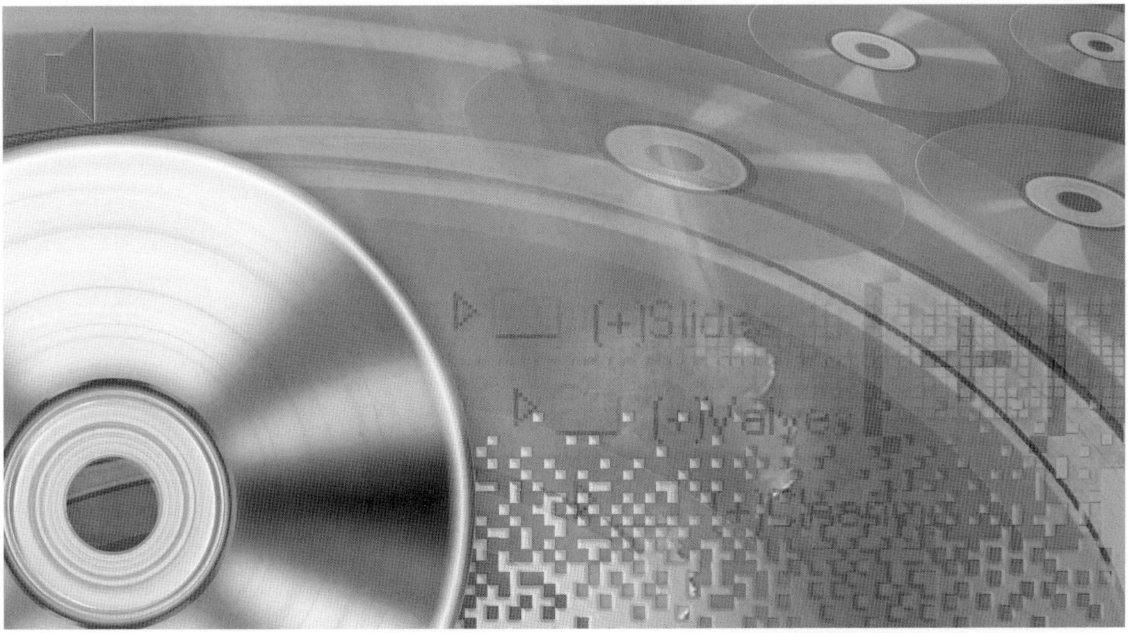

Contenido del DVD

Copia de archivos

El DVD adjunto al libro incluye todos los ficheros electrónicos necesarios para el seguimiento de los capítulos, bajo la carpeta raíz *Lessons*. Cada capítulo tiene su propia carpeta. Deberá copiar dichas carpetas en su disco duro para poder realizar los proyectos. Para ahorrar algo de espacio en su disco duro, puede copiar sólo la carpeta de cada capítulo que necesite en ese momento, y borrarla después cuando haya acabado con él.

Para instalar los ficheros del DVD

1. Inserte el DVD adjunto con el libro en su unidad de DVD-ROM.

2. Cree una carpeta en su disco duro llamada Encore_CIB.

3. Copie los capítulos que desee en su disco duro:

    - Para copiar todos los capítulos, arrastre la carpeta Lessons del DVD hacia la carpeta Encore_CIB.

    - Para copiar sólamente un capítulo, arrastre su carpeta individual del DVD a la carpeta Encore_CIB.

Si ha copiado todos los capítulos a su disco duro, haga doble clic en el fichero unlock.bat en la carpeta Encore_CIB/ Lessons.

Nota: Según vaya trabajando en cada capítulo, debería sobrescribir los ficheros originales. Para recuperarlos, vuelva a copiar la carpeta correspondiente al capítulo, desde el DVD al interior de la carpeta Encore_CIB de su disco duro.

Índice alfabético

A

B

C

D

24,00